D1732311

Kohlhammer

Tessa Dömke

Manfred Wittrock
Ulrich Schröder
Sandra Rolus-Borgward
Uwe Tänzer (Hrsg.)

Lernbeeinträchtigung und Verhaltensstörung

Konvergenzen in Theorie und Praxis

Verlag W. Kohlhammer
Stuttgart Berlin Köln

Die Deutsche Bibliothek – CIP-Einheitsaufnahme

Lernbeeinträchtigung und Verhaltensstörung : Konvergenzen in Theorie und
Praxis / Hrsg.: Manfred Wittrock …. - Stuttgart ; Berlin ; Köln :
Kohlhammer, 2002
   ISBN 3-17-017096-1

Inhaltsverzeichnis

Zur Einführung

Unlängst war in einer der bedeutendsten deutschen Tageszeitungen eine Philippika gegen die Fülle der Sammelbände zu lesen, die der Fachwelt regelmäßig vorgelegt würden und die – insbesondere in den geistes- und sozialwissenschaftlichen Disziplinen – nicht einer Konzeption entsprächen, sondern nur mehr „eine formlose Ausrede" seien, eine Ausrede nämlich für Beliebigkeit und Konzeptionslosigkeit (*J. Kaube*, Frankfurter Allgemeine Zeitung v. 9. 4. 2001, S. 55). In drei Punkten vor allem konkretisierte der Autor seine Kritik solcher Sammelbände: Sie behandelten „gar kein wissenschaftliches Problem", seien also vielmehr entstanden durch ein unverbindliches Aneinanderreihen einzelner Aufsätze. Dies zwinge dann die Herausgeber, wollten sie sämtliche Beiträge subsumieren können, „zu den allerelastischsten Titeln" zu greifen. Und deren Formulierung sei schließlich geprägt durch das bloß aufzählende „und", das damit zur „wichtigste[n] Kategorie des wissenschaftlichen Publizierens" erhoben werde.

So wenig man dem Rezensenten allgemein widersprechen mag und so wenig die Editoren dem Urteil ihrer Leser und Leserinnen vorgreifen können, so sehr sind wir als Herausgeber des vorliegenden Sammelbandes natürlich überzeugt, nicht von der zitierten Schmähung betroffen zu sein...

Die „Elastizität" des Buchtitels ist ebenso wenig zu leugnen wie das inkriminierte „und". Sie bezeichnen aber vorerst durchaus angemessen, dass sich die sonderpädagogischen Konstrukte „Lernbeeinträchtigung" und „Verhaltensstörung" in oft ungeklärter Weise in Theorie und Praxis immer wieder nahekommen. Und die „Elastizität" ist auch grundsätzlich nicht zu vermeiden, da einer der Vorzüge von Sammelbänden eben darin zu sehen ist, dass sie heterogene Ansätze und unterschiedliche Sichtweisen und Bewertungen zusammenbringen.

Die hier versammelten Beiträge gehen zurück auf eine breitgefächerte internationale Fachtagung mit dem Titel „The Overlap of Behavior Disorders and Learning Disabilities", die sich im Jahre 2000 in Oldenburg dem wissenschaftlichen Austausch und der Bestandsaufnahme zur Frage dieser „Überlappung" widmete. Für den vorliegenden Band wurde eine akzentuierende Auswahl getroffen; außerdem wurden die Beiträge von den Autoren überarbeitet und aktualisiert.

Die gewichtigste Beweislast für die Herausgeber betrifft indes die Frage nach dem wissenschaftlichen Problem, zu dessen Erhellung die zugestandenermaßen heterogenen einzelnen Beiträge verhelfen sollen. Was diese Frage angeht, fühlen wir uns allerdings recht komfortabel, da ein sehr zentrales sonderpädagogisches Problem angesprochen wird: Wenn Sonderpädagogik allgemein als der Teilbereich der Erziehungswissenschaft verstanden werden kann, der sich mit (gemessen an der durchschnittlichen Erwartung) abweichenden Entwicklungsprozessen und Fähigkeiten von Personen und ihren damit zusammenhängenden Bildungs- und Erziehungsbedürfnissen befaßt, dann bedarf die Frage, wie man innerhalb der ‚Abweichungen' weitere Unterscheidungen – nämlich traditionell nach ‚Behinderungsarten' – treffen kann, einer eingehenden Rechtfertigung oder zumindest einer gründlichen und kontinuierlichen Reflexion. Und in der sonderpädagogischen Praxis ist die Erfahrung allgegenwärtig, dass die ‚fachrichtungsspezifischen' Klassifizierungen an Grenzen stoßen.

Insbesondere die Lernbehindertenpädagogik und die Pädagogik bei Verhaltensstörungen sind immer schon von Problemen der Klassifizierung und Begriffsbildung betroffen gewesen. Fragen der Abgrenzung, der eventuell gemeinsamen Wurzeln und der Überschneidungen der Phänomene, die im Mittelpunkt der beiden sonderpädagogischen Fachrichtungen stehen, haben von jeher eine bedeutende Rolle in der fachlichen Diskussion gespielt. Lernen wird zwar in erster Linie dem Bereich des Kognitiven zugeordnet, läuft jedoch stets unter Beteiligung affektiver Momente und – insbesondere beim schulischen Lernen – in sozialen Interaktionen ab. Anderseits greifen die Beachtung oder Nichtbeachtung sozialer Normen und Verhaltensregeln und starke emotionale Regungen unvermeidlich auf Lernsituationen über, denen Kinder in der Schule ausgesetzt sind. Zugespitzt mag man fragen: Liegen etwa bei einem Kind Lernschwierigkeiten vor, weil es unter Verhaltensstörungen leidet – oder zeigt es Verhaltensauffälligkeiten im Gefolge von schulischen Lernproblemen?

Diese schlicht erscheinenden Fragen sind nur allzu oft von schulpraktischer Bedeutung, insbesondere bei der Feststellung des „sonderpädagogischen Förderbedarfs" und bei der Planung und Durchführung von Fördermaßnahmen. Sie manifestieren aber auch wissenschaftliche Probleme und fordern zu theoretischer Reflexion heraus. Der vorliegende Band enthält Beiträge zu sehr verschiedenen – terminologischen, theoretischen, diagnostischen, schulorganisatorischen, förderungspraktischen u.a. – Aspekten des Verhältnisses von Beeinträchtigungen im schulischen Lernen einerseits, im sozialen Verhalten und in emotionalen Befindlichkeiten anderseits.

Mit dem Begriff der Ko-Morbidität versuchen G. *Opp* und E. *Wenzel* die Komplexität und Mehrdimensionalität kindlicher Entwicklungsstörungen terminologisch zu erfassen. Die Autoren sehen angesichts der hohen Prävalenzraten sich überschneidender Störungsbilder die Notwendigkeit der festen Etablierung eines solchen Fachbegriffs ausreichend begründet. Sie führen in ihrem Beitrag aus, was der Begriff der Ko-Morbidität im Hinblick auf die weitere Entwicklung der Sonderpädagogik zu leisten vermag.

Das angloamerikanische Konzept der „learning disabilities", der Lern-schwächen, das neben den primären schulischen Lernproblemen auch Ver-haltensauffälligkeiten anspricht, wird von U. *Schröder* sowohl in seiner Entstehungsgeschichte als auch bezüglich seiner konzeptionellen Klarheit kritisch erörtert. Aus der Sicht der deutschen Sonderpädagogik sind einer-seits die parallelen medizinisch orientierten Ansätze in Mitteleuropa von „Frühkindlichem Hirnschaden" bis zu den „Teilleistungsschwächen" zu diskutieren, anderseits die verschiedenen Formen der Rezeption der Lern-schwächen. Nicht bloße Übersetzungen, sondern nur an der Biographie, der Lerngeschichte der Schülerinnen und Schüler orientierte theoretische An-sätze können allerdings eine wirkliche Rezeption des Konzeptes leisten.

W. *Spiess* beschreibt eine Untersuchung, in der bei 46% einer Schüler-population an der Schule für Lernbehinderte das gleichzeitige Auftreten von Lern- und Verhaltensstörungen festgestellt wurde. Als Störungs- oder Bedingungsmodelle werden unterschiedliche Konzeptualisierungen des Bedingungsgefüges von Komorbidität und Koinzidenz diskutiert, die je-doch für mögliche Förderansätze wenig nützlich erscheinen. Stattdessen könnten alternative Strategien der Förderplanung – der Rekurs auf Indika-tionsmodelle, der Fokus auf den Förderbedarf sowie ein konstruktivistisch-lösungsorientiertes Prozessmodell – Handlungsmöglichkeiten eröffnen.

R. *Werning* und H. *Reiser* problematisieren die Begrifflichkeit von Lernbeeinträchtigung und Verhaltensstörung aus konstruktivistischer Sicht. Sie setzen dabei allerdings bereits bei der Beobachtung und ihrer Abhän-gigkeit von der beobachtenden Person und von den Beobachtungsmethoden an. Dementsprechend werden Anforderungen an Einzelfallbeobachtungen formuliert. Im Zusammenhang mit einer Analyse der ICD-Klassifikation der WHO und der mehr psychodynamisch orientierten „OPD" werden die der Lernbeeinträchtigung und der Verhaltensstörung innewohnenden unter-schiedlichen Paradigmen der Entwicklung und der Krankheit herausge-stellt. Maßstab für die Legitimierung der Begrifflichkeit sollte die Erweite-rung pädagogischer Handlungsmöglichkeiten sein.

Der Beitrag von M. *Vernooij* könnte auf Überraschung stoßen, denn Lernbehinderung und Hochbegabung stellen Begabungsressourcen dar, die zunächst kaum vergleichbar scheinen. Bei näherer Betrachtung zeigt sich aber, dass es eine Fülle von Faktoren sowohl bezogen auf die Gesamtent-wicklung als auch bezogen auf die Lernsituation gibt, die bei beiden Grup-pen wirksam sind und bei der Förderung Beachtung finden müssen. Beide Gruppen werden zum einen als im Lernen abweichend, zum anderen als im Verhalten auffällig beschrieben, d.h. es scheint einen Zusammenhang zwi-schen besonderen Lernsituationen und Verhaltensstörungen zu geben, der unabhängig davon ist, ob es sich um verminderte oder erhöhte Lernfähig-keit handelt. Vieles spricht dafür, dass ein inadäquater Umgang mit den besonderen Bedürfnissen der Kinder beider Gruppen im Elementar- und Primarbereich die Entstehung von Verhaltensstörungen zumindest sehr begünstigt. Die Autorin fordert u.a., dass bereits im Primarbereich Möglichkeiten des "Groupings" geschaffen werden, sowohl für Lernschwache als auch für hochbegabte Kinder. Parallel muss eine bessere Ausbildung der Grundschullehrer/innen angestrebt werden, sowohl bezogen auf ungewöhnliche Begabungsressourcen (Lernschwäche, Hochbegabung) als auch bezogen auf Verhaltensauffälligkeiten.

R. *Stein* stellt in seinem Beitrag das Konzept der Selbst- und Handlungsregulation vor. Dieses kognitiv akzentuierte Modell beschreibt und erklärt Verhaltensstörungen und Lernbeeinträchtigungen als Folge spezifischer Probleme der Handlungsregulation. Nach den theoretischen Grundannahmen des Konzepts der Handlungsregulation kann eine Analyse von Handlungsabläufen und Handlungsebenen Hinweise darauf geben, an welcher Stelle kognitives Handeln fehlläuft. Daraus lassen sich wiederum Möglichkeiten für die gezielte Förderung im Bereich des Lernens oder des Verhaltens ableiten, indem eine bewusste Auseinandersetzung mit entsprechenden Situationen herbeigeführt wird. Der Autor führt aus, inwiefern das Konzept der Selbst- und Handlungsregulation auch zur Erklärung des gemeinsamen Auftretens von Lernbeeinträchtigungen und Verhaltensstörungen beitragen kann. Er sieht darin ein Metamodell, das die Differenzierung beider Störungsbilder fraglich macht.

S. *Rolus-Borgward* erläutert in ihrem Beitrag den wechselseitigen Einfluss zwischen Lern- und Verhaltensstörungen, indem sie die metakognitiven und motivationalen Faktoren beleuchtet, die das gemeinsame Auftreten der beiden Störungsbilder aufrecht erhalten. Aus den Erkenntnissen der Metakognitionsforschung folgert die Autorin, dass bei der schulischen Förderung von Schülerinnen und Schülern mit Lern- und Verhaltensbeeinträchtigungen die Beeinflussung ihrer häufig sehr negativen subjektiven Theorien über ihre eigene kognitive Leistungsfähigkeit von grundlegender Bedeutung ist. Die intensive Unterstützung des Schülers bei der Überwindung von Lernblockaden kann eine seelische Entlastung bedeuten, die eventuell auch sein Verhalten positiv zu beeinflussen vermag.

Nach R. *Schleiffer* legen Grundannahmen, Konzepte und empirische Forschungsergebnisse der Entwicklungspsychopathologie den Schluss nahe, dass keine kausale Bedingungskette einer normalen oder problematischen Entwicklung von Kindern zu bestimmen ist. Vielmehr scheint die Entwicklung durch Risikofaktoren negativ und durch protektive Faktoren positiv beeinflusst zu werden. Als ein entscheidender Risikofaktor wird die sogenannte desorganisierte Bindung vermutet, bei der Kinder keine adäquate Erwartungsstruktur den Bezugspersonen gegenüber entwickeln können. Diese Kinder zeigen in der Folge häufig Schwierigkeiten in den Bereichen des Lernens und des Verhaltens, die als Problemlöseversuche anzusehen sind.

R. *van der Kooij* erarbeitet, ausgehend von diagnostischen Problemstellungen, die Schwierigkeiten, emotionale und kognitive Aspekte des Erlebens und Verhaltens in einem gemeinsamen theoretischen Rahmen zu platzieren und ihre Zusammenhänge zu erklären. Vor dem Hintergrund dieses theoretischen Desiderates werden drei durch unerklärliche Diskrepanzen gekennzeichnete empirische Befunde präsentiert und diskutiert: unterschiedliche Wahrnehmung von ‚objektiv‘ identischen Erziehungssituationen durch Eltern und Kinder, geschlechtsspezifische Unterschiede im Spielverhalten sowie in Schulleistungen. Als gemeinsames Erklärungsmuster wird die Imitation als eine der treibenden Kräfte der Entwicklung vorgeschlagen.

W. *Laschkowski* gibt in seinem Beitrag einen bundeslandspezifischen Einblick in das Konzept der Diagnose- und Förderklassen, welches seit 1994 im Bayerischen Erziehungs- und Unterrichtsgesetz verankert ist. Die Diagnose- und Förderklassen stellen in Bayern eine besondere Organisationsform der Eingangsstufe der Sonderpädagogischen Förderzentren dar, die für alle Kinder mit allgemeinen Entwicklungsrückständen im Bereich des Lernens, des Verhaltens und der Sprache offen steht. Ein Aspekt des Konzepts der Diagnose- und Förderklassen ist der bewusste Verzicht auf eine frühzeitige differenzialdiagnostische Abklärung der vorliegenden Störungen. Trotz der wissenschaftlichen Fragwürdigkeit des Konzepts der Teilleistungsstörung, das innerhalb dieses Modells eine Rolle spielt, lassen sich doch interessante Überlegungen über diese Organisationsform schulischer Förderung anstellen.

Mit dem Beitrag von H. *Grietens* und P. *Ghesquière* soll bewusst über die Grenzen Deutschlands hinaus geschaut werden. Die beiden Autoren stellen (nach einer Beschreibung des flämischen sonderpädagogischen Systems der schulischen Hilfen) eine empirische Studie vor, die sie im flämischen Landesteil Belgiens durchgeführt haben, um die auftretenden Verhaltensauffälligkeiten bei 6–12jährigen Kindern mit sonderpädagogischem Förderbedarf im Lernen qualitativ und quantitativ zu untersuchen. Die Studie verfolgte die Ziele, bei dieser Gruppe von Kindern Daten über die vorherrschenden Auffälligkeiten in Verhalten und Emotionen zu gewinnen, die in dieser Gruppe anzutreffenden Verhältnisse mit den Verhältnissen von Kindern aus einer allgemeinen Bevölkerungsprobe sowie Lehrer- und Elternberichte zu vergleichen und die sich daraus ergebenden Erkenntnisse zum Wohl und zur Förderung der Kinder an Sonderschulen zu reflektieren. Die Ergebnisse der Studie sind sicherlich nicht nur für Belgien von Interesse, insbesondere wenn man bedenkt, dass erstens die Zielgruppe auch in

Deutschland identifizierbar ist und zweitens die verwendeten Instrumente (CBCL, TRF) bei uns ebenfalls eingesetzt werden.

U. *Tänzer* führt aus, dass eine grundlegende Fähigkeit des Menschen das Lernen ist. Beeinträchtigungen im Lernen können sich in unterschiedlichen Bereichen negativ auswirken und sich beispielsweise in Verhaltensstörungen äußern. Daher, so die Überlegung, müsste eine Förderung von Lernprozessen den negativen Folgen von Lernbeeinträchtigungen vorbeugen können. Als Möglichkeit, Lernprozesse zu unterstützen, wird ein differenziertes Vorgehen beschrieben. Über die Methode des Kognitiven Modellierens sollen die Kinder darin gefördert werden, durch den Umgang mit Begriffen ihr Lernen aktiv zu strukturieren. Anhand von schulischen Aufgaben sollen im Weiteren Lernvorgänge organisiert und gesteuert und der Transfer in den Unterricht aktiv unterstützt werden.

H. *Ricking*, G. *Schulze* und M. *Wittrock* setzen sich mit dem sehr heterogenen Phänomen der „Unterrichtsmeidenden Verhaltensmuster", vom psychischen „Aus-dem-Felde-Gehen" im Unterricht bis hin zum „Langzeit-Schulschwänzen", auseinander, das aktuell sowohl bei Schulpraktikern als auch bei Wissenschaftlern aus teilweise recht unterschiedlichen Gründen auf Interesse stößt. Besonders Schüler mit Beeinträchtigungen im Lernen und Verhalten stehen in der Gefahr, bei spezifischen Belastungen, z.B. dem Erleben einer eingeschränkten Leistungsfähigkeit, häufigen Misserfolgen, ständiger Über- oder Unterforderung oder einer devianten peer-group, mit der prozesshaften Herausbildung differenzierter unterrichtsmeidender Verhaltensmuster zu reagieren und (bei fehlender pädagogischer Intervention) aus dem schulischen Wirkungsraum heraus zu gleiten. Um den möglichen negativen schulischen und sozialen Ausgrenzungsprozessen und dem drohenden Teufelskreis zwischen Lernbeeinträchtigungen und Verhaltensstörungen früh begegnen zu können, ist eine weiterführende theoriengeleitete Auseinandersetzung mit der Thematik dringend erforderlich.

Basierend auf einer Beschreibung der Zielgruppe (Schüler mit Beeinträchtigungen im Lernen und Verhalten) und ausgehend von einer in der praktischen Tätigkeit in der Förderschule wahrgenommenen Zunahme dieser Schülergruppe und von einem Schulalltag, der diesen Kindern relativ hilflos gegenüber steht bzw. ihnen nicht gerecht wird, fordern U. *Angerhoefer* und B. *Heilmann* pädagogische Konsequenzen für einen dringend erforderlichen Umbau der Oberstufe der allgemeinen Förderschule, um insbesondere eine realistische Erweiterung der praktischen und theoretischen Auseinandersetzung mit den eigenen beruflichen Perspektiven, auch in Richtung der Vorbereitung auf eine „Jobbertätigkeit" zu erreichen. Dazu geben die Autoren konkrete Anregungen für die Praxis.

Der vorstehenden Übersicht über die Beiträge und ihre Thematik seien noch zwei Hinweise an die Leserinnen und Leser angefügt:

1. In den deutschen Bundesländern werden sehr unterschiedliche Bezeichnungen für die sonderpädagogischen Einrichtungen des Schulwesens verwendet. Diese Uneinheitlichkeit in der Terminologie findet sich bei den Autorinnen und Autoren wieder. Da Eingriffe in die Texte nicht vorgenommen werden sollten, folgt hier eine Übersicht der Begriffe:

Anstelle des ansonsten geltenden Oberbegriffes „Sonderschule" wird in Bayern, Brandenburg, Mecklenburg-Vorpommern, Sachsen und Thüringen der Ausdruck „Förderschule" gebraucht. Dagegen hat Hamburg schon vor Jahren die Schule für Lernbehinderte in „Förderschule" umbenannt, gefolgt von Baden-Württemberg und Schleswig-Holstein. Bei der Institution für lernbehinderte Schülerinnen und Schüler ist die Begriffsvielfalt überhaupt sehr verwirrend: Während die oben genannte Gruppe von Bundesländern bis auf Bayern ihren Oberbegriff zur „Allgemeinen Förderschule" oder „Förderschule für Lernbehinderte" spezifiziert, gilt der Name „Schule für Lernbehinderte" in Ländern wie Nordrhein-Westfalen, Berlin, Rheinland-Pfalz u.a. weiterhin. In Hessen und Niedersachsen lautet die Bezeichnung „Schule für Lernhilfe" und in Bayern schließlich „Schule zur individuellen Lernförderung". Insgesamt bringt es der Schul-Föderalismus also auf sechs verschiedene Benennungen...

2. Die bibliographischen Angaben aller Beiträge sind am Schluss in einem einheitlichen Literaturverzeichnis zusammengefasst. Dennoch bleiben die Angaben in der Verantwortung der einzelnen Autorinnen und Autoren.

Die Erstellung eines einheitlichen, druckfertigen Manuskriptes wäre dem Herausgeberquartett nicht möglich gewesen ohne die zuverlässige und engagierte Textverarbeitung durch Frau Birgit Kynaß, der an dieser Stelle dafür gedankt sei.

Günther Opp und Ellen Wenzel

Eine neue Komplexität kindlicher Entwicklungsstörungen – Ko-Morbidität als Schulproblem

Der Begriff der „Ko-Morbidität" beschreibt das Zusammenfallen oder auch die Überlappung verschiedener Entwicklungsrisiken, Störungsbilder, Beeinträchtigungen oder Behinderungen. In diesem Begriff spiegelt sich die Problematik der unvermeidlich reduktionistischen Konsequenzen kategorialer Behinderungsbeschreibungen. Die Vorstellung von Ko-Morbidität dient nicht zuletzt auch non-kategorialen Arbeitsansätzen als argumentative Unterlegung. Der Begriff wurde, wie wir im Nachfolgenden noch genauer ausführen werden, aus der anglo-amerikanischen Fachdiskussion übernommen. Der pädagogische Reiz dieses Begriffes dürfte vor allem darin liegen, dass er eine offene Widerspruchssituation markiert, die in der Praxis als drängende Problematik gespürt wird. Das ist der Widerspruch zwischen dem nach wie vor an Behinderungskategorien orientierten sonderpädagogischen Finanzierungsmodell und der die kategoriale Engführung sprengenden realen Störungskomplexität bei Kindern und Jugendlichen, mit denen die heilpädagogische Praxis konfrontiert ist. Ein weiterer Vorteil des Begriffs der Ko-Morbidität besteht darin, dass seine Verwendung von Schweregraden und dem Status einer Behinderung unabhängig ist. „Ko-Morbidität" ist damit, im Gegensatz zum statusorientierten Behinderungsbegriff, ein funktionaler und flexibel verwendbarer Begriff, der das Zusammenspiel zwischen unterschiedlichen Entwicklungsrisiken und Beeinträchtigungen (Behinderungen) beschreibt.

Problemexplikation

Bereits 1975 verwiesen *Haggerty et al.* auf eine „neue Morbidität", die sie unter Kindern beobachteten. Diese Autoren stellten Verhaltensstörungen im Vorschulalter, Schulprobleme und pubertäre Anpassungsstörungen in einem ganz neuen Ausmaß fest. In einer Re-Evaluation der Ergebnisse der Isle-of-Wight-Studie sprach Michael *Rutter* 1989 von Ko-Morbidität. Dabei hatte er den Blick insbesondere auf die hohe Korrelation von Lese- und Rechtschreibstörungen mit Dissozialität gerichtet und vermutet, dass die Schule eine Katalysatorrolle bei der Manifestation von Entwicklungsstörungen spielen könnte.

Baumeister et al. (1990) nahmen das Konzept der neuen Morbidität von *Haggerty et al.* (1975) auf und erweiterten es um eine Analyse der Zusammenhänge zwischen Umweltbelastungen, psychosozialen, sozioökonomischen Belastungsfaktoren und den Qualitäten kindlicher Lebenswelten. Im Ergebnis dieser Analyse sehen sie eine Überschneidungsdynamik zwischen den verschiedenen Belastungseinflüssen, die sie in vier Risikovariablen bündeln:

- *prädisponierende Variable*: demographische Faktoren (z. B. Zugehörigkeit zu einer kulturellen Minderheit) oder genetisch-biologische Anlagen;
- *katalytische Variable*: z. B. chronische Armut, durch die andere Risikokonstellationen aktiviert werden;
- *Ressourcenvariable*: geringere Bildungschancen, schlechtere medizinische Versorgung aufgrund gesellschaftlicher Benachteiligungen;
- *proximale* Variable: die die Lebenswelten neugeborener Kinder im Sinne der oben genannten Variablen und ihrer verschiedenen Kombinationen negativ beeinflusst.

Zwei Aspekte scheinen für die Ausprägung kindlicher Entwicklungsstörungen von besonderer Bedeutung zu sein. Zum einen ist dies die zeitliche Wirkdauer solcher Risikovariablen. Die Ergebnisse der Armutsforschung zeigen, dass es vor allem bei chronischer Armut einen deutlichen Zusammenhang mit frühkindlichen Entwicklungsverzögerungen (*Korenman et al.* 1995) gibt. Zum anderen scheint die Addition organischer und psycho-sozialer Risiken „Kumulationseffekte" zu erzeugen, insbesondere in Bezug auf hyperkinetische Symptome, emotionale und entwicklungsspezifische Auffälligkeiten im Vorschulalter (*Laucht et al.* 1996, 79). Hinzuweisen ist dabei auf geschlechtsspezifische Differenzen, die bereits im Alter von zwei Jahren nachgewiesen wurden (*Fegert* 1996). Während bei den Jungen vor allem expansive Störungen des hyperaktiven Formenkreises beobachtet wurden, zeigten Mädchen eher introversive Störungsbilder wie Trennungsangst. Angesichts der Plastizität und Variabilität kindlichen Verhaltens in diesem frühen Alter haben diese Beobachtungen eher tendenziellen Charakter.

Bedacht werden sollten in diesem Zusammenhang auch die Ergebnisse der Resilienzforschung (*Werner & Smith* 1982; 1992), die zeigten, dass eine Teilgruppe der Kinder, die in ihren Lebenswelten signifikanten und kumulierten Risiken ausgesetzt waren, zu erfolgreichen und optimistischen Erwachsenen heranwuchsen. Risikokumulationen in kindlichen Lebenswelten führen allerdings in der Regel zu manifesten Lern- und Verhaltensauffälligkeiten. Aber es gibt klare Belege dafür, dass Kinder in sich und in ihrer Umwelt schützende Kräfte („protektive Faktoren") aktivieren können, mit denen sie den ungünstigen Einflüssen in ihren Lebenswelten auch widerstehen können. Die pädagogische Fragestellung, die sich aus diesen Forschungsergebnissen ableitet, ist die Markierung von Kompetenzen und Lebensweltqualitäten, die die Kinder und ihre Widerstandskraft stärken (*Opp et al.* 1999). Die pädagogische Aufgabe besteht in der Förderung dieser Kompetenzen.

Zur Überschneidung von Gefühls- und Verhaltensstörungen und speziellen Lernstörungen/Aufmerksamkeitsstörungen

„Gefühls- und Verhaltensstörungen" in verschiedenen Schweregraden werden länder- und kulturübergreifend mit unterschiedlichem Interventionsbedarf in einer Häufigkeit von 14 - 22 % festgestellt (*Brandenburg* 1989; *Costello* 1989; *Lehmkuhl* 1995). Der Prozentsatz der Kinder mit schweren und dringend interventionsbedürftigen Gefühls- und Verhaltensstörungen wird zwischen 3 und 8 % eingeschätzt (*Tuma* 1989; *Rubin & Balow* 1978). *Mayr* bestätigt diese Prävalenzraten für den vorschulischen Bereich. In Befragungen von Erzieherinnen in Kindertagesstätten gaben diese an, dass etwa 19 % der Kinder Auffälligkeiten zeigen, bei denen zu 9,3% Verhaltensprobleme oder in etwa gleichem Maße Entwicklungsrückstände im Vordergrund stehen (*Mayr* 1998).

Seit den sechziger Jahren gewinnt die Frage spezieller Lernstörungen, Wahrnehmungsstörungen, Hyperaktivität, Teilleistungsstörungen an pädagogischer Bedeutung. Im angloamerikanischen Sprachraum hat in den letzten Jahren der Begriff der „Aufmerksamkeitsstörung" (ADD, DSM IV) vor allem im Forschungsbereich den Begriff der speziellen Lernstörungen („Learning Disabilities") weitgehend ersetzt. Aufmerksamkeitsstörungen werden weitgehend kulturübergreifend in unterschiedlichen Schweregraden in einer Häufigkeit zwischen 15 und 21 % ermittelt (*Holborow & Berry* 1986). Auch diese internationalen Prävalenzangaben werden durch deutsche Untersuchungsergebnisse sowohl in Untersuchungen nach Kriterien des DSM IV (*Baumgaertel* 1995) wie auch in Untersuchungen nach Krite-

rien umschriebener Lernstörungen (ICD 10) gestützt (*Esser* 1991; *Esser &
Schmidt* 1993).

Die wissenschaftlichen Prävalenzangaben für Gefühls- und Verhaltensstörungen und die Angaben für spezielle Lernstörungen/Aufmerksamkeits-
störungen liegen nicht nur etwa auf gleichem Niveau, sie sind auch
überraschend hoch. Natürlich lassen sich diese wissenschaftlichen Prävalenzschätzungen nicht addieren. Zu fragen ist deshalb nach den Überschneidungen, die es zwischen diesen Störungsbildern gibt.

Schon in den 70er Jahren hatte *Rutter* (1989) in der „Isle-of-Wight-
Studie" auf den deutlichen Zusammenhang zwischen geringen sozialen
Kontakten von Kindern, Aufmerksamkeitsstörungen und Hyperaktivität in
Verbindung mit psychiatrischen Störungen und eine deutliche Überschneidung von speziellen Lernstörungen mit dissozialem Verhalten bei Kindern
hingewiesen. Der Zusammenhang zwischen Lese/Rechtschreibschwäche
mit dissozialen Störungen und Delinquenz ist inzwischen auch durch neuere Studien weiter abgesichert (*Esser & Schmidt* 1993; *Kauffman et al.*
1987; *Wheeler & Carlson* 1994). Es wird vermutet, dass die Überschneidung von Aufmerksamkeitsstörungen und dissozialen Verhaltensweisen
zwischen 30 und 50 % liegt (*Forness et al.* 1993; *Spitzer* 1990). *Esser*
(1992, 207) stellte fest, dass das Vorliegen umschriebener Entwicklungsstörungen die Wahrscheinlichkeit und Prognose kinderpsychiatrischer Störungen deutlich verschlechtert.

Mayr erfasste 545 Vorschulkinder, die von einem Pädagogisch-
Psychologischen Fachdienst in Passau betreut werden. Es handelt sich
dabei um Jungen und Mädchen, deren Entwicklung auf Grund von Auffälligkeiten und Risikofaktoren als gefährdet gilt, die bisher aber nicht als behindert angesehen werden. In einer klientenbezogenen Auswertung stellt er
dar, dass nur 20 % der Kinder Auffälligkeiten in einem Bereich aufweisen.
Bei der überwiegenden Zahl der Kinder wurden zwei und mehr Auffälligkeiten angegeben, für rund 15 % von ihnen mehr als zehn. Die erhobenen
Problembereiche beinhalteten neben verschiedenen Formen von Verhaltensauffälligkeiten Sprach- und Artikulationsstörungen, kognitive Entwicklungsrückstände, motorische Rückstände sowie gesundheitliche und soziale
Auffälligkeiten (*Mayr* 1998).

Wenn wir davon ausgehen, dass die Prävalenz von speziellen Lernstö-
rungen/Aufmerksamkeitsstörungen zwischen 10 und 20 % liegt, so hat dies
insofern erhebliche Brisanz, als

1. sich bei bis zu zwei Dritteln dieser Kinder eine Ko-Morbidität mit anderen psychischen Störungen findet (*Handwerk & Marshall* 1998; *AACAP*
   1998);

2. Ko-Morbidität in den meisten Fällen auch eine Symptomverschärfung bedeutet (*August et al.* 1996; *Kuhne et al.* 1997) und

3. insbesondere früh beobachtete spezielle Aufmerksamkeitsstörungen hohe Kontinuität aufweisen und die betroffenen Kinder in einem signifikanten Risiko für ihre weitere Entwicklung stehen (*Biedermann et al.* 1998; *Mannuzza et al.* 1997; *Mayes et al.* 2000).

Problemverschärfend im Sinne ungünstiger Entwicklungsprognosen für Kinder wirken dabei in der Regel

– Kombinationen zwischen speziellen Lernstörungen und dissozialem Verhalten (*August et al.* 1996; *Gresham et al.* 2000),
– Defizite in der Lesefertigkeit am Ende der Grundschulzeit (*Maughan et al.* 1996) und
– Qualitätsmängel der besuchten Schule (*Rutter et al.* 1980).

Für die Entwicklung von Kindern spielen der Eintritt in die Schule, die Gestaltung der schulischen Prozesse und die Professionalität der Lehrkräfte, also der Umgang mit der gestiegenen Varianz schulischer Lernvoraussetzungen, eine entscheidende Rolle. Verhaltensprobleme, sowohl expansive als introversive, haben eine negative Wirkung auf den Status von Kindern in ihrer Gleichaltrigengruppe. Sie erleben häufig Geringschätzung, Ablehnung und Einschränkung ihres sozialen Einflusses. Die Schule wird für diese Kinder allzu leicht zu einem Ort negativer sozialer Erfahrungen, welche sie nicht selten durch Verstärkung ihres auffälligen Verhaltens zu kompensieren versuchen.

Darüber hinaus bedeutet die Schule ein auf die Leistungen der Kinder bezogenes Vergleichsfeld, in dem viele Kinder aufgrund von Teilleistungs- oder Entwicklungsstörungen sichtbarer auffällig werden. Dieser schulischen Stresssituation begegnet ein Teil der Kinder mit auffälligen Verhaltensweisen oder unangemessenen Bewältigungsstrategien (*Mayr* 1997; *Betz & Breuninger* 1993). Werden die ursächlichen Probleme erkannt und erfahren die Kinder zusätzliche und hilfreiche Förderung im Bereich der schulischen Leistungsprobleme, kann dieses Kompensationsverhalten von den Kindern aufgegeben werden. Erschwerend für die kindliche Entwicklung ist eine Problemsicht, in der Verhaltensauffälligkeiten als alleiniges Problem angesehen werden, denen mit unterschiedlichen disziplinierenden Maßnahmen von Seiten der Schule begegnet werden soll. Kann das Kind aufgrund seines eingeschränkten Leistungsvermögens die Mängel in seinem schulischen Erfolg nicht ausgleichen, sind die Möglichkeiten sozialer Integration insgesamt erschwert. Der häufig einsetzende zirkuläre Prozess wird auch als „Teufelskreis" (*Betz & Breuninger* 1993, 19) bezeichnet, der letzten Endes zu einem schwerwiegenden Schulversagen, Schulunlust und manifestierten Verhaltensproblemen führen kann (*Betz & Breuninger*

1993). In den meisten Fällen wird in dieser Situation einer bereits manifesten Auffälligkeit auf eine sonderpädagogische Betreuung zurückgegriffen, bei der grundsätzlich in Frage steht, ob zu diesem Zeitpunkt noch kompensierend eingegriffen werden kann.

An dieser Stelle ist allerdings auf zusätzliche begriffliche Problemstellungen hinzuweisen. Die Unterscheidung von Aufmerksamkeits-/Hyperaktivitätsstörungen (ADHD) und speziellen Lernstörungen („learning disabilities") ist umstritten (*Kotkin et al.* 2000). Ungeklärt sind insbesondere die Überschneidungen von schulischem Leistungsversagen, niedrigen Schulleistungen, geringer Lesefertigkeit und manifester Lese-/Rechtschreibschwäche mit Aufmerksamkeits- respektive speziellen Lernstörungen im Sinne grundlegender Defizite in Wahrnehmungsprozessen. Dabei scheinen vor allem in den USA, wo gegenwärtig 5% aller Schüler als „learning disabled" klassifiziert sind, Schulversagen und Underachievement aus schulpolitischen Gründen der Ressourcensicherung im Mittelpunkt diagnostischer Entscheidungsprozesse zu stehen. In den USA wird wohl auch deshalb jüngst die Forderung erhoben, das diagnostische Leitkriterium der Diskrepanz zwischen potentiellen Fähigkeiten und Schulleistung bei der Fragestellung spezieller Lernstörungen zugunsten einer Rückbesinnung auf die ursprünglich dieser Behinderungskategorie zugrundeliegenden Vorstellungen zentralnervöser Dysfunktionen und Prozessdefizite aufzugeben (*Kavale & Forness* 2000).

Aus einer forschungspolitischen Perspektive spricht viel für die kategoriale Engführung und kausale Spezifizierung von Störungsbildern. Die schulpraktischen Bedürfnisse der Sicherung zusätzlicher Ressourcen zur Förderung einer größeren Problemschülerschaft stehen dem entgegen. Das faktische Problem einer wachsenden Heterogenität der Schülerschaft im Sinne eines wachsenden Bedarfs an Lernhilfen und Förderangeboten im Bereich kognitiv-emotionaler Strategien der Lebensbewältigung auch im außerschulischen Bereich und Hilfen auf der konkreten Verhaltensebene, wie er sich im Begriff der Ko-Morbidität ausdrückt, ist durch diagnostische Engführung allerdings nicht zu lösen. Andererseits ist den Schulen ein differenzierender Blick auf den individuellen Förderbedarf auch hinsichtlich knapper werdender Ressourcen durchaus nahe zu legen.

Ko-Morbidität als Herausforderung für die Schulpraxis

Fasst man die Ergebnisse dieser Diskussion zusammen, dann lassen sich folgende Konsequenzen für die Schulpraxis ziehen:

- Kategoriale Abgrenzungen von Gefühls- und Verhaltensstörungen mit Lernbehinderungen, speziellen Lernstörungen/Aufmerksamkeitsstörungen für schulpraktische Zwecke sind höchst fraglich. Welche Rolle Störungen der Sprachentwicklung spielen, müsste einer eigenen Diskussion unterzogen werden. Forschungsergebnisse im Vorschulbereich weisen auch in diesem Bereich Problemüberschneidungen nach (*Mayr* 1998). Begrifflich-definitorische Bestimmungen von Gefühls- und Verhaltensstörungen und speziellen Lernstörungen/Aufmerksamkeitsstörungen müssen den Status der Ko-Morbidität als Möglichkeit berücksichtigen (vgl. *Opp* 1998).
- Angesichts der diskutierten Prävalenzschätzungen ist klar, dass Integration im deutschen Schulsystem in einem umfänglichen Maße und zwar weitgehend kostenneutral und ohne den speziellen Bildungsansprüchen dieser Kinder gerecht zu werden, betrieben wird. Diese Zahlen implizieren aber auch, dass die Homogenitätserwartungen im Bezug auf die soziale Reife, das Verhaltensrepertoire und den Entwicklungsstand von Kindern im Einschulungs- und frühen Schulalter überdacht werden müssen. Schulen sind mit einer großen Bandbreite kognitiver, sprachlicher und sozialer Voraussetzungen unter den Kindern konfrontiert (Lern-Leistungsvarianz), denen sie nur durch reflexiv konzeptionell untersetzte pädagogische Maßnahmen begegnen können.
- Verhaltensstörungen und Teilleistungsstörungen, die bereits im Vorschulalter auftreten, können schwerwiegende mittel- bis langfristige Auswirkungen auf das spätere Leben der Kinder haben. Insbesondere der Aufbau befriedigender Beziehungen zu Gleichaltrigen ist diesen Kindern erheblich erschwert, so dass durch fehlende oder defizitäre Freundschaftsbeziehungen ihre sozio-emotionale Entwicklung langfristig gefährdet ist (*Mayr* 1997). Die Ergebnisse der Schulqualitätsforschung geben dem Bemühen um vielseitige Gemeinschaftserlebnisse besonderes Gewicht. Die bewusste Gestaltung eines reichhaltigen Schullebens und fürsorglichen Klassen- und Schulklimas, die damit verbundene Vermeidung sozial exkludierender Leistungsvergleiche unter den Schülern oder die gezielte Herabsetzung einzelner Kinder und Jugendlicher durch ihre Lehrkräfte sind dafür wesentliche Indikatoren (*Fend* 1998; *Eder & Mayr* 2000; *Melzer & Stenke* 1996; *Berg & Steffens* 1991; *Freitag* 1998). Konsequente Bemühungen um die optimale Gestaltung von Schulen sollten Forderungen zur Verbesserung des Schulklimas nicht im Sinne maximaler Schulleistungen instrumentalisieren. Vielmehr ist es an der Zeit, die Ergebnisse der Schulqualitätsforschung zu nutzen, um sonderpädagogische Schwerpunkte kooperativ und integrativ in die Arbeitsfelder des regulären Schulsystems einzubeziehen. Das bedeutet, die Befindlichkeiten der Schülerinnen und Schüler

nicht nur bezüglich ihres schulischen Selbstbildes und ihrer Schulmotivation zu hinterfragen, sondern Selbstwert, Selbstkonzept und emotionale Kompetenzen der Kinder bewusst erkennen und unterstützen zu wollen.

- Verhaltens- und Teilleistungsprobleme scheinen eine über Jahre andauernde Stabilität aufzuweisen (*Mayr* 1997). Im Sinne präventiver Maßnahmen muss einer vorschulischen Erfassung und Förderung dieser Kinder größere Bedeutung eingeräumt werden. Ob die derzeitig praktizierten Schulreifeuntersuchungen dieser Fragestellung ausreichendes Gewicht geben, ist fraglich.
- Pädagogische Professionalität verlangt vor allem, auffälliges Schülerverhalten auf eine mögliche Kompensation primärer Leistungsstörungen zu hinterfragen und den betreffenden Kindern an Stelle einer ausschließlichen Interventionen auf der Verhaltensebene auch entsprechende Lernhilfen zur Verfügung zu stellen. Diese basiert stärker auf einer diagnostischen Beschreibung ihrer Lernprozesse als auf einer Feststellung von Defiziten.
- Die Lehrerausbildung, insbesondere die Grundschullehrerausbildung, muss diese Problemstellungen aufnehmen und die zukünftigen Lehrer auf den komplexen Förderbedarf dieser Kinder in den schulischen Leistungs- und sozio-emotionalen Lernbereichen vorbereiten.
- Der umfassende Weiterbildungs- und Fortbildungsbedarf der Lehrerinnen und Lehrer bezüglich des Förderbedarfs der beschriebenen Schülerpopulation in deutschen Schulen wird bisher in keiner Weise befriedigt.
- Es muss ein Bestandteil professionellen Selbstverständnisses der Pädagogen an Allgemeinen Schulen werden, dass die pädagogische Förderung dieser Kinder Teil ihres pädagogischen Auftrages ist. Auf der anderen Seite kann und darf das Aufgabenfeld der Schulen unter Beibehaltung der derzeitigen strukturellen Bedingungen nicht ohne Weiteres ausgeweitet werden. Wesentlich, im Sinne einer optimalen Begleitung dieser Kinder, erscheint die Installation fester Vernetzungsstrukturen mit verschiedenen Fachdiensten. Große Bedeutung hat dabei der weitere Aufbau mobiler Sonderpädagogischer Förderangebote und die Kooperation mit den Angeboten der Kinder- und Jugendhilfe.

Neue Begriffe haben immer einen großen Reiz. Sie suggerieren Novität und Originalität. Dabei war der Gedanke, dass sich verschiedene kindliche Entwicklungsrisiken in unterschiedlichen Störungsbildern ausdrücken können auch den frühen Heilpädagogen vertraut. Bereits der Aufruf zur Gründung eines Verbandes der Hilfsschulen in Deutschland (Aufruf 1898) sprach von einer dreifachen Armut der Hilfsschüler. Sie seien arm im Geiste, arm in ihren Lebensumständen, aufgrund organischer Defizite körperlich arm und körperlich schwach, so hieß es in diesem Aufruf. Heute würden wir, unter Einbeziehung der häufigen sprachlichen Entwicklungsrückstände dieser Kinder von Ko-Morbidität sprechen.

Ausdrücklich ist darauf hinzuweisen, dass es sich bei diesem Begriff der „Ko-Morbidität" nicht um einen pädagogischen, sondern um einen medizinischen Begriff handelt („morbus - Krankheit"). Worin liegt also der pädagogische Reiz dieses Begriffs? Zum einen besteht er – und darauf haben wir bereits hingewiesen – in seiner Abstinenz gegenüber behinderungskategorialen und statusorientierten Vorgaben. Zum zweiten ist dieser Begriff im Zusammenhang mit nonkategorialen Denkansätzen einsetzbar. Drittens könnte dieser Begriff gerade in Deutschland besondere Attraktion besitzen, weil er eine Lücke zur internationalen Diskussion und Terminologie schließen lässt, mit der die deutsche Sonderpädagogik bisher nicht sehr beherzt umging.

Aufgrund der frühen und umfassenden Institutionalisierung eines eigenständigen Hilfsschulsystems, mit der die deutsche Heilpädagogik historisch betrachtet eine international anerkannte Vorreiterrolle ausübte, konnten die ab den 60er Jahren international an Momentum gewinnenden Vorstellungen spezieller Lernstörungen in Deutschland nie als eigenständige Behinderungskategorie etabliert werden. Die schulische Förderung dieser Kinder blieb deshalb immer in der Driftzone einer von ihrer institutionellen Absicherung her gesehenen schwankenden Legasthenieförderung. Das wachsende Problem von Schülern mit umschriebenen Lernstörungen/ Aufmerksamkeitsstörungen mit und ohne Hyperaktivität und Impulsivität, mit Dyskalkulie, Dyslexie, Wahrnehmungsstörungen, Integrationsstörungen und den sie häufig begleitenden Verhaltensauffälligkeiten verlangt neue Zugriffsweisen. Dabei deutet bereits die begriffliche Kontingenz der Bezeichnung dieser spezifischen Erziehungsprobleme auf die Heterogenität der Störungsbilder hin. Aber vielleicht ist genau dies der Vorteil des Begriffs der Ko-Morbidität. Er ist soweit unspezifisch, dass er diese Heterogenität fassen könnte.

Ulrich Schröder

Das Konzept der „learning disabilities" und seine Rezeption in der deutschen Sonderpädagogik

Einleitung

Wie in der Psychologie allgemein, so wird auch in der sonderpädagogischen Psychologie immer wieder auf angloamerikanische Forschungen zurückgegriffen, wenn es empirisch untermauerter Aussagen über Verhalten und Erleben, über kognitive, affektive, motivationale und andere psychische Prozesse sowie ihre pädagogisch intendierte Beeinflussung bedarf. Insbesondere die Dominanz der amerikanischen Theorien des Lernens schlägt hier zu Buche, auch und gerade bei Phänomenen abweichenden Verhaltens im schulischen Lernen und im sozialen Verhalten.

Eilfertige und unkritische Übernahmen ziehen jedoch durchaus Probleme nach sich, da Lern- und Verhaltensauffälligkeiten, die sich im schulischen Raum manifestieren, nicht ohne weiteres aus diesem schulischen Kontext – der wiederum in den übergreifenden gesellschaftlichen Zusammenhang eingebunden ist – herausgelöst interpretiert werden können. Kontextabhängig ist schon die Identifizierung von „Auffälligkeiten" in der bunten Vielfalt von Verhaltensformen, sodann ihre terminologische Erfassung und ihre Klassifizierung.

Um ein markantes Beispiel dafür soll es im Folgenden gehen: um das Konzept der „learning disabilities", deren Erforschung in den USA einen breiten Raum einnimmt und in Deutschland sowohl in der Lernbehindertenpädagogik als auch in der Verhaltensgestörtenpädagogik aufgegriffen wurde. Neben den namengebenden beeinträchtigten Lernfähigkeiten nämlich werden bei den learning disabilities auch Aufmerksamkeitsdefizite und Probleme in sozialen Interaktionen diskutiert. So stellen *Crockett & Kauffman* als „primäre Kennzeichen von Lernenden mit learning disabilities" eine „verzögerte Entwicklung *schulleistungsbezogener und sozialer* Fertigkeiten [academic and social skills]" heraus (1998, 497; Hervorhebung von

24

mir). Bei ihrer ausführlichen Aufzählung und Erörterung der Charakteristika widmen *Hallahan & Kauffman* den Problemen in der „sozialen Anpassung" ein eigenes Kapitel (1986, 113f.; vgl. auch *Wong* 1996, 31ff. und 40; *Bryan* 1998; *Torgesen* 1998, 19f.).

Für die Lernbehindertenpädagogik ist es bedeutsam, in welchem Verhältnis die als „learning disabilities" bezeichneten Phänomene und der davon betroffene Personenkreis zu ihrem Begriff von „Lernbehinderung" und ihrer Schülergruppe der „Lernbehinderten" zu sehen sind – umso mehr deshalb, weil es in den USA einen weiteren Begriff gibt, der als Entsprechung der deutschen Begriffsfassung in Betracht kommt: Bei Kindern, die in der Schule gravierende Lernprobleme haben, ist nämlich dort traditionell in erster Linie an die Kategorie der „mentally retarded", der geistig (d.h. intellektuell) Retardierten, zu denken; und von deren beiden Ausprägungen – den „trainable mentally retarded" und den „educable mentally retarded" (EMR) – liegen Letztere, die schulbildungsfähig intellektuell Retardierten, den Lernbehinderten am nächsten.

Der jüngere Terminus „learning disabilities", als dessen angemessene Übersetzung ins Deutsche ich im Folgenden den Ausdruck „Lernschwäche" übernehme (*Johnson & Myklebust* 1971; vgl. *Schröder* 2000, 60 und 84), zielt demgegenüber auf eine andersartige Gruppe von Schülerinnen und Schülern:

„Für die meisten Eltern und Lehrer ist das ... Kind vollkommen unverständlich. An einem Tag lernt es den Unterrichtsstoff bis zur Perfektion, am anderen scheint es alles vergessen zu haben. Auf einem Gebiet übertrifft es alle anderen Kinder, auf einem anderen leistet es kaum mehr als ein Zweijähriger. Sein Verhalten ist von einer fast gewalttätigen Intensität und völlig unvorhersehbar. Es ist glücklich bis zur Euphorie und im nächsten Augenblick traurig bis zur Depression" (*Kephart* 1977, 16). Hier wird ein sehr eigenartiges Kind beschrieben, eigenartig sowohl hinsichtlich seines Lernens als auch seines Verhaltens. Es wird geradezu stilisiert als andersartig und unverständlich (vgl. auch *Siegel & Gold* 1982, VII), und man könnte meinen, es handle sich um einen eher seltenen sonderpädagogischen Fall. Im Gegensatz zur hochstilisierten Besonderheit in der Beschreibung geht es bei den Lernschwachen in Wirklichkeit aber um die Gruppe von Schülerinnen und Schülern, die heute in den USA die größte Teilpopulation der Kinder und Jugendlichen bildet, die sonderpädagogischer Förderung bedürfen (*Torgesen* 1998, 3f.; vgl. *Schröder* 2000, 60ff.).

In diesem quantitativen Anteil ist eine Gemeinsamkeit mit der Gruppe der Lernbehinderten im deutschen Bildungssystem – die ja ebenfalls relativ die bei weitem meisten Schülerinnen und Schüler mit sonderpädagogischem Förderbedarf stellen (*Schröder* 2000, 100f.) – zu erkennen. Ansonsten käme man angesichts der obigen Beschreibung des Lernverhaltens und der Erlebnisweisen wohl kaum auf die Idee zu vermuten, dass ein typisches lernbehindertes Kind gemeint sein könnte. Genau das bietet aber die deutsche Übersetzung von *Kephart*s zuerst 1960 erschienenem Buch den Leserinnen und Lesern an (der erste Satz des oben zitierten Abschnittes lautet vollständig: „Für die meisten Eltern und Lehrer ist das *lernbehinderte* Kind vollkommen unverständlich." Hervorhebung von mir). Hier liegt also eine keineswegs angemessene Rezeption aus dem Amerikanischen vor, auf die ich noch zurückkommen werde.

Unter dem Gesichtspunkt der Rezeption wissenschaftlicher Konzepte und Forschungsergebnisse ist das Beispiel der „learning disabilities" indessen nicht nur in der genannten Richtung – von den USA nach Deutschland – aufschlussreich, sondern interessanterweise auch in umgekehrter Richtung, jedenfalls dann, wenn man sich mit der Vorgeschichte dieses Konzeptes befasst. In beiden Richtungen erweist sich, wie soeben schon erkennbar war und weiter aufzuzeigen sein wird, die Rezeption als problematisch, lückenhaft und oft unpräzise.

Die Entwicklung des Konzeptes „learning disability" und seine Wurzeln

1963 schlug S. *Kirk* für schulische Probleme, auf die die herkömmlichen Erklärungsansätze nicht zuzutreffen schienen, die Bezeichnung „learning disability" vor. Der Begriff, der nicht – wie es „*in*ability" täte – eine Unfähigkeit zu lernen meint, sondern eine beeinträchtigte, gestörte Fähigkeit (insofern stellt das deutsche Wort „Lernschwäche" eben eine treffende Entsprechung dar), fand rasch allgemeine Verbreitung. Dabei wurde ihm in der Folge oft der Zusatz „*specific*" vorangestellt.

Mit den gemeinten Phänomenen hatte sich schon seit den vierziger Jahren eine Reihe von Psychiatern, Psychologen und Sonderpädagogen in Nord-Amerika von verschiedenen Ansätzen her befasst. Dabei wurden Kinder mit Lern- und Verhaltensproblemen in den Blick genommen, für deren Verursachung *nicht* ein intellektueller Entwicklungsrückstand verantwortlich gemacht werden konnte. Außerdem sollten auch die Ursachenkomplexe sozio-ökonomischer Deprivation und sozio-kultureller Benachteiligung sowie sensorischer, motorischer oder gröberer neurologischer Schädigungen ausgeschlossen werden. Vielmehr wurden hypothetisch minimale Hirnfunktionsstörungen, neurologische Dysfunktionen oder zentralnervöse Wahrnehmungs-Verarbeitungsstörungen für die Lernschwächen verantwortlich gemacht.

Mit dieser Auffassung knüpfte man an Forschungen an, die wesentlich von deutschen Emigranten in die USA vermittelt wurden, von Psychologen und Psychiatern, die nach der Machtübernahme der Nationalsozialisten von deutschen Universitäten vertrieben wurden (vgl. *Graumann* 1985). Hier sind vor allem die Namen Adhémar *Gelb,* Kurt *Goldstein,* Alfred *Strauss* und Heinz *Werner* zu nennen.

Werner und *Strauss* befaßten sich nach ihrer Emigration in die USA mit den kognitiven Leistungen und der Förderung von Kindern, die als hirngeschädigt (brain injured) verstanden wurden, obwohl dafür allerdings keineswegs immer eine klare Diagnose vorlag. Als Merkmale der Kinder wurden besonders Wahrnehmungsstörungen, vor allem Probleme mit der Figur-Grund-Differenzierung, sowie Ablenkbarkeit und Verhaltensauffälligkeiten herausgestellt, die heute als Hyperaktivität bezeichnet würden (siehe die relativ ausführliche Darstellung der Versuche in *Franklin* 1987). Damit hoben die Autoren ihre Klientel von der Gesamtgruppe der geistig Retardierten ab und bereiteten so die Konstituierung der „learning disability" als eigener sonderpädagogischer Kategorie vor. Letzteres wurde übrigens auch dadurch begünstigt, dass spätere Protagonisten des learning-disability-Ansatzes wie *Kephart, Kirk* und *Cruickshank* mit den Forschungen *Strauss*' und *Werner*s eng verbunden waren, z.T. durch Mitarbeit an der Wayne County Training School, an der die beiden deutschen Emigranten eine Anstellung gefunden hatten (vgl. *Hallahan & Kauffman* 1976, 5ff.).

Für *Werner,* dessen Lehrbuch der Entwicklungspsychologie von 1926 nach dem Zweiten Weltkrieg in Deutschland noch mehrere Neuauflagen erfuhr, standen die Forschungen an hirngeschädigten Kindern durchaus in der Kontinuität des seinem Lehrer William *Stern* verpflichteten Interesses an „genetischen Parallelen" zwischen entwicklungspsychologischen, pathologischen, „völkerpsychologischen" und tierpsychologischen Phänomenen (*Werner* 1970). Und in der Hervorhebung des Verhältnisses von Figur und Grund wird an die ganzheitspsychologische Wahrnehmungstheorie angeknüpft, die u.a. mit Kippfiguren die dynamische Figur-Grund-Relation als bedeutenden Beleg gegen die Elementenpsychologie erforschte.

Insbesondere aber bauten *Werner* und *Strauss* auf den „Psychologischen Analysen hirnpathologischer Fälle" auf, einer Forschungsreihe, die *Gelb* und *Goldstein* über Jahre an Kopfverletzten aus dem Ersten Weltkrieg in Deutschland betrieben hatten. Beide Wissenschaftler gehörten der „Berliner Schule" der Gestalttheorie um *Wertheimer* und *Köhler* an und waren Mitherausgeber der Zeitschrift „Psychologische Forschung", des wichtigsten Publikationsorgans der Gestalttheorie (*Ash* 1985; *Metzger* 1986, 103ff.). Nach der „Machtergreifung" der Nationalsozialisten wurden sie auf Grund der rassistischen Bestimmungen des „Gesetzes zur Wiederherstellung des Berufsbeamtentums" aus ihren Professuren in Halle und Frankfurt verjagt. Während *Goldstein* in den dreißiger Jahren über Amsterdam in die USA emigrieren konnte, gelang dem schwerkranken Adhémar *Gelb* der Weg ins Ausland nicht mehr; er starb 1936 im Schwarzwald (*Bergius* 1963).

In den angloamerikanischen Lehrbüchern über learning disabilities werden sowohl *Strauss* und *Werner* als auch *Goldstein* stets breit erörtert und in ihrer Bedeutung für die Grundlegung des Konzeptes gewürdigt (*Hallahan & Kauffman* 1976; *Schapiro* 1979; *Siegel & Gold* 1982, 4ff.; *Franklin* 1987; *Torgesen* 1998). Der Name *Gelbs* taucht hingegen so gut wie nie auf, obwohl seine Bedeutung hinter derjenigen der drei anderen Forscher keineswegs zurücksteht. Man muss zu dem Schluss kommen, dass der Grund dafür einfach darin liegt, dass er nicht auf Englisch in den USA publiziert hat und dass man dort nicht-englischsprachige Literatur kaum zur Kenntnis nimmt. Im Ergebnis bedeutet das eine erneute Diskriminierung dieses bedeutenden jüdischen Psychologen.

Nachdem *Cruickshank* die Versuche *Strauss'* und *Werner*s an nicht-geistig-retardierten Kindern mit zerebraler Lähmung repliziert hatte, verlagerte sich das Interesse vollends auf die Kinder, die – gemessen an ihren intellektuellen Fähigkeiten – erwartungswidrig schwerwiegende schulische Minderleistungen, verbunden mit auffälligem Verhalten, zeigen. Zugleich wurde der Akzent von Schädigungen des Gehirns auf zerebrale Funktionsstörungen verlagert; der Begriff der „minimalen zerebralen Dysfunktion" (MCD) erlangte weite Verbreitung. Im Weiteren ging der wissenschaftliche Schwerpunkt von der Neuropsychiatrie auf die Psychologie und die Sonderpädagogik über (siehe z.B. den programmatischen Titel von *Hallahan & Kauffman* 1976), und die Hypothese hirnorganischer Verursachung wurde immer mehr umstritten, insbesondere angesichts der Tatsache, dass die neurologischen Funktionsstörungen per definitionem „minimal" sein sollen und daher nicht mit den üblichen diagnostischen Mitteln der Neurologie erfasst werden können.

Die Diskrepanz zwischen dem allgemeinen potentiellen Fähigkeitsniveau, das man durch den IQ erfassen zu können glaubte, und den erzielten Schulleistungen wurde konstitutiv für das Konzept der learning disabilities (vgl. *Crockett & Kauffman* 1998, 494; *Torgesen* 1998, 17). So schlugen *Johnson & Myklebust* (1971) einen „Lernquotienten" vor, nach dem bei Kindern von „Lernschwäche" gesprochen wird, wenn ihre Schulleistung mehr als 10% unter dem Niveau liegt, das nach ihrem biologischen, intellektuellen und schulischen Stand zu erwarten wäre (vgl. *Hallahan & Cruickshank* 1979, 112f.).

Im staatlichen Erziehungsgesetz (PL 94-142) von 1975 wird auf „eine Störung [disorder] in einem oder mehreren der grundlegenden psychologischen Prozesse" verwiesen, „die am Verständnis oder am Gebrauch gesprochener oder geschriebener Sprache beteiligt sind". Und diese Störung manifestiere sich „in eingeschränkter Fähigkeit im Zuhören, Denken, Sprechen, Lesen, Schreiben, in Orthographie oder in mathematischen Operationen". Darüber hinaus werden in der Literatur weitere Merkmale genannt, neben den verminderten Schulleistungen, vor allem im sprachlichen Bereich, Symptome wie: Störungen der Koordination verschiedener Funktionen, insbesondere von Sinneswahrnehmung und Motorik, emotionale Labilität, Perseveration, Aufmerksamkeitsstörungen, Hyperaktivität, Impulsivität, Auffälligkeiten in der Informationsverarbeitung bei Gedächtnis- und Denkprozessen, vor allem in der Strategieverwendung, und Auffälligkeiten im sozialen Verhalten („social skills deficits") (vgl. *Hallahan & Kauffman* 1986, 106ff.).

Die gesetzliche Definition, die übrigens im Kern weiterhin gilt, ist recht vage. Insbesondere bleiben Art und Wirkungsweise der „grundlegenden psychologischen Prozesse" zu unbestimmt; ihre Rolle bei learning disabilities stellt ein bis heute ungelöstes Problem dar (vgl. *Wong* 1996, 42; *Torgesen* 1998, 16ff.). Die noch relativ eindeutigsten Aussagen betreffen das Verhältnis zu anderen sonderpädagogischen Kategorien: Während „Handicaps in der Wahrnehmung, Hirnschäden, minimale Hirn-Dysfunktion, Dyslexie und entwicklungsbedingte Aphasie" einbezogen werden, sind ausdrücklich ausgeschlossen diejenigen Kinder, „die Lernprobleme haben, welche in erster Linie das Resultat visueller, auditiver und motorischer Behinderung, geistiger Retardierung, emotionaler Störung [Verhaltensstörung] oder milieubedingter, kultureller oder ökonomischer Benachteiligung sind." (vgl. *Wong* 1996, 37ff.; *Torgesen* 1998, 18ff.). Die Position gegenüber Problemen der Emotionalität und des Sozialverhaltens ist zwiespältig: Einerseits können sie als Merkmale bei Lernschwäche nicht geleugnet werden, anderseits wird ihnen eine Rolle als Mitverursacher-Faktoren abgesprochen.

Insgesamt fällt auf, dass die positiven Definitionsbestandteile an Deutlichkeit hinter den Ausschluss-Kriterien zurückbleiben.

Da nicht einmal das Ausmaß bestimmt wird, von dem an schulische Minderleistungen in den Lernbereichen Sprache und Mathematik als auffällig zu gelten haben, verwundert es nicht, dass sich die Schätzungen über die Häufigkeit der Lernschwächen zwischen 1% und 30% bewegen. Im Durchschnitt der USA erhalten etwa 5% der gesamten Schulpopulation Fördermaßnahmen deswegen. Die „learning disabled" sind damit die bei weitem größte Gruppe der Schüler und Schülerinnen, die sonderpädagogische Maßnahmen erfahren – und ihre quantitative Dominanz hat sich im Laufe der neunziger Jahre des 20. Jahrhunderts sogar noch verstärkt (*Taylor et. al.* 1995, 37; *Torgesen* 1998, 3f.).

Damit geht ihre große Heterogenität – sowohl in der Symptomatik als auch in der Ätiologie – einher, die inzwischen zu einem der hauptsächlichen Charakteristika der betroffenen Schülergruppe wurde: Der Begriff learning disabilities „bezieht sich auf ein heterogenes Bündel von schulleistungsbezogenen und anderen Problemen [academic and nonacademic problems]" (*Wong* 1996, 41; mit „nonacademic" sind visomotorische Koordination, Wahrnehmung, Sprache, Gedächtnis gemeint; vgl. *Mercer* 1987, 40 und 46f.; *Torgesen* 1991, 28ff.). Dies bedeutet zugleich, die frühere Annahme einer sehr spezifischen Störung aufzugeben. Die ist übrigens auch im konkreten Einzelfall nicht die Regel: „Viele Kinder haben eher durchgängige als hochspezifische Lerndefizite" (*Torgesen* 1991, 23). Und in zahlreichen Fällen lassen sich offenbar nicht einmal die Ausschlusskriterien einhalten: Leichte intellektuelle Retardierung findet sich ebenso in Gruppen von Lernschwachen wie die Wirksamkeit sozialer Selektionsmechanismen (Schwarze sind in Maßnahmen für learning disabled unterrepräsentiert, in Maßnahmen für geistig Retardierte überrepräsentiert; *Siegel & Gold* 1982, 17ff.).

Die Probleme des learning-disabilities-Konzeptes lassen sich wie folgt zusammenfassen:

– Während das generelle Kennzeichen „schwerwiegende Lernbeeinträchtigung" unstrittig ist, konnte das Spezifische dieser Lernschwäche, das vielfach so sehr betont wird, nicht erwiesen werden.

– Damit hängt zusammen, dass die distinkte Abgrenzung von anderen Behinderungsformen, insbesondere anderen Arten schulischer Minderleistung, nicht möglich ist.

– Es besteht ein „Mangel an positiven Kriterien zur Identifizierung von Lernschwächen" (*Torgesen* 1998, 17); ihre Bestimmung per Exklusion nicht akzeptierter Faktoren (geistige Retardierung u.a.) überwiegt.

– Die These der Verursachung durch basale psychologische Verarbeitungsprozesse hat geringen Erklärungswert, da diese auch bei anderen schulleistungsschwachen Personen in ähnlicher Weise gestört sein können.

– Der Diskrepanz-Ansatz zur Definition der Lernschwäche – wie ihn das ältere deutsche Legasthenie-Verständnis ebenfalls verwendete – kann erstens auch nicht als positives Definitionsmerkmal gelten, weil er ja nur zu der negativen Aussage führt, dass angesichts des allgemeinen kognitiven Leistungsniveaus die schwachen Schulleistungen *nicht* erklärbar erscheinen; zweitens scheitert er daran, dass es keine gesicherte Übereinkunft darüber gibt, an welcher Art von „Erwartung" das „erwartungs*widrige*" Schulversagen gemessen werden soll. Der meistens verwendete IQ stellt bestenfalls eine Notlösung dar. Und drittens lässt der

Diskrepanz-Ansatz sich in der Praxis nicht durchhalten (*Torgesen* 1998, 23f.).

– Ob die Heterogenität als kritisch zu bewerten ist, sei dahingestellt. Sie hängt schon rein logisch mit der Größe der Population zusammen (vgl. in Analogie zur Lernbehinderung *Schröder* 2000, 102). Ferner ist sie die unausweichliche Folge des Scheiterns der Bemühungen, die vorgebliche Spezifität der Lernschwächen zu untermauern. Und schließlich müsste, wer Heterogenität kritisierte, unterstellen, dass eine Klassifizierung überhaupt nicht-heterogene, ‚reine' Gruppen von Personen hervorbringen könnte; das wäre aber weder realistisch noch wünschenswert.

Insgesamt hat es den Anschein, als liefe die Umsetzung des Konzeptes der „learning disabilities" in der schulischen Praxis darauf hinaus, dass man damit Lernschwierigkeiten erfasst, für die man einfach keine rechte und belegbare Ursache weiß: „'Lernschwächen' wird ein Sammelbehälter für nicht erklärte Schulleistungsschwäche" (*Sleeter* 1987, 70). *Franklin* spricht von den „anscheinend unerklärlichen Lern- und Verhaltensproblemen gewisser normalintelligenter Kinder" (1987, 44). Und selbst *Torgesen*, der in seinem neueren Beitrag im Vergleich zu 1991 das Thema Heterogenität herunterzuspielen bemüht ist, konstatiert: „Letzten Endes ist es [die] Unfähigkeit, vom Unterricht in der Allgemeinen Schule zu profitieren, die gewöhnlich zur Diagnose einer Lernschwäche führt" (1998, 24).

Folgt aus der Kritik am Konzept der Lernschwächen, insbesondere an seinem Anspruch einer „spezifischen" Art von Lernbeeinträchtigung, nun eine Abkehr von der Lern- und Verhaltensproblematik der Schülergruppe, die mit dem Etikett „learning disability"/Lernschwäche belegt werden? Dies würde bedeuten, dass die Schülerinnen und Schüler in der größeren Population all derjenigen verschwänden, die im Schulsystem wenig erfolgreich lernen; im amerikanischen „mainstreaming" erhielten sie dann keine angemessene Förderung (*Crockett & Kauffman* 1998; *Torgesen* 1998, 24ff.) – und im deutschen Schulsystem verhält es sich nicht anders...

Die Problemlage und der sonderpädagogische Förderbedarf der Kinder, für deren schulische Lernschwierigkeiten die Verursachung in der Tat fraglich oder gar rätselhaft sein mag, sind vielmehr allemal real und drängend genug und – ungeachtet der Kritisierbarkeit dieses oder jenes Etiketts – in schulischen Angeboten zu berücksichtigen.

Rezeption und parallele Entwicklungen in Deutschland

Übersetzungen

Die direkteste Form der Rezeption eines Forschungs- und Förderungs-
ansatzes besteht zweifellos in der Übersetzung der einschlägigen Literatur.
Vor allem die Attraktivität mancher ‚Therapie'-Verfahren hat in Deutschland den learning-disability-Ansatz bekannt gemacht. Aber auch das Interesse, eine Gruppe von ‚Schulversagern' vor dem Odium der Dummheit zu
bewahren, die Kinder und ihre Familien mit Hilfe des „MCD"-Konzeptes
von den Lernbehinderten positiv abzuheben – und dies vor allem auch
sozial –, spielte wohl bei der Rezeption eine gewisse Rolle.

Bereits 1971 wurde das im Original 1967 erschienene Lehrbuch von
Johnson & Myklebust auf deutsch vorgelegt. Der Titel „Learning Disabilities" wurde dabei mit „Lernschwächen" übersetzt – in doppelter Hinsicht
sehr passend: „Schwäche" enspricht gut dem englischen „disability", da
beide Wörter nur die eingeschränkte, geschwächte Fähigkeit bezeichnen,
nicht etwa ihr gänzliches Fehlen. Außerdem hatte der vorgeschlagene Begriff den Vorteil, in der sonderpädagogischen Fachsprache noch nicht
belegt zu sein.

Leider kam es auch zu nicht ganz seriösen Übertragungen wie bei dem
bereits erwähnten Buch von *Kephart* (1977) und bei *Hallahan & Cruickshank* (1979), die beide in Deutschland mit der irreführenden Übersetzung
„Lernbehinderung" im Titel erschienen und damit fälschlich eine Gleich-
setzung von learning disability und Lernbehinderung behaupteten oder zumindest nahelegten.

In die Reihe der zweifelhaften Befassungen mit dem Ansatz der learning disabilities gehört ebenfalls die deutsche Übernahme von *Gaddes'*
„Learning disabilities and brain function" (1991; Original in der 2. Auflage
1985). Abgesehen davon, dass das Buch auch im Original die wissenschaftlichen Zweifel an der These der neurologischen Verursachung ignoriert und
großzügig mit dem schwammigen Begriff „weicher Symptome" für zerebrale Dysfunktion arbeitet (die aber alle nur Verhaltensmerkmale wie
Sprachverzögerung, Ungeschicklichkeit, Hyperaktivität, Mängel der
Rechts-links-Orientierung oder der Auge-Hand-Koordination darstellen
und *nicht* etwa nachgewiesen neurologische Zeichen), findet sich in der
von I. und R.-W. *Flehmig* besorgten deutschen Ausgabe für das englische
„learning disability" eine wahllose Mischung der in der Sonderpädagogik
definierten Termini Lernbehinderung und Lernstörung (*Gaddes* 1991).

Frühkindlicher Hirnschaden, minimale zerebrale Dysfunktion und Teilleistungsschwächen

Unabhängig von der Diskussion über die learning disabilities existiert in der deutschen Neuropsychiatrie des Kindesalters das traditionelle Konzept des „frühkindlichen Hirnschadens". Er ist ein Sammelbegriff für alle möglichen negativen Einwirkungen auf das sich entwickelnde und ausreifende Zentralnervensystem, und ihm entspricht daher ein ebenso vielgestaltiges Bild der Folgezustände, die als „psychoorganisches Syndrom" oder „organisches Psychosyndrom" zusammengefasst werden. Es erwies sich jedoch als sehr schwierig, präzise Beziehungen zwischen den einzelnen Noxen und den psychischen Symptomen herzustellen. Dadurch verlagerte sich, wenn auch nicht unumstritten, der Schwerpunkt vom Schädigungsansatz als „ätiologische[m] Konzept mit ungewisser Gültigkeit" auf die primäre Beachtung der Hirn*funktionen* und ihrer Störungen, die ein Kontinuum von schwerwiegenden Traumen bis zu „minimalen zerebralen Dysfunktionen" bilden (*Steinhausen* 1992, V und 4).

Das von *Lempp* formulierte „frühkindlich exogene Psychosyndrom" beruht darauf, dass „die Störung eines einzelnen Teilgebietes [gedacht hat *Lempp* vor allem an optische oder akustische „Teilerfassungsstörungen"] sich in charakteristischer Weise auf die gesamte Leistungsfähigkeit auswirken muss" (*Lempp* 1982, 776). Dabei werden psychologische, erzieherische und soziale Faktoren einbezogen, so dass die Entwicklungsgeschichte des Individuums im Ganzen thematisiert wird. Die von *Lempp* im Einzelnen beschriebenen Symptome ähneln den von *Strauss & Werner* und bei Lernschwäche beschriebenen.

Auf dem von *Steinhausen* beschriebenen Wege vom Schädigungsprinzip zum Funktionsbegriff bleibt der Terminus der „minimalen zerebralen Dysfunktion" (MCD), der nun der amerikanischen Diskussion über learning disabilities entstammt, sozusagen auf halber Strecke stehen: Einerseits wird in der Bezeichnung die Funktion angesprochen, anderseits haben sich die Vertreter des MCD-Ansatzes noch nicht ganz vom Vorläufer-Konzept der Hirn*schädigung* gelöst. Das zeigt sich etwa daran, dass man an der Behauptung neurologischer Symptome festhält, auch wenn die medizinische Untersuchung sie nicht belegen kann; man nimmt dann die Rede von „weichen" Symptomen zu Hilfe (s.o. die Kritik an *Gaddes* 1991).

Mit dem jüngeren Begriff der „Teilleistungsschwäche" wird die Hinwendung zur funktionalen Betrachtungsweise unter Hintanstellung einer bestimmten hirnorganischen Verursachung entschiedener vollzogen. „Orientiert... an neuropsychologischen Funktionsmodellen" (*Steinhausen* 1992, 5), bezeichnet der Begriff „Leistungsdefizite in begrenzten Funktionsbereichen, die aufgrund allgemeiner Intelligenz, Förderung sowie körperlicher und seelischer Gesundheit des Betroffenen nicht erklärt werden können" (*Esser* 1992, 187). Sowohl hier als auch bei der an die internationale Klassifikation der ICD angelehnten Definition *Schmidt*s (1993) fällt auf, dass die Teilleistungsschwächen nicht durch positive Benennung eigener spezifischer Ursachen, sondern negativ, per Exklusion *nicht* in Frage kommender Faktoren wie „Beeinträchtigungen der Sinnesorgane, offensichtliche neurologische Erkrankungen, mangelnde Förderung oder mangelnde intellektuelle Voraussetzungen" (*Schmidt* 1993, 87) bestimmt werden.

Darin liegt eine Gemeinsamkeit mit den Lernschwächen, die ebenfalls, wie oben dargelegt, mehr durch Ausschluss gewisser Bedingungsfaktoren als durch eine positive ätiologische Festlegung definiert sind. Außerdem besteht auch in den dominierenden Mängeln in sprachlichen Fähigkeiten (Lesen und Rechtschreiben), in Aufmerksamkeitsdefiziten und hyperkinetischen Symptomen eine unverkennbare Verwandtschaft (vgl. *Esser* 1992, 187). Allerdings ist das Konzept der Teilleistungsschwäche in seinem Ursprung von dem der Lernschwäche unabhängig und sollte mit diesem nicht vorschnell gleichgesetzt werden (*Esser* 1992, 187; vgl. *Steinhausen* 1992, 5). Dafür spricht auch, dass seine Häufigkeit mit 10–20% angesetzt wird (*Esser* 1992, 204f.), also höher als die durchschnittliche Rate bei Lernschwäche.

Bemerkenswert ist noch, dass sich der schlechte Schulerfolg der Kinder mit Teilleistungsschwächen nicht unterscheidet von demjenigen Lernbehinderter mit Intelligenzrückständen (*Esser* 1992), auch wenn die Konstrukte „Lernbehinderung" und „Teilleistungsschwächen" auf recht verschiedenen Grundlagen beruhen. Auch dies erinnert an die vergeblichen Bemühungen, bei learning disabilities die Spezifität der schulischen Lernprobleme nachzuweisen.

Die Rezeption des Konzeptes der Teilleistungsschwächen durch die Schulpädagogik ließ nicht lange auf sich warten, bot sie doch die Möglichkeit, Lernschwierigkeiten, insbesondere im Lesen und Rechtschreiben, die durch unzureichenden Unterricht, durch Intelligenzminderleistung oder sozio-kulturelle Benachteiligung nicht erklärt werden konnten oder sollten, rasch auf einen Begriff mit wissenschaftlichem Renommee zu bringen. Ein so motiviertes Ausufern der Begriffsverwendung einzudämmen, ist sicher bildungspolitisch angebracht. Anderseits kann eigentlich kein Zweifel herrschen, dass die Schülerinnen und Schüler, denen begründet eine Teilleistungsschwäche zugeschrieben wird, ein Bedürfnis besonderer Förderung haben, einer Förderung, welche die Allgemeine Schule in der Regel nicht zu leisten imstande oder bereit ist. Im Sinne moderner Formulierung, wie sie die Konferenz der Kultusminister übernommen hat (*KMK* 1994), wäre also von einem „sonderpädagogischen Förderbedarf" auszugehen – allerdings *nicht* von der Notwendigkeit eines Sonderschulbesuches. Dass die amtlichen Verordnungen in Niedersachsen den sonderpädagogischen Förderbedarf von Kindern mit Teilleistungsschwächen verneinen (Niedersachsen 1997), ist unverständlich, es sei denn, man unterstellt, der Umfang des sonderpädagogischen Förderbedarfs solle restriktiv auf den der früheren „Sonderschulbedürftigkeit" begrenzt bleiben (solche Tendenzen sind auch in den KMK-Papieren zu erkennen). Dann aber wären die Chancen der neuen sonderpädagogischen Begrifflichkeit – nämlich die Feststellung des besonderen Bildungsbedürfnisses von der Festlegung des „Förderortes" getrennt zu halten – vertan, und es handelte sich um eine bloße Auswechslung von Bezeichnungen.

Integration des Learning-Disability-Konzeptes in einen Theorieansatz von Lernbehinderung

Wie schon zu Anfang deutlich wurde, betrachte ich hier die Lernschwächen vorrangig unter lernbehindertenpädagogischem Gesichtspunkt. Wenn man nun fragt, wie dieser Ansatz in eine theoretische Konzeption von Lernbehinderung integriert werden kann, so ist vorab festzuhalten, dass die „learning disabled", die Lernschwachen, nicht einfach mit den Lernbehinderten im deutschen Schulsystem gleichzusetzen sind. Die Gruppe der learning disabled hat mit ungefähr 5% einen größeren Anteil an der Gesamt-Schülerschaft und reicht damit weiter in einen Bereich weniger schwerwiegender Lernbeeinträchtigungen hinein. Außerdem ist ihr Platz im Bildungssyssstem der USA durch die einleitend schon erwähnten schulbildungsfähig intellektuell Retardierten „EMR" mitbestimmt, deren Definition testdiagnostisch durch IQ-Werte unter 70 begründet wird. Durch bildungsorganisatorische Grenzziehungen wie den IQ-Wert 70 bedingt, findet sich also eine den deutschen Lernbehinderten äquivalente Schülerpopulation sowohl unter den Lernschwachen als auch unter den EMR. Erinnert sei schließlich daran, dass zu den Ausschlusskriterien bei Lernschwäche außer einer deutlich unterdurchschnittlichen Intelligenz auch sozio-kulturelle bzw. sozio-ökonomische Benachteiligung zählen, die – konträr dazu – bei Lernbehinderung zu den bedeutendsten Bedingungsfaktoren gerechnet werden.

Anderseits gibt es nicht zu übersehende Gemeinsamkeiten zwischen Lernschwäche und Lernbehinderung:

– Beide beruhen auf dem Ausgangskriterium schulischer Minderleistung.
– Sie stellen unter den Schülergruppen mit sonderpädagogischem Förderbedarf jeweils mit Abstand die größte Teilpopulation.
– Jungen sind überrepräsentiert.

- Die Begriffsbestimmung muss aus Mangel an ausreichend präzisen positiven Definitionsmerkmalen sehr stark auf – freilich nur teilweise identische – Ausschlusskriterien zurückgreifen.
- Auch bei „Hilfsschulbedürftigkeit" und Lernbehinderung hat man einmal ein spezifisches Behinderungs‚profil' angestrebt (mit Hilfe des Schwachsinns- bzw. Intelligenzbegriffes). In allen Fällen muss dies als gescheitert angesehen werden.
- Sowohl die Lernformen als auch die pädagogischen Interventionen finden sich jeweils auch bei anderen Schülergruppen mit geringem Lernerfolg.
- Heterogenität der Schülerpopulation.
- Beide sind in Gefahr, als „milde Behinderungen" nicht ernst genug genommen zu werden (*Crockett & Kauffman* 1998, 492f.).

Auf jeden Fall kann allerdings die Frage des Verhältnisses von Lernschwäche und Lernbehinderung nicht durch einen bloßen Übersetzungsvorgang beantwortet werden.

Die für eine angemessene Rezeption des Learning-disability-Ansatzes notwendige konstruktive Einbeziehung in ein theoretisches Modell von „Lernbehinderung" hat *Kanter* seit Anfang der siebziger Jahre unternommen. Ausgehend von der Fruchtlosigkeit des Streites über intellektuelle oder sozio-kulturelle Verursachung, schlug er in seinem Gutachten für den Deutschen Bildungsrat eine Differenzierung der Schülerschaft der Schule für Lernbehinderte vor. Den „Lernbehinderte[n] mit deutlichen Intelligenzausfällen" stellte er zwei weitere Gruppen an die Seite: „Kinder und Jugendliche mit Lernstörungen, -schwächen und -irregularitäten" sowie „mit Verhaltensauffälligkeiten und Milieuschäden" (*Kanter* 1974, 163ff. und 185f.). In der mittleren Teilgruppe können Schülerinnen und Schüler mit Lernschwierigkeiten, wie sie in den diversen psycho-neurologischen Ansätzen aufgeführt wurden, also mit Lernschwächen, mit MCD oder mit Teilleistungsschwächen, ihren Platz finden. Ihre zunächst nur additiv erscheinende Einbeziehung wird ergänzt durch den Hinweis auf „Interaktion der Faktoren und Kumulativwirkungen". Gemeint ist aber mehr als nur eine Ergänzung, nämlich die *Bedingung*, dass Lernschwäche und Teilleistungsschwäche erst dann in den Bereich der Lernbehinderung übergehen können, wenn es durch Interaktion und Kumulation „zu praktisch unkorrigierbaren Verfestigungen" gekommen ist (a.a.O., 166).

Elaboriert und präzisiert wird das damit angelegte Modell von Lernbehinderung wenig später (*Kanter* 1977), indem die Interaktions- und Kumulationsprozesse, in die alle im Laufe der Biographie der Schülerinnen und Schüler negativ einwirkenden Bedingungsmomente biologischer, sozialer oder gleich welcher Art eingehen, zur Grundlage gemacht werden (vgl.

Schröder 2000, 164ff.). Eine Gruppe von solchen Bedingungs-momenten können nun auch die hypothetisch den Lernschwächen und Teil-leistungsschwächen zugrunde liegenden Verursachungsmomente darstel-len. Innerhalb der unter pragmatischen Gesichtspunkten in die „Lern-behinderten mit deutlichen Intelligenzrückständen" und die „generalisierten Lernstörungen" differenzierten Population der Lernbehinderten gelten sie als eine der Varianten der Lernstörungen, die im Falle der Generalisierung und Verfestigung das Ausmaß einer Lernbehinderung annehmen können (*Kanter* 1977, 57ff.).

Fazit

Das sonderpädagogische Konzept der Lernschwächen, der „learning disabilities", hat eine komplexe Entstehungsgeschichte; es fand seit seiner Prägung durch *Kirk* in den frühen sechziger Jahren eine weite Verbreitung. Die „Erfolgsgeschichte" der learning disabilities beruht wohl zu einem großen Teil auf den daraus hervorgegangenen zahlreichen praktischen In-terventionsanregungen (die allerdings nicht Gegenstand der vorliegenden Abhandlung sind), weniger auf ihrer definitorischen Klarheit und theoreti-schen Begründung. Dass sie auch auf andere Länder übergriff, rückt das Thema „Rezeption" in den Mittelpunkt der Betrachtung. Es geht dabei zwar primär um die deutsche Rezeption des amerikanischen Konzeptes und ihre kritische Analyse; daneben stellen sich aber zwei weitere Rezeptionen als ergänzungs- bzw. korrekturbedürftig heraus: zum einen die der Wurzeln des learning-disabilities-Konzeptes in der deutschen Psychologie durch die amerikanischen Fachvertreter, zum anderen die der „Teilleistungsschwä-chen" durch amtliche Verordnungen in Deutschland.

Eine Rezeption, die den Namen verdient, muss das übernommene Kon-zept in eine theoretische Modellvorstellung einfügen. Im Falle der Lern-schwächen und der Teilleistungsschwächen kann sie nur gelingen, wenn man sich, wie es schon *Kanter* getan hat, an Lern- und Entwicklungspro-zessen, ja letztlich an der Biographie der Schülerinnen und Schüler orien-tiert, in der verschiedene Bedingungsfaktoren in Wechselwirkung agieren.

Nicht wenige der für Lernbehinderung diskutierten Bedingungsfakto-ren sind hypothetisch, und auch der mit „Lernschwäche" verbundenen Konzeption kann angesichts der erfolgten Analyse nur der Status diskutab-ler Hypothesen eingeräumt werden. Auf jeden Fall ist zu vermeiden, dass eigenständige Gruppen mit je spezifischem sonderpädagogischen Förder-bedarf, also neue (Sonder)Schülerpopulationen, daraus konstruiert werden.

Die Heterogenität der Population der Lernbehinderten tritt dabei freilich noch mehr hervor.

Ein anderes, allgemeineres Fazit der Erörterung betrifft begriffliche Erfassungen und Abgrenzungen überhaupt: Der Blick auf zwei unterschiedliche Schulbildungssysteme, nämlich der USA und Deutschlands, macht deutlich, wie innerhalb des großen Feldes negativ gewerteter Abweichungen in Art und Niveau schulischen Lernens ganz verschiedene Abgrenzungen vorgenommen und dadurch verschiedene Wirklichkeiten von Schülerschaften geschaffen werden können.

Für die Konstituierung der Schülerschaft der Lernschwachen, so wie sie sich nach mehreren Jahrzehnten des Wachstums in den USA darstellt, ist nur zum Teil das in Gesetzestexte aufgenommene theoretische Konzept verantwortlich. Ein nicht zu unterschätzendes Bedingungsmoment liegt meines Erachtens in der bereits existierenden, durch eine IQ-Obergrenze von ca. 70 auf intellektuelle Minderleistung festgelegten Gruppe der geistig Retardierten. Für die Erfassung von Schülerinnen und Schülern mit gravierenden Lernschwierigkeiten *ohne* deutliche Intelligenzminderleistung blieb in den USA sozusagen ein Vakuum, das der Begriff der learning disabilities zu füllen ermöglichte.

Walter Spiess

Lern– und Verhaltensstörungen bei ein- und demselben Kind: Koinzidenz oder Komorbidität?

Zusammenfassung. Fast jedes zweite Kind, das eine sonderpädagogische Lehrkraft unterrichtet, zeigt Auffälligkeiten nicht nur im Bereich des Lernens, sondern auch im Bereich des Verhaltens. Das jedenfalls lassen Schätzungen an Schulen für Lernbehinderte vermuten.

In Anbetracht dieser Lage stellt sich die Frage: An welchem Fachwissen kann oder soll sich eine Lehrkraft orientieren, wenn sie im Rahmen der Förderplanung einen individuellen Erziehungsplan erstellt und wenn sie solche Kinder unterrichten und erziehen?

In diesem Beitrag werden verschiedene Modelle skizziert, wie man den Zusammenhang zwischen Verhaltens- und Lernstörungen konzeptualisieren kann: im Sinne von Koinzidenz oder von Komorbidität. Anhand eines Fallbeispieles wird dann aufgezeigt, wie die Diagnostik in Orientierung an jedem dieser Modelle aussehen könnte. Daraus lässt sich die Erkenntnis ableiten, dass im konkreten Einzelfall unentschieden bleiben muss, mit welcher Reliabilität und Validität eine derartige Diagnose erstellt werden kann – mit den entsprechenden Unsicherheiten für eine Prognose.

Auf der Suche nach Alternativen zu einer fragwürdigen positivistisch-ursachenorientierten Strategie wird auf die neuesten KMK-Empfehlungen verwiesen und schliesslich eine konstruktivistisch-lösungsorientierte Strategie vorgeschlagen, die dann praxisnah skizziert wird.

Problemstellung und Zielsetzung

Ein Fallbeispiel: Die Lehrerin einer Grundschule wendet sich in der zweiten Hälfte des ersten Schuljahres mit folgender Kurzbeschreibung an das zuständige Förderzentrum: „Peter S., 7 Jahre, zeigt Lern- und Verhaltensstörungen. Er hat größere Schwierigkeiten beim Schriftspracherwerb sowie beim Lesen und ist zugleich häufig unkonzentriert. Zudem ist er zappelig, spielt den Clown und stört so den Unterricht. Peter ist von Anfang an etwas langsam gewesen in der Art und Weise, wie er lesen und schreiben lernte. Er machte und macht häufig Fehler. Andere Kinder haben das bemerkt und machen sich zunehmend lustig über ihn. So ist es immer schwerer geworden, die nötige Disziplin zu wahren..."

Dieser „Fall" soll für all die Kinder und Jugendlichen stehen, bei denen man Auffälligkeiten zugleich in zwei oder mehr „Bereichen" feststellt – wie hier im Bereich des Lernens und im Bereich des Verhaltens.

Wie häufig Lehrpersonen bei Kindern und Jugendlichen eine solche Kombination von Auffälligkeiten ausmachen, hat *Myschker* (1999) für die Schülerpopulation an Schulen für Lernbehinderte in Hamburg zu erfassen versucht. Entsprechend seinen Ergebnissen wurden von 1031 Schülerinnen und Schülern 46% als solche klassifiziert, die zugleich Lern- und Verhaltensstörungen zeigten.

Sofern dieses Ergebnis auf Schulen für Lernbehinderte in anderen Bundesländern übertragbar ist, heißt das, dass die Lehrerinnen und Lehrer dort sich fast bei jedem zweiten Kind oder Jugendlichen nicht nur mit Schwierigkeiten im Lernen, sondern auch mit Schwierigkeiten im Verhalten konfrontiert sehen.

Welcher Anteil von Schülerinnen und Schüler dann womöglich noch in weiteren Bereichen wie z. B. der Sprache und des Sprechens oder der Wahrnehmung Auffälligkeiten aufweist, darüber liegen meines Wissens für bundesdeutsche Verhältnisse keine gesicherten Erkenntnisse vor.

Wenn Lehrpersonen an Grundschulen und Förderzentren nun in Erziehung und Unterricht, in der Diagnostik und Förderung, in der Kommunikation und Kooperation bei solchen Kindern und Jugendlichen professionell handeln wollen: Wie sollten sie dann am besten vorgehen?

Sollten sie, nachdem sie die Auffälligkeiten im Bereich des Lernens und des Verhaltens beschrieben und erfasst haben, zu diagnostizieren versuchen, ob es Anzeichen für eine Komorbidität oder für eine Koinzidenz gibt?

Wobei Komorbidität dann anzunehmen wäre, wenn es Anzeichen für einen kausalen Zusammenhang zwischen den beiden Klassen von Auffälligkeiten in der Entstehungsgeschichte und/oder unter den aktuellen aufrechterhaltenden Bedingungen gibt. Und wobei Koinzidenz dann anzunehmen wäre, wenn es Anzeichen dafür gibt, dass das gemeinsames Auftreten bei ein- und demselben Kind in derselben oder in unterschiedlichen Situationen zufällig und unabhängig voneinander ist.

Falls die Diagnose im Sinne von Komorbidität lautet: Würde dann ein Förderschwerpunkt, der auf gemeinsame Faktoren der Entstehung und/oder Aufrechterhaltung dieser Auffälligkeiten fokussiert, genügen?

Falls die Diagnose im Sinne von „Koinzidenz" lautet: Sollte man dann für zwei Förderbereiche planen, den des „Lernens" und den der „emotionalen und sozialen Entwicklung"?

Falls das Bedingungsgefüge noch komplizierter erscheint, indem einige der Auffälligkeiten eher im Sinne von Komorbität, andere eher im Sinne von Koinzidenz erklärt würden: Welche Konsequenzen wären daraus für die Förderplanung und die Förderung selbst zu ziehen?

Auf meiner Suche nach Antworten stelle ich zunächst verschiedene Konzeptualisierungen des Bedingungsgefüges von Lern- und Verhaltensstörungen vor. Aus diesen leite ich dann – für den Einzelfall – meine Hypothesen für die Entscheidungsfindung im Hinblick auf die Förderplanung und Förderung ab.

Konzeptualisierungen des Bedingungsgefüges zwischen Lern- und Verhaltensstörungen: Komorbidität oder Koinzidenz?

Auffälligkeiten im Bereich des Lernens und Auffälligkeiten im Bereich des Verhaltens, waren, insoweit sie zugleich bei ein- und demselben Kind oder Jugendlichen zu beobachten sind, bislang nur ganz selten der Fokus wissenschaftlicher Untersuchungen – zumindest was die deutschsprachigen Länder betrifft.

Immerhin hat *Myschker* (1999) dazu Überlegungen angestellt und Aussagen gemacht: „Lern- und Verhaltensstörungen kovariieren häufig miteinander, wobei nicht immer zu erkennen ist, welche Störung am Beginn des Fehlentwicklungs-Prozesses stand, oder ob sich nicht beide Störungen in einem gemeinsamen Prozess manifestieren. Lernstörungen führen zu Kompensationsversuchen. Diese Kompensationsversuche können für die Umwelt im Bereich des Akzeptablen liegen und nicht als auffällig gelten. Werden sie jedoch nicht akzeptiert, vielmehr abgelehnt, können sie sich bei dem Betroffenen zu Verhaltensstörungen entwickeln." (57)

Myschker geht also von der Annahme aus, dass eine Lernstörung eine mögliche verursachende Bedingungen für eine Verhaltensstörung sein kann, aber nicht sein muss. Weitere Bedingungsmodelle sind, wie in Abb. 1 gezeigt, vorstellbar:

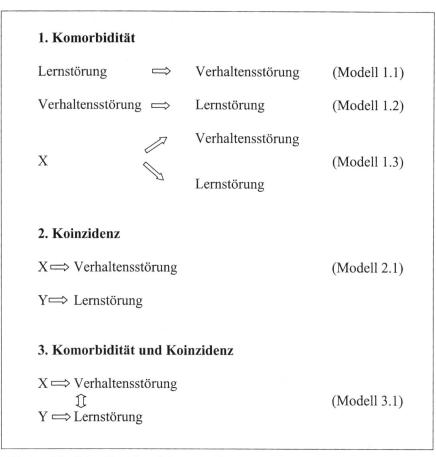

1. Komorbidität

Lernstörung ⟹ Verhaltensstörung (Modell 1.1)

Verhaltensstörung ⟹ Lernstörung (Modell 1.2)

X ⟋ Verhaltensstörung

⟍ (Modell 1.3)

Lernstörung

2. Koinzidenz

X ⟹ Verhaltensstörung (Modell 2.1)

Y ⟹ Lernstörung

3. Komorbidität und Koinzidenz

X ⟹ Verhaltensstörung

⇕ (Modell 3.1)

Y ⟹ Lernstörung

Abb. 1: Mögliche Konzeptualisierungen des Bedingungsgefüges von Komorbidität und Koinzidenz

Für alle diese Konzeptualisierungen scheint es konkrete Beispiele aus der Praxis zu geben. Es ist vorstellbar, dass zu verschiedenen Kindern oder Jugendlichen und dem jeweiligen lebensweltlichen Kontext unterschiedliche Modelle passen. Diese Annahme will ich im Hinblick auf die Förderdiagnostik und -planung weiter verfolgen.

Konzeptualisierungen von Komorbidität und Koinzidenz als Hypothesen für die Diagnostik im Einzelfall

Angenommen, eine Lehrerin der Grundschule wendet sich – wie oben bereits skizziert – an ihr Förderzentrum. Anlass dazu sind die Probleme, die sie mit „Peter und seinen Lern- und Verhaltensstörungen" hat.

Die Sonderpädagogin, welche sich der Sache annimmt, lässt sich von dieser Grundschullehrerin genauere Informationen geben: Wie sehen diese „Lern- und Verhaltensstörungen" (wie sie die Lehrerin vorab genannt hat) ganz konkret aus? Wann wurden sie von wem zum ersten Mal beobachtet? Wie haben sie sich im Verlaufe der Zeit entwickelt? In welchen Situationen treten sie derzeit auf? Und wenn so, wie häufig und wie ausgeprägt? Wie reagieren die anderen Kinder und die Lehrerin selbst darauf? Mit solchen diagnostischen Fragen scheint sich die Sonderpädagogin in etwa an einem verhaltenstheoretischen Modell zu orientieren.

Die Lehrerin berichtet, sie habe von Anfang an den Eindruck gehabt, dass Peter etwas langsam gewesen sei in der Art und Weise, wie er lesen und schreiben lernte. Er habe häufig Fehler gemacht. Andere Kinder hätten das bemerkt und sich schon ab und zu lustig über ihn gemacht.

Was sein Verhalten betrifft, so habe er zunächst kleine Dinge getan, die andere Kinder zum Lachen brachten – außerhalb des Klassenzimmers und in der Pause. Nach den Weihnachtsferien habe er dann auch damit begonnen, im Unterricht den Clown zu spielen. Das würde eine ganze Reihe von Kindern zum Lachen bringen. So sei es zunehmend schwerer geworden, die nötige Disziplin zu wahren. Manchmal sei alles eskaliert.

Auf dem Hintergrund dieser Vorinformationen vereinbarte die Sonderpädagogin Beobachtungen im Klassenzimmer. Das Ergebnis bestätigte für sie die Angaben der Lehrerin über das aktuelle Verhalten von Peter. Darüber hinaus gewann sie den Eindruck, dass die Lehrerin den Peter für einzelne Fehler ziemlich stark und laut kritisierte. Und wenn einzelne Mitschülerinnen und Mitschüler sich über diese Fehler und ihre Kritik lustig machten, unternahm sie nichts, was das gegenseitige Verständnis hätte fördern können.

Peter seinerseits nahm zu der Lehrerin kaum Blickkontakt auf. Er suchte nie um ihre Hilfe nach, während andere Kinder davon relativ häufig Gebrauch machten.

Bei Testung seiner Intelligenz (HAWIK) zeigte er sich kooperativ und bemüht. Sie resultierte in einem Gesamtpunktwert von 79.

Die Mutter berichtete der Sonderpädagogin: „Peter hat sich darauf gefreut, in die Schule zu kommen und lesen und schreiben zu lernen – so, wie sein älterer Bruder. Ein paar Wochen nach der Einschulung äußerte er irgendwie bedrückt, dass die Lehrerin so streng mit ihm sei und ihn wohl nicht möge. Wiederum einige Wochen später lud die Lehrerin uns zu einem Gespräch. Sie sagte, dass er eine Lernstörung habe und dass er den Unterricht störe, indem er den Clown spiele.

Unser Sohn spielt tatsächlich gerne den Clown, schon im Kindergarten hat er damit begonnen. Er war auch ein bisschen ein Tollpatsch.

Wir bedauern, dass es Probleme gibt. Aber wenn die Probleme in der Schule auftreten, dann muss die Schule auch selber zusehen, wie sie diese Probleme löst.

Wir haben selber genug Probleme, seit mein Mann seinen Job verloren hat vor einigen Monaten. Kein Wunder, wenn Peter von dem ganzen Stress auch etwas abbekommen hat."

All diese diagnostischen Informationen zieht die Sonderpädagogin heran, um zu „testen", zu welcher Hypothese bezüglich Komorbidität oder Koinzidenz sie ihrer Einschätzung nach am besten passen.

Sie beginnt mit der Hypothese zur Komorbidität, die Modell 1.1 entspricht. Die diagnostischen Informationen der Grundschullehrerin scheinen für sie mit diesem Modell übereinzustimmen: Die Lernstörung wäre die Bedingung, welche im Sinne einer unidirektionalen und monokausalen Verursachung die Verhaltensstörung nach sich zieht.

Modell 1.2 würde ihrer Einschätzung nach eher zu den diagnostischen Daten der Mutter passen. Peters Clownereien sollen ja schon im Kindergarten zu beobachten gewesen sein. Und seine Tollpatschigkeit könnte als frühes Anzeichen für Wahrnehmungsstörungen und schließlich Lernstörungen interpretiert werden.

Modell 1.3, so räsoniert sie, kann nicht ausgeschlossen werden. Die familiären Bedingungen für die intellektuelle und soziale Entwicklung von Peter erscheinen ihr eher ungünstig. Vielleicht fand Peter in seinem Elternhaus nicht die Anregung, wie sie andere Kinder erfahren haben, nämlich zu lernen, wie man am besten lernt, und zu lernen, wie man positive Reaktionen anderer Kinder erhält, indem man verträgliches und kooperatives Verhalten zeigt – statt Clownereien.

Was also Komorbidität betrifft, so gelangt sie zu der Überzeugung und Entscheidung, dass es für jedes Modell „passende" diagnostische Informationen gibt. Dabei schließen sich diese Modelle zumindest teilweise gegenseitig aus. Sie können also nicht alle drei zugleich zutreffend oder gültig sein.

In Anbetracht dieser Unstimmigkeiten sieht sich die Sonderpädagogin nicht in der Lage, stringente Folgerungen im Hinblick auf die Förderplanung und den Fokus der Förderung zu ziehen.

Um keine alternativen Erklärungsmodelle von vornherein auszuschließen, zieht die Sonderpädagogin in ihre Erwägungen mit ein, dass es sich beim gemeinsamen Auftreten der Lern- und der Verhaltensstörung um eine reine Koinzidenz handeln könnte.

Dabei betrachtet sie Modell 2.1. Die Verhaltensstörungen, also die massiven Clownereien, könnten durch all die Veränderungen bedingt sein, die damit zusammenhängen, das der Vater arbeitslos geworden ist. Die Lernstörungen könnten zu einem nicht unbedeutenden Grad auch genetisch bedingt sein. So vermutet sie. Also wären die Verhaltens- und Lernstörungen von den Bedingungen her, die dazu geführt haben, auch unabhängig zu denken.

Andererseits kann sich die Sonderpädagogin nicht vorstellen, dass die Wahrnehmungen und Reaktionen, welche die Grundschullehrerin und Kinder der Klasse auf Peters langsames Lernen und die vielen Fehler gezeigt haben, ohne Auswirkungen auf Peter geblieben wären.

Versucht Peter die relativ harte Kritik der Lehrerin an seinen – wie sie es nennt – „Lernstörungen" vielleicht häufiger durch seine Clownereien zu kompensieren? Und die häufigeren Clownereien: Machen diese die Klasse nicht noch unruhiger und damit die Lehrerin noch kritischer? Wenn Peter sich schon beim Lernen schwer tut, muss er dann noch Blödsinn machen? So könnte sich die Grundschullehrerin denken.

Es sind also zirkuläre Zusammenhänge vorstellbar, räsoniert die Sonderpädagogin. Dementsprechend würde eine Kombination von Komorbidität und Koinzidenz, wie sie in Modell 3.1. dargestellt ist, eine angemessene Darstellung des Bedingungsgefüges abgeben.

Die Sonderpädagogin kommt schließlich zu der Entscheidung, dass die diagnostischen Daten mit beiden Konzeptualisierungen – Komorbidität und Koinzidenz – eine gewisse Übereinstimmung zeigen, beziehungsweise, dass keine der beiden Konzeptualisierungen als untreffend ausgeschlossen werden kann.

Darüber hinaus ist ihr bewusst, wie unzuverlässig und unreliabel die meisten der diagnostischen Informationen sind, die ihr zur Verfügung stehen. Allerdings sieht sie auch keine Alternative dazu, diese so zu nehmen, wie sie sind.

Des Weiteren ist sie von den Argumenten *Poppers* (1982) überzeugt, dass es nicht darum gehen kann, Hypothesen zu verifizieren. Sie könnte bestenfalls versuchen, Hypothesen zu falsifizieren. Zugleich ist ihr bewusst, dass es etwas anderes ist, diagnostische Daten eines „naturalistischen Einzelfalles" zu interpretieren als experimentelle Untersuchungen durchzuführen. Wenn sie diagnostische Daten interpretiert, ist das für sie schlicht und einfach eine ex-post-facto-Interpretation.

Aus wissenschafts- und metatheoretischer Perspektive kann man das Denken und Handeln der Sonderpädagogin folgendermaßen kommentieren: Sie beginnt ihren Prozess der Entscheidungsfindung mit diagnostischen

Daten unbekannter Validität und Reliabilität. Sie gleicht diese Daten mit einigen denkbaren Modellen über mögliche Bedingungsgefüge ab. Eine eindeutige Zuordnung und demzufolge Entscheidung bezüglich eines Modells erscheint nicht möglich. Insofern bietet die Diagnose, zu welchem Modell über das mutmaßliche Bedingungsgefüge man auch kommt, keine zuverlässige Basis für die Förderplanung.

Die eben vorgenommene Analyse ist anhand jedes neuen Einzelfalles wiederholbar. So ist ein jeder selbst in der Lage, die Plausibilität der vollzogenen Schlussfolgerungen zu überprüfen.

Möglicherweise kann die Frage „Komorbidität oder Koinzidenz" empirisch gar nicht beantwortet werden. Somit wäre sie – zumindest im Sinne *Poppers* (1982) – „bedeutungslos". Zudem erscheint die Suche nach einer Antwort auf diese Frage auch für die Praxis der Förderplanung wenig nützlich, weil es keine Anhaltspunkte dafür gibt, dass dadurch die Sicherheit von Prognosen und die Wirksamkeit davon abgeleiteter Intervention erhöht werden könnte.

Alternative Strategien der Förderplanung – ohne Entscheidung bezüglich Komorbidität oder Koinzidenz

Angenommen, weitere Analysen von Einzelfällen lassen die oben gezogenen Schlussfolgerungen immer plausibler erscheinen: Welche Alternativen gibt es dann, zu einer erfolgversprechenden Entscheidung darüber zu gelangen, wo die Förderung ansetzen sollte?

Es scheint zumindest drei derartige, zugleich sehr unterschiedliche Entscheidungsstrategien zu geben:

– Rekurs auf Indikations- statt Ursachenmodelle
– Fokus auf den Förderbedarf über einen einzelnen Förderbereich hinaus
– Orientierung an einem konstruktivistisch-lösungsorientierten Prozessmodell.

Rekurs auf Indikations- statt Ursachenmodelle

Der Entscheidungsfindungsprozess unter Rekurs auf Indikationsmodelle lässt sich folgendermaßen darstellen (*Westmeyer* 1976):

– Beschreibe das unerwünschte Verhalten!

– Falls Verhaltensstörungen in einer bestimmten Erscheinungsform festgestellt werden (z.b. aggressives Verhalten), entscheide Dich für eine
  Interventionsmethode, für die es Nachweise gibt, dass sie sich bei dieser
  Erscheinungsform als wirksam erwiesen hat.
– Falls Lernstörungen in einer bestimmten Erscheinungsform festgestellt
  werden (z. B. Legasthenie), entscheide Dich für eine Interventionsmethode, für die es Nachweise gibt, dass sie sich bei dieser Erscheinungsform bewährt hat.
– Falls sowohl Verhaltens- als auch Lernstörungen in bestimmten Erscheinungsformen festgestellt werden, entscheide Dich für eine Interventionsmethode, die sich zugleich bei beiden als wirksam erwiesen
  hat!

Diese Entscheidungsstrategie setzt voraus, dass es derartige Interventionsmethoden gibt, die sich bei Lern- und Verhaltensstörungen als wirksam erwiesen haben. Wobei man für den Nachweis der Wirksamkeit unterschiedlich „strenge" Kriterien anlegen kann.

Weitere Voraussetzungen für eine erfolgvespechende Entscheidungsfindung mittels Rekurs auf Indikationsmodelle sind:

– Die Erscheinungsformen der jeweiligen Lern- und Verhaltensstörungen
  können im Einzelfall valide und reliabel diagnostiziert werden. Diese
  Voraussetzung wäre dann erfüllt, wenn z. B. die Grundschullehrerin,
  die Sonderpädagogin und womöglich der hinzu gezogene Kinderarzt zu
  derselben Klassifikation der Auffälligkeiten gelangen würden.
– Die Indikationen für eine Interventionsmethode können valide und reliabel bestimmt werden. Diese Voraussetzung wäre dann erfüllt, wenn
  z. B. mehrere Wirksamkeitsuntersuchungen an genau denselben Klassifikationen von Auffälligkeiten angesetzt hätten.

Selbst wenn diese Voraussetzungen (eines Tages) erfüllt wären, bliebe
noch ein Unsicherheitsfaktor, dessen Einfluss auf die Zuverlässigkeit einer
Prognose zwar anzunehmen, in seinem Ausmaß aber nicht abschätzbar wäre: Der Ähnlichkeitsvergleich, inwieweit die konkreten Lern- und Verhaltensstörungen im Einzelfall mit den Indikationen einer Interventionsmethode übereinstimmen, beinhaltet eine „Äquivalenzbestimmung" (*Westmeyer*
1976) und somit einen induktiven Schluss – was immer subjektive Momente der Entscheidungsfindung beinhaltet: Wenn z. B. ein bestimmtes Kind
Mitschülerinnen und Mitschülern heimlich das Federmäppchen versteckt,
Farbstifte abbricht oder Wasser in die Schultasche gießt, ist das eine Form
von aggressivem Verhalten, für welche die Techniken zur Steuerung aggressiven Verhaltens nach *Redl* und *Wineman* (1976) oder das Training

nach *Petermann* und *Petermann* (1997) angezeigt sind? Das ist ungewiss, weil den entsprechenden Forschungsberichten nicht genau zu entnehmen ist, inwieweit Kinder mit genau dieser Form aggressiven Verhaltens vertreten waren.

Fokus auf den Förderbedarf über einen einzelnen Förderbereich hinaus

Dieser Vorschlag findet sich in den „Empfehlungen zum Förderschwerpunkt emotionale und soziale Entwicklung" (*Drawe et al.* 2000). Fachleute sollen über ihr kategoriales Denken hinaus gehen, nach welchem Behinderungen oder Störungen wie die im Bereich des Lernens oder Verhaltens einem bestimmten Schultyp als prognostisch beste Interventionsmethode zugeordnet werden. Das wachsende Spektrum an Handlungsmodellen und Interventionsmethoden in der Sonderpädagogik sollte auf die Passung mit der individuellen Ausprägung des sonderpädagogischen Förderbedarfes jedes einzelnen Kindes gesehen werden. Der Fokus sollte also nicht auf den Kategorien von Behinderung oder Störung liegen, sondern auf „Entwicklungsbereichen". Dementsprechend sollte von folgender Auffassung ausgegangen werden: „Die Förderung von Kindern und Jugendlichen, die über den Sonderpädagogischen Förderbedarf im emotionalen oder sozialen Handeln hinaus in weiteren Förderschwerpunkten zu fördern sind, kann nicht über eine bloße Addition der einzelnen Förderbedürfnisse erreicht werden, sondern verlangt ein besonders hohes Maß an Kooperationsbereitschaft bei der Realisierung eines ganzheitlichen und integrativen Förderansatzes."

Wie die Realisierung eines ganzheitlichen und integrativen Förderansatzes konkreter aussehen könnte, dazu geben diese „Empfehlungen" leider keine Hinweise. In einem Kommentar zu diesen „Empfehlungen" hat *Spiess* (2000a, 376 f.) erste Tipps gegeben:

Frage die Betroffenen, in welchem oder welchen der Förderschwerpunkte eine erwünschte Veränderung eintreten sollte (Kriterium der Dringlichkeit, die insbesondere durch den aktuellen Leidensdruck der Betroffenen bestimmt sein dürfte)! Oder:

Erstelle „Szenarien" oder Prognosen darüber, wie es wäre, wenn man zuerst in dem einen Förderschwerpunkt oder in dem anderen oder in beiden zugleich aktiv würde! Bei dem einen Kind wäre vorstellbar, dass eine vorrangige Förderung im Bereich der emotionalen und sozialen Entwicklung Fortschritte im Lesen und Schreiben begünstigt. Bei dem anderen Kind in seinem Kontext könnte es umgekehrt sein. Gegebenenfalls wären auch für beide Förderbereiche Maßnahmen mehr oder weniger gleichzeitig einzuleiten (Kriterium: der mutmaßliche Interdependenz von Förderbereichen).

Orientierung an einem konstruktivistisch-lösungsorientierten Prozessmodell

Diese Strategie ist nicht an die Voraussetzung gebunden, dass Lern- oder Verhaltensstörungen „objektiv" diagnostiziert werden können. Stattdessen nutzt sie ganz gezielt die Subjektivität, mit der jede Person ihre „Realität" konstruiert (*Maturana* 1982; *von Glasersfeld* 1987) – eben auch „Lern- und Verhaltensstörungen". Diese Nutzung der Subjektivität erscheint im Lichte von klinischen Erfahrungen und von Fallstudien (*Watzlawick* 1994, *De Shazer* 1985, *Spiess* 1998) vernünftig: Menschen entwickeln nicht nur bestimmte Konstruktionen der „Realität"; sie lassen sich auch dazu anregen, ihre Vorstellungen von der „Realität" zu verändern, was mit der Lösung von Problemen einhergehen kann.

Wie wir Menschen unsere „Realität" konstruieren und wie wir sie möglicherweise durch verbale Benennungen ändern (d.h. „kippen" lassen) können, mögen so genannte Kippbilder und deren Beschriftungen, wie sie in Abb. 2 zu sehen sind, anschaulich machen.

Enten-Kaninchen

Jack Botwinick,
"Mein Mann und
mein Schwiegervater"

Eskimo-Indianer

Abb. 2:   Kippbilder

Was bei so simplen schwarz-weiß-Bildern funktioniert, hat noch mehr Augenschein-Validität, wenn wir unsere Wahrnehmungen von komplexen sozialen Situationen analysieren. Man vergleiche nur die Aussagen von Augenzeugen desselben Ereignisses!

Insbesondere jüngste wissenschaftliche Erkenntnisse deuten darauf hin, dass es bestimmte professionelle Strategien (in der Form gewisser Werthaltungen und Techniken) gibt, die wir als Heurismen für die Veränderung

49

von Realitätskonstruktionen nutzen können. Ein zentrales Element scheint das zu sein, was man die „Logik des Gelingens" nennen könnte (vgl. Abb. 3).

---

1. Entwirf eine erwünschte Zukunft!

2. Suche nach aktuellen Momenten einer erwünschten Zukunft!

   Wenn Du aktuelle Momente findest:
   Konstruiere die Prozesse, die zu dieser erwünschten Zukunft führen könnten.
   Wenn Du keine findest:
   Suche nach den Ressourcen, welche es der Person ermöglicht haben, bis heute durchzuhalten.

Abb. 3:   Die Logik des Gelingens (*Spiess* 1998)

Wie die Vorgehensweise ganz konkret aussehen kann, wenn man sich an dieser „Logik" orientiert, soll folgendes Beispiel nachvollziehbar machen:

Angenommen, die Grundschullehrerin (G) hat sich, wie oben dargestellt, an das Förderzentrum gewandt. Die Sonderpädagogin (S) von dort hat ein erstes Gespräch mit G vereinbart, das wie folgt gestaltet sein könnte:

S: Wenn das Problem mit den Lern- und Verhaltensstörungen gelöst wäre: Was wäre dann anders?

G: Ich rufe Peter auf, etwas laut vorzulesen. Er zieht dann keine Grimassen mehr. Stattdessen beginnt er sofort mit dem Vorlesen. Er liest verständlich und richtig. Wenn ich ihm Fragen stelle zu dem Text, den er zuhause hatte lesen sollen, dann gibt er mir richtige Antworten.

S: Angenommen, das Problem ist verschwunden: Woran würden Sie das als erstes merken?

G: Ich würde das schon merken, wenn ich das Klassenzimmer betrete: Er würde mich eines Blickes würdigen, wenn ich hereinkomme. Er würde mich offen anblicken – mit einem freundlichen Blick. Und ich wäre nicht nervös und besorgt darüber, was er den lieben langen Schultag wieder alles anstellen könnte. Ich wäre in der freudigen Erwartung, dass er sein Bestes geben würde.

S: Wie würde Peter als erstes feststellen, dass das Problem verschwunden ist?

G: Ich würde mich freuen, wie gut er arbeitet, und würde ihn dafür loben. Und die Klasse würde sich nicht mehr lustig machen über ihn. Vielmehr wäre sie erstaunt, wie gut Peter auf einmal drauf ist.

S: Wenn Sie auf die vergangenen Wochen zurückblicken, gab es da Situationen und Momente, die dem, was sie als Zeit ohne Problem bezeichnen, schon ein bisschen nahe gekommen waren?

G: Lassen Sie mich überlegen – als ich eine Stunde hatte nur mit ihm und drei weiteren Kindern, war er irgendwie besser im Vorlesen. Er sprach wohl auch lauter – und klarer. Und er kicherte nicht so viel. Die anderen lachten ihn auch nicht aus.

S: Was war da anders?

G: Offensichtlich waren es weniger Kinder als sonst in der Klasse. Vielleicht eine entspanntere Situation. Er war sogar ganz nett und gut drauf. Ich konnte ihn auch ein paar Mal richtig loben.

S: Wenn wir Peter fragen würden, was er denkt, was anders war: Was, meinen Sie, würde er sagen?

G: Ich vermute, er würde sagen, dass er froh war, dass keine von den Kindern da waren, die ihn sonst hänseln und auslachen, wenn er einen Fehler macht. Deshalb hat er vielleicht auch nicht den Clown gespielt. Vielleicht habe auch ich irgendwie entspannter auf ihn gewirkt. Und ich vermute: Es hat ihm gefallen, dass ich ihn gelobt habe.

S: Auf einer Skala von 1 bis 10. 10 wäre die Zukunft ohne Problem, 1 wäre genau das Gegenteil: Wo befinden Sie sich gegenwärtig auf dieser Skala?

G: Sagen wir – bei drei!

S: Wo möchten Sie in vier Wochen angekommen sein?

G: Bei sechs!

S: Woran würden Sie feststellen können, dass Sie tatsächlich bei sechs angekommen sind?

G: (Die Grundschullehrerin beschreibt die verschiedenen Verhaltensweisen, die als Indikatoren für sechs gelten sollen.)

S: Was müsste passieren, damit Sie in vier Wochen bei sechs angekommen sind?

G: Ich vermute, ich müsste mehr relaxed sein, auch mit der ganzen Klasse, insbesondere auch, wenn Peter dabei ist. Zudem müsste ich die Kinder dazu bringen, Peter nicht länger zu hänseln und auszulachen. Oder ich müsste Peter irgendwie gegen die anderen immunisieren.

Kommentar: In Orientierung an dieser konstruktivistisch-lösungsorientierten Strategie kommt eine Konzeptualisierung „Komorbidität vs. Koinzidenz" nicht vor. Eine Suche nach Ursachen in der Vergangenheit findet nicht statt. Stattdessen liegt der Fokus auf der Zukunft: Die Grundschullehrerin wird von der Sonderpädagogin dazu animiert, die pädagogischen Ziele in der Form von ganz konkreten Verhaltensweisen, genauer: Interaktionen zu beschreiben. Die Suche nach „Ursachen", wenn man das überhaupt so bezeichnen möchte, konzentriert sich auf solche Bedingungen, die in den Situationen vorkommen, in welchem der pädagogische Zielzustand schon ansatzweise eintritt.

Aus einer metatheoretischen Perspektive kann diese Analyse als subjektivistisch und kontextuell charakterisiert werden. Während die Grundschullehrerin die Analyse mit Hilfe der Sonderpädagogin durchführt, identifiziert sie Bedingungen, die ihrer Einschätzung nach derzeit schon Verhaltensweisen und Interaktionen begünstigen, welche in Richtung des pädagogischen Zielzustandes gehen. Indem sie diese Bedingungen als mutmaßlich identifiziert und dann verstärkt zu realisieren versucht, „testet" sie, inwieweit ihre Einschätzung bezüglich dieser Bedingungen zutreffend ist. Sollte der erwünschte Effekt nicht eintreten, wird sie eine erneute Analyse im Sinne der „Logik des Gelingens" durchführen müssen.

Fazit

Die Unterscheidung zwischen Komorbidität und Koinzidenz stellt einen Unterschied dar, den man machen kann – aber nicht machen muss. Sie dürfte am ehesten in den Denk- und Handlungsmustern einer ursachenorientierten Entscheidungsstrategie vorkommen.

Der Versuch einer solchen Unterscheidung scheint jedoch zumindest auf metatheoretischer Ebene nicht sinnvoll zu sein – jedenfalls nicht im Sinne von *Popper* (1982). Noch scheint diese Unterscheidung in der Praxis geeignet, die Entscheidung für effektive Interventionen zu begünstigen.

Es gibt erste Erfahrungen dahingehend, dass es effizienter und erfolgversprechender ist, diese Unterscheidung, die auf der Ebene der Diagnose und Diagnostik liegt, gar nicht erst vorzunehmen, sondern sich zu einer radikaleren Unterscheidung durchzuringen: Zur Unterscheidung zwischen positivistischem ursachenorientiertem Denken und Handeln und konstruktivistisch-lösungsorientiertem Denken und Handeln (*Spiess* 2000b). Konstruktivistisch-lösungsorientiertes Denken und Handeln bedarf keiner solchen diagnostisch aufwändigen Unterscheidung und kommt gleichwohl zu erfolgversprechenden Handlungsentwürfen für die (sonder-)pädagogische Praxis.

Rolf Werning und Helmut Reiser

Störungsbegriff und Klassifikation von Lernbeeinträchtigungen und Verhaltensstörungen aus konstruktivistischer Sicht

Einleitung

Begriffe und Klassifikationen im Bereich der Pädagogik bei Lernbeeinträchtigungen bzw. Verhaltensstörungen sind keineswegs eindeutig. Unterschiedliche theoretische Konzepte mit differierenden Beschreibungs- und Erklärungsansätzen führen zu einer diffusen Terminologie. Weder Lernbeeinträchtigungen noch Verhaltensstörungen beschreiben ein klar umrissenes Syndrom, und eine allgemein akzeptierte Theorie der Lernbehinderung oder Verhaltensstörung ist bis heute nicht entwickelt worden. Statt dessen existiert im pädagogisch/sonderpädagogischen, medizinischen und psychologischen Bereich eine Vielzahl von Termini, die für Kinder und Jugendliche geprägt worden sind, deren Verhalten bzw. Lernen von bedeutsamen Erwachsenen als problematisch, erwartungswidrig, normverletzend oder störend angesehen wird. Die grundsätzliche Schwierigkeit der Terminologie liegt darin, dass durch die Begriffe objektiv definierbare Sachverhalte widergespiegelt werden sollen, die jedoch immer nur kontext- bzw. beobachterabhängig mit Bedeutung versehen werden können.

In diesem Beitrag soll aus konstruktivistischer Perspektive das Problem der Begrifflichkeit von Lernbeeinträchtigungen und Verhaltensstörungen dekonstruiert werden. Dazu ist es zunächst sinnvoll, die Beobachterabhängigkeit jedes Begriffes und jeder Klassifikation herauszuarbeiten. In einem zweiten Schritt wird verdeutlicht, wie sich die Verwendung zweier unterschiedlicher wissenschaftlicher Paradigmen auf die Differenz zwischen den Begriffen Lernbeeinträchtigungen und Verhaltensstörungen auswirkt. Nach der Analyse der Funktion einer Differenzierung von Lernbehinderung und

Verhaltensstörung werden abschließend Alternativen im Rahmen der Einzelfallbeobachtung skizziert.

Beobachtungen I. und II. Ordnung

Aus einer konstruktivistischen Perspektive ist die Entwicklung einer objektiven Nosologie, also die systematische Einordnung und Beschreibung von Beeinträchtigungen im Lern- und Verhaltensbereich nicht möglich! Die Begründung dieser einleitenden These sowie die Verdeutlichung von Alternativen, die sich aus einem konstruktivistischen Ansatz ergeben, sollen anhand der Beobachterabhängigkeit jeder Aussage skizziert werden:

Aus konstruktivistischer Sicht ist jede Aussage, jede Beschreibung unserer Wirklichkeit eine Beobachterbeschreibung. Damit ist nicht eine dritte Person gemeint, die etwas beobachtet, sondern jede Aussage, jede Wahrnehmung ist eine Beobachterkonstruktion. Dies ergibt sich aus der Überlegung, dass unser psychisches System keinen direkten Zugang zu einer von uns unabhängigen Wirklichkeit hat. Unsere „Wahr"-nehmungen sind gebunden an den Möglichkeitsraum unserer Beobachtungen, der zum einen durch den sozialen Kontext, zum anderen durch die Strukturen unseres psychischen Systems und zum dritten durch die Instrumente des Beobachtens (seien dies nun die Sinnesorgane, unterschiedliche förderdiagnostische oder pyschometrische Textverfahren, Videoaufzeichnungen oder Fehleranalysen, EEGs oder gewählte Theorien bzw. Weltsichten) definiert ist (vgl. *Willke* 1994, 23). Wirklichkeit und Beobachter sind Faktoren, die sich gegenseitig bedingen. Damit wird jede Form von Objektivität – also die Möglichkeit einer vom Beobachter unabhängigen, wahren oder richtigen Beobachtung – in Frage gestellt. „Objektivität ist die Selbsttäuschung des Subjekts, Beobachtung sei ohne ihn möglich. Die Anrufung der Objektivität ist gleichbedeutend mit der Abschaffung der Verantwortlichkeit; darin liegt ihre Popularität begründet." (*H.v. Förster*, zit. nach *Schmidt* 1986, 2). *Keeney* (1987,13) formuliert, „dass das, was man sieht, immer eine Folge dessen ist, wie man handelt.(...) So gesehen enthüllen Beschreibungen von Beobachtern immer die Handlung des Beobachters."

Aus konstruktivistischer Sicht ist der Prozess der Beobachtung durch das Treffen einer Unterscheidung charakterisiert. Ein Phänomen wird bezeichnet und damit wird es gleichzeitig von etwas anderem unterschieden. Indem eine Lernbehinderung festgestellt wird, unterscheidet man sie von einer „normalen" Lernfähigkeit; indem man hyperaktives Verhalten beobachtet, muss es von nicht-hyperaktivem Verhalten differenziert werden.

Damit treten bei der Beobachtung zwei Aspekte in den Vordergrund: Das Bezeichnete und die Unterscheidung, die das Bezeichnete von der Umgebung differenziert. Aus systemisch-konstruktivistischer Sicht wird deshalb zwischen Beobachtung I. und II. Ordnung unterschieden.

Bei der Beobachtung I. Ordnung tut der Beobachter so, als könne er von ihm unterschiedene Objekte (also andere Menschen, Gegenstände, Tiere, abstrakte Konstrukte – wie z.B. Lernbehinderung oder Verhaltensstörung) in der Außenwelt beobachten. Er ist bemüht, zwischen sich als Beobachter und dem Beobachteten streng zu unterscheiden – also möglichst objektiv zu sein. Bei der Beobachtung II. Ordnung versteht sich der Beobachter als Teil dessen, was er beobachtet. Indem er den Konstruktionsprozess von Wirklichkeit durch die Beobachtungshandlung berücksichtigt, stellt er nicht mehr allein die Frage, „*Was* beobachte ich", sondern vor allem „*Wie* beobachte ich". Er beobachtet die Wahl seiner Unterscheidung, die die Beobachtung erzeugt (warum beobachte ich so und nicht anders?).

Aus dieser Haltung wird deutlich, dass die Art und Weise, *wie* beobachtet wird, das *Was* der Beobachtung definiert. Beobachter und Beobachtung treten somit in ein zirkuläres Verhältnis zueinander: Durch die Modalitäten unserer Beobachtungen schaffen wir die Wirklichkeit, in der wir leben, und diese wirkt sich dann wiederum auf unsere Beobachtungen aus.

Unsere Beobachtungen sind dabei determiniert und kontingent:

- Sie sind determiniert durch den Möglichkeitsraum unserer Beobachtungsfähigkeit.
- Sie sind kontingent, weil die spezifischen Prämissen und damit verbunden die Instrumente unserer Beobachtung auswählbar und veränderbar sind. Wenn wir die Art der Unterscheidung bei der Beobachtung verändern, verändern wir auch die Phänomene. Die Beobachtung eines sozial auffälligen Verhaltens aus einer medizinisch-individualisierenden oder aus einer psychoanalytischen oder aus einer behavioristischen oder aus einer systemisch-konstruktivistischen Perspektive führt nicht selten zu völlig unterschiedlichen „Diagnosen", die wiederum sehr unterschiedliche pädagogische Handlungsorientierungen erzeugen (vgl. *Werning & Lies* 2000).

Daraus folgt, dass wir als Personen für die Konstruktionen, die unsere Wirklichkeit ausmachen, Verantwortung übernehmen müssen. Wir müssen unsere Entscheidung bezüglich der Präferenz für Konstruktionen begründen. Statt objektive Wahrheit zu proklamieren, kann zwischen zwei alternativen Konstrukten nur die Praxis entscheiden, indem überprüft wird, welches Konstrukt besser passt, welches die pädagogische Handlungsfähigkeit erhöht und welches mit den gewählten ethisch-moralischen Grundentscheidungen zu vereinbaren ist. Dies führt dazu, dass nach der Verantwortbarkeit, nach der Sinnhaftigkeit und den Folgen der jeweils getroffenen Unterscheidungen, die die Beobachtungen I. Ordnung qualifizieren, zu fragen ist.

Im Folgenden wird nun verdeutlicht, wie verschiedene Unterscheidungskriterien (hier unterschiedliche wissenschaftliche Paradigmen) unterschiedliche Konstruktionen von Lernbeeinträchtigung und Verhaltensstörung erzeugen.

Die Differenz zwischen den Begriffen Lernbeeinträchtigungen und Verhaltensstörungen als Effekt unterschiedlicher wissenschaftlicher Paradigmen

Der Begriff Lernbeeinträchtigungen konnotiert das Paradigma der Entwicklung, das der Entwicklungspsychologie und der Pädagogik eignet, der Begriff Verhaltensstörungen konnotiert das Paradigma der Krankheit, das der klinischen Psychologie, Psychiatrie und Psychotherapie zugrunde liegt. Da in allen klinischen und praktischen Anwendungen sich diese Disziplinen treffen und sich in ihren Binnenbereichen beide Paradigmen überschneiden, entsteht der Eindruck einer gleichen Ebene der Begriffsbildung. Dieser Eindruck zerfällt rasch und vollständig, wenn man die diagnostischen Inventare, die eine Deskription der zur Frage stehenden Phänomene versuchen, analysiert. Da es sich hierbei in erster Linie um sprachliche Gegenstandsbereiche handelt, nicht um inhaltliche, sollen hier die deutsche Übersetzung des ICD-10 und die deutschsprachige Vorlage der operationalisierten psychodynamischen Diagnostik für das Kinder- und Jugendalter (OPD-KJ) zugrundegelegt werden.

Die hier relevanten Aspekte werden nur kurz umrissen, da die beiden Quellen, aus denen die folgenden Thesen entwickelt werden, allgemein zugänglich vorliegen.

Die ICD-10-Klassifikation

Der ICD-10 kodiert Entwicklungsstörungen unter der Kennziffer F 8. F 8.1. beschreibt umschriebene Entwicklungsstörungen schulischer Fertigkeiten. Diese sollen von einem einfachen Mangel an Gelegenheit zu lernen und von erworbenen Hirnschädigungen oder Krankheit abgegrenzt werden. „Man glaubt vielmehr, dass diese Störungen von Beeinträchtigungen der kognitiven Informationsverarbeitung herrühren, die großenteils auf einer biologischen Fehlfunktion beruhen" (*WHO* 1993, 270). Dieser Glaube, mit welchem Begriff diese Annahme mit ungewollter Selbstironie richtig bezeichnet ist, führt zu der diagnostisch unlösbaren Anforderung, die Minderentwicklung schulischer Fertigkeiten von einem Mangel an entsprechenden Lernerfahrungen zu unterscheiden. Schwierigkeiten bereiten auch die kulturellen Varianzen sowie die Einschätzung von Schweregraden im Verhältnis zu Alter und Entwicklungsverlauf (ebenda, 271). Die Auseinandersetzung mit der Unsinnigkeit dieses Klassifikationsversuchs, der mit einer kausalen Hypothese vermischt ist, soll hier nicht geführt werden. Es ist lediglich festzuhalten, dass im ICD-10 bei der Klassifikation schulischer Minderleistungen auf das Paradigma Entwicklung abgehoben wird.

Verhaltensstörungen und emotionale Störungen sind in F 9 kodiert. Auf die Kovarianz von F 8 und F 9 wird bei F 8 hingewiesen. F 90 kodiert hyperkinetische Störungen, das gegenwärtige Lieblingskind medizinischer Syndromkonstruktionen, F 91 Störungen des Sozialverhaltens und F 93 emotionale Störungen des Kindesalters. Dazwischen liegt F 92 mit kombinierten Störungen des Sozialverhaltens und der Emotionen.

Es wird behauptet, dass die Unterscheidung von Störungen des Sozialverhaltens und einer emotionalen Störung gut belegt sei (ebenda, 297). Diese Behauptung wird verständlich, wenn man betrachtet, dass unter emotionaler Störung eng umrissene Störungsbilder gefasst werden wie Trennungsangst, Phobien, soziale Ängstlichkeit, Geschwisterrivalität, später unter den Nummern 93.8, 94, 95, 98 Identitätsstörungen, Mutismus, Tics, Enuresis, Enkopresis, Pica, Stottern, Stammeln usw. Für die Klassifikation kombinierter Störungen des Sozialverhaltens und der Emotionen wird das gemeinsame Auftreten von Störungen des Sozialverhaltens mit Depression (F 92.0) oder mit Angst, Furcht, Zwangsgedanken, Zwangshandlungen, Depersonalisation, Phobien, Hypochondrien usw. (F 92.8) gefordert. Über die Kodierung der Gruppe F 91 Störungen des Sozialverhaltens braucht man als Pädagoge eigentlich nicht zu diskutieren, da es sich um eine Ansammlung verdeckt wertender Zuschreibungen handelt.

Interessant scheint, dass bei emotionalen Störungen abgehoben wird auf umrissene Krankheitsbilder, während bei der Beschreibung des Sozialverhaltens der emotionalen Seite unbewusst Raum gegeben wird in den sich sachlich gebenden emotionalen Bewertungen der Beobachter.

Die OPD-KJ

Es ist verständlich, dass die Beschränkung auf den ICD-10-Schlüssel psychodynamisch orientierte Kliniker nicht befriedigt. Die operationalisierte psychodynamische Diagnostik bei Kindern und Jugendlichen entstand aus dem Bemühen, „einer ausschließlich phänomenologisch ausgerichteten diagnostischen Klassifikation (vgl. ICD-10 ...) ... eine komplexe psychodynamische Sicht, die den aktuellen Stand psychoanalytischer Theorien reflektiert, [hinzuzufügen H.R.]" (*Streeck-Fischer* 1999, 543). Es wurde eine mehrdimensionale Diagnostik mit folgenden 4 Achsen entwickelt:

Achse I: Subjektive Dimensionen, Ressourcen und Behandlungsvoraussetzungen
Achse II: Beziehungsverhalten
Achse III: Konflikt
Achse IV: Strukturniveau

Im Einleitungsteil wird von *Streeck-Fischer* formuliert, dass die OPD den phänomenologisch ausgerichteten diagnostischen Klassifikationen hinzugefügt werden soll. Dies erscheint in unserem Zusammenhang auf den ersten Blick einleuchtend, denn von Lernbeeinträchtigungen ist in der OPD-KJ zunächst einmal explizit nicht die Rede. Dies ist jedoch darauf zurückzuführen, dass in der OPD-KJ nicht die Symptome klassifiziert und nicht die Defizite bewertet werden, sondern die psychodynamischen Prozesse eingeschätzt und die Ressourcen betont werden. Heißt dies, dass in einer ressourcenorientierten psychodynamischen Einschätzung die Differenz zwischen problematischen Entwicklungen, die mit Lernbeeinträchtigungen verbunden sind, und solchen, die nicht mit Lernbeeinträchtigungen verbunden sind, irrelevant ist? Von der Theorie her ist dies zunächst anzunehmen.

Interessanterweise taucht im Zusammenhang mit der Achse IV Strukturniveau eine ähnliche Differenzkonstruktion wieder auf. Das Rating des Strukturniveaus muss das Problem bewältigen, das auch im ICD-10 Kommentar zu F 81 erwähnt wird, dass nämlich eine Einschätzung der Strukturhöhe auf das Entwicklungsalter bezogen sein muss. Hier fragt es sich dann, ob ein normatives Entwicklungsalter angesetzt wird, so wie die Achse IV des OPD-KJ fünf Entwicklungsstufen in Anlehnung an *Piaget* ansetzt, oder ein individuelles Entwicklungsalter.

Diese Überlegungen führen bei *du Bois* dazu, zwischen Regression und Retardation zu unterscheiden.

Du Bois gibt zu, dass theoretisch vieles zugunsten einer Aufhebung des Unterschieds zwischen Regression und Retardierung spricht. Er fragt: „Was, wenn jede Retardierung ursprünglich als Regression des Nervensystems ihren Anfang genommen hätte und dem Föten und Säugling gewissermaßen als regressive Selbstblockade und als Schutz vor Überreizung und intrinsischer Überforderung gedient hätte?" (*du Bois* 1999, 578f.). Zudem gibt er Fallbeispiele von gemeinsamem Auftreten und gegenseitiger Verschränkung von Phänomenen, die als Regression oder Retardierung gedeutet werden können. Dennoch plädiert er für die Verwendung kognitiver

Entwicklungsraster aus pragmatischen Gründen: als einen Prüfschritt vor der Beurteilung einer aktuellen Regression, um das Ausmaß einer eventuell vorhandenen chronischen Retardierung als Ausgangsbasis zu nehmen. Im Vergleich zum ICD-10 schrumpft die Differenz zwischen Lernentwicklungsstörung und sozial-emotionaler Verhaltensstörung jedoch auf die Einschätzung der Aktualität versus Dauerhaftigkeit der Entwicklungsabweichung und hebt zugleich die Differenz zwischen kognitiver und emotionaler Entwicklung wieder auf. Selbst wenn in einer psychodynamisch orientierten Diagnostik die Differenz zwischen Retardierung und Regression aufgenommen wird, begründet sich aus ihr keine sinnvolle Differenzkonstruktion zwischen Lernbeeinträchtigungen und Verhaltensstörungen.

Warum ist diese Differenzkonstruktion jedoch so haltbar, so weit verbreitet, wenn sie doch offensichtlich in der pädagogischen und klinischen Praxis keinen Sinn macht?

Eine Antwort ist schon dadurch gegeben worden, dass sie entlang der Grenzen von Institutionen konstruiert ist. *Du Bois* gibt einen weitergehenden Hinweis. Er schreibt:

„Der Begriff der Retardation ist in der Tiefenpsychologie nicht gebräuchlich. Er stammt aus der Entwicklungsneurologie und Heilpädagogik und bezeichnet dort Zustände von Unreife, die durch Entwicklungsförderung gebessert werden können" (*du Bois* 1999, 574).

Wir wagen es, diesen Hinweis zu verallgemeinern auf den Ursprung der wissenschaftlichen Denkweisen, die der Begriffsdifferenz und der unterschiedlichen Institutionalisierung bei sogenannten Lernbeeinträchtigungen und bei sogenannten Verhaltensstörungen zugrunde liegen.

Lernbeeinträchtigungen, in der deutschen Tradition Lernbehinderungen, werden unter dem Paradigma der Entwicklung betrachtet. Zuständig ist die Entwicklungsbiologie und die Entwicklungspsychologie, im praktischen Feld die Behindertenpädagogik. Entwicklungshemmungen werden betrachtet als langfristig entstandene und langfristig wirkende Strukturdefizite, die um so gravierender wirken, je einschränkender die Entwicklungsbedingungen in kritischen Entwicklungsphasen beschaffen sind, die nicht übersprungen, sondern im Falle der Beeinträchtigung nachgeholt werden müssen. Deshalb wird den Entwicklungshemmungen durch „Förderung" begegnet. Zugrunde liegt das Muster der Nachentwicklung.

Verhaltensstörungen fallen dagegen in den Bereich der psychischen Störungen. Sie werden unter dem Paradigma der Krankheit betrachtet und gelten als von aktuellen Ereignissen mitbedingt. Für sie ist die psychologische oder medizinische Psychotherapie, im praktischen Feld die Sozial- und Heilpädagogik zuständig. Sie gelten als Reaktionen auf frühere und aktuelle Belastungssituationen, vor allem psychosoziale Konflikte, bei potentieller Entwicklungsangemessenheit. Sie werden nicht gefördert, sondern behandelt und die Zielvorstellung ist Heilung, nicht Nachentwicklung.

Die Sonder- und Heilpädagogik als ein Wissenschaftsbereich im Schnittfeld von Philosophie, Entwicklungspsychologie, Psychiatrie, Soziologie und Pädagogik arbeitet mit Begriffen und Modellvorstellungen, die aus Nachbardisziplinen entlehnt worden sind. Der Import präformiert nicht nur die Begrifflichkeit, sondern die gesamte Problemkonstruktion. Je nach der Präferenz für den einen oder den anderen Import kann dasselbe Phänomen einmal als Lernbehinderung und das andere Mal als Verhaltensstörung konstruiert werden.

Es zeigt sich, dass die begriffliche Differenz kaum etwas zu tun hat mit den Menschen, auf die sie angewendet wird, und mit ihren Problemen, aber sehr viel mit den Professionellen, ihren Disziplinen und Institutionen. Die Differenz macht keinen Sinn, um subjektive Realitäten der Klienten zu erfassen, sondern macht Sinn, um professionelles Handeln in den gewohnten Bahnen zu legitimieren.

Zur Funktion einer Differenzierung zwischen Lernbehinderungen und Verhaltensstörungen

Die Logik einer Differenzierung zwischen „lernbehinderten" Kindern und „verhaltensgestörten" Kindern macht dann einen Sinn, wenn nach Möglichkeiten gesucht wird, eine differenzierende Platzierung durchzuführen. Aus diesem Bemühen wird einer Differenzierung, die affirmativ der organisatorischen Differenzierung der Sonderschultypen nachgebildet ist, eine psychologische Legitimation unterstellt, die jedoch nicht haltbar ist.

Die Praxis der schulorganisatorischen Differenzierung entlarvt diesen Legitimationsversuch als untauglich, da die Hauptmerkmale der Differenzierung: „Leistungsversagen" einerseits und andererseits „Probleme im Sozialverhalten" in beiden Sonderschultypen in mannigfachen Mischungen auftreten und die Zuordnung der Kinder zu dem einen oder dem anderen Schultyp mehr von den zufälligen lokalen Angeboten, die ungleichmäßig ausgebildet sind, abhängt als von einer auch nur in Andeutungen stichhaltigen Diagnostik.

Verzichtet man jedoch auf eine Typisierung von Personen und beschränkt sich auf die Differenzierung von Merkmalen, die verschiedenen Personen in verschiedenen Ausprägungen und Mischungen zugeschrieben werden, lässt sich diskutieren, inwieweit und wofür eine Differenzierung der Merkmalszuschreibungen „Schulleistungsversagen" und „Probleme im Sozialverhalten" nützlich sein könnte.

In einem einfachen Vierfelderschema lassen sich idealtypisch vier verschiedene Kombinationen dieser beiden Merkmalszuschreibungen unterscheiden:

Kombination 1: Durchschnittliche Leistung und akzeptiertes Sozialverhalten
Kombination 2: Durchschnittliche Leistung und nicht akzeptiertes Sozialverhalten
Kombination 3: Leistungsversagen und akzeptiertes Sozialverhalten
Kombination 4: Leistungsversagen und nicht akzeptiertes Sozialverhalten.

Kombination 1 ist nicht relevant. Kombination 2 und Kombination 3 scheinen die Typologie lernbehindert versus verhaltensgestört auf der Erscheinungsebene widerzuspiegeln, die sich in den banalen Zuschreibungen: „intelligent aber gestört" versus „lieb aber dumm" erschöpft. In praktischer Hinsicht ergibt diese Typologie keinen Ansatzpunkt für die Förderung und keine Orientierungspunkte für die Erziehungsaufgabe. Vielmehr reproduziert diese Typologie eine Serie landläufiger Irrtümer. Nach landläufiger Auffassung wird bei der Kombination 3 eine kognitive Retardierung vermutet, die das Sozialverhalten und das emotionale Erleben angeblich nicht tangiert. Kasuistische Beobachtungen psychogener Rechenstörungen widerlegen diese Annahme (*Reiser* 1990), da auch einem solchen Erscheinungsbild tiefe emotionale Störungen und konflikthafte Lernhemmungen zugrunde liegen können. Kombination 2 muss wegen der zweifelhaften Qualität der Zuschreibung eines nicht akzeptierten Sozialverhaltens mit größter Vorsicht betrachtet werden und kann höchstens als ein dringender Hinweis darauf gewertet werden, dass die Zuschreibungen genauer untersucht werden müssen. Hinter ihnen können sich zum Beispiel inakzeptable erzieherische Vorstellungen und Vorgehensweisen oder auch Fehlbehandlung von Sonderbegabungen verbergen.

Die Kombination 4, die am häufigsten als Problemfall gewertet wird, erweist sich als vollständig aussageleer, da aufgrund dieser Merkmalszuschreibungen keinerlei Hinweise für Erziehung und Förderung gewonnen werden können.

Orientierungen für die Erziehung und Hinweise für die Förderung lassen sich nur aus einer genauen Einzelfallbeobachtung gewinnen, für die diese Art der Typologisierung nicht nützlich, sondern schädlich ist.

Für die Einzelfallbeobachtung ergeben sich aus den bisher dargelegten Überlegungen die folgenden Hinweise.

Anforderungen an Einzelfallbeobachtungen

1. Pädagogische Beobachtung erfolgt im Kontext einer Selbstbeobachtung des Beobachters.

Die Beschreibungen von Lernschwierigkeiten und Verhaltensstörungen sind Konstruktionen, die im interaktiven Prozess (strukturelle Kopplung) zwischen Beobachter und Kind gebildet werden. Diese Beobachtungen sind abhängig von den Normen und Regeln, den Vorerfahrungen und Verständniszugängen, den theoretischen Zugängen sowie den Untersuchungsmethoden und -instrumenten des Beobachters. Die Suche nach objektiven Beobachtungen bzw. Diagnosen weicht der Auffassung, dass die jeweiligen Beobachtungen und Erkenntnisse von den gewählten Herangehensweisen abhängen. Deshalb gibt es keine unbeteiligten, „objektiven" Beobachter oder Diagnostiker, sondern immer nur aktive Interaktionspartner. Daraus ergibt sich die Notwendigkeit zur Selbstbeobachtung des Beobachters.

2. Pädagogische Beobachtung erfolgt hypothesengeleitet.

Die Auseinandersetzung mit einer Problemsituation (z.B. den Lese- und Rechtschreibschwierigkeiten oder den Konzentrationsstörungen eines Schülers) ist als ein Prozess des hypothesengeleiteten Suchens zu verstehen. Statt objektiver Ursachen werden Beobachterperspektiven gesammelt. Dabei ist wichtig zu beachten: Aus welcher theoretischen Perspektive betrachte ich die Problemsituation? Welche Bereiche der Person-Umwelt-Vernetzung nehme ich wahr, welche Prioritäten setze ich, welche Unterscheidung definiert meine Beobachtungen?

Lern- und Verhaltensauffälligkeiten sind Beziehungsstörungen in einem komplexen Netzwerk. Es kann also nicht darum gehen, eine völlige Erfassung und Analyse einer Problemsituation anzustreben. Im Mittelpunkt steht vielmehr die Entwicklung von Hypothesen, deren Nützlichkeit sich erst dann erweist, wenn daraus konkrete pädagogische Förderansätze abgeleitet werden, deren Wirksamkeit im pädagogischen Alltag zu überprüfen ist.

3. Pädagogische Beobachtung setzt an den Stärken und Ressourcen an.

Nicht die möglichst genaue Beschreibung der Auffälligkeit, des Defizits oder des Defekts kann als Anknüpfungspunkt für eine pädagogische Förderperspektive herangezogen werden. Eine solche Defektorientierung behindert vielmehr den Blick auf ein umfassendes Bild von dem Kind in seinem lebensweltlichen Kontext (vgl. *Milani-Comparetti & Roser* 1987, 89). Sie ist zudem wenig geeignet, Fördermöglichkeiten für einen Schüler/eine Schülerin zu entwickeln. Effektive Förderung von Kindern und Jugendlichen mit besonderen Bedürfnissen muss neben der Erfassung der Problembereiche ein besonderes Augenmerk auf vorhandene Potentiale, Fähigkeiten und Ressourcen der Personen in ihren Lebenswelten legen. Durch die Wahrnehmung, Unterstützung, Aktivierung und Begleitung dieser entwicklungsfördernden Bedingungen wird die „Förderung von Normalität" (*Milani-Comparetti & Roser* 1987) und nicht die Behandlung der Auffälligkeit zur Aufgabe der pädagogischen Arbeit.

Erst aus der Beobachtung der Fähigkeiten eines Schülers/einer Schülerin in einem bestimmten Gebiet könnten weitere Entwicklungsschritte angeregt werden. Pädagoginnen und Pädagogen haben jedoch vorrangig gelernt, besonders die Defizite von Schülerinnen und Schülern wahrzunehmen. Insbesondere bei der Auseinandersetzung mit Schülerinnen und Schülern, die Lern-, Leistungs- und/oder Verhaltensauffälligkeiten zeigen, steht die Beschreibung des „Nicht-Könnens" im Vordergrund. Dies ist aus einer konstruktivistischen Perspektive zu überwinden. Damit verbunden ist auch eine veränderte Sicht von Fehlern. Fehler als Versagen oder „Nicht-Können" zu betrachten, ist eine Bewertung, die aus einer bestimmten Beobachterperspektive erfolgt. Der wissende Lehrer beurteilt den schlecht- oder nicht-wissenden Schüler. Es handelt sich hierbei um die Kategorie der Selektion bzw. der Klassifikation.

4. Pädagogische Beobachtung und pädagogische Förderung sind direkt miteinander verknüpft.

Die Erstellung einer Diagnose, das einmalige Feststellen eines Förderbedarfs oder das Festschreiben eines Förderplans ist aus der hier vorgestellten Perspektive nicht sinnvoll. Notwendig ist vielmehr das prozessbegleitende Zusammenspiel von verschiedenen Aktivitäten. Dazu gehört die sensible Beobachtung und die Reflexion der Beobachtungen (möglichst im kollegialen Austausch). Daraus ergeben sich Ansatzpunkte zur Bildung von Hypothesen über Entwicklungsmöglichkeiten, die dann in einer Planung und Realisierung pädagogischer Fördermöglichkeiten konkret umge-

setzt werden können. Die Auswirkungen dieser Arbeit müssen wiederum beobachtet und reflektiert werden, um die Fortführung, Veränderung oder völlige Neukonzipierung der Fördermaßnahmen zu gewährleisten. Pädagogische Beobachtung, Hypothesenbildung und pädagogische Förderung
stehen somit in einem zirkulären Verhältnis zueinander (vgl. *Heuser et al.* 1997).

Schluss

Begriffe sind notwendig. Sie differenzieren Beobachterperspektiven; sie erzeugen Information, indem sie Unterschiede schaffen, die Unterschiede machen (vgl. *Bateson* 1985, 582). Aus konstruktivistischer Perspektive bleibt zu fragen, wie hilfreich und sinnvoll diese getroffenen Unterscheidungen jeweils sind - und für wen sie es sind. In Anlehnung an den ethischen Imperativ Heinz *von Förster*s (1985) ist zu untersuchen, ob die getroffenen Unterscheidungen den Raum der Handlungsmöglichkeiten vergrößern oder verkleinern. Vieles deutet darauf hin, dass Begriffe wie Lernbehinderung und Verhaltensstörung letzteres verursachen. Erst solche Beschreibungen, aus denen pädagogische und nicht allein organisatorische Handlungsoptionen abgeleitet werden können, entwickeln ein innovatives Potential. Zu fordern bleibt somit, fixierende Begrifflichkeiten abzubauen und gegen die Entwicklung von prozess- und beziehungsorientierten Beobachterkategorien einzutauschen. Der Sinn von Begriffen liegt dann darin, die pädagogische Arbeit mit dem Kind zu inspirieren, Neugier zu erzeugen und pädagogische Ideen der Förderung zu entwickeln.

Monika A. Vernooij

Verhaltensstörungen im Kontext individueller kognitiver Möglichkeiten

Einführung

Sowohl lernbehinderte als auch hochbegabte Kinder weisen besondere Lernsituationen auf, für die angemessene Lernmöglichkeiten bezogen auf schulisches Lernen zumindest in der BRD offenbar noch nicht gefunden sind. Auf den ersten Blick scheinen beide Gruppen kaum vergleichbar. Bei näherer Betrachtung zeigt sich, dass es eine Fülle von Faktoren sowohl bezogen auf die Gesamtentwicklung als auch bezogen auf die Lernsituation gibt, die bei beiden Gruppen wirksam sind und bei der Förderung Beachtung finden müssen.

Begriffsbestimmung

Da es für beide Gruppen keine allgemein gültige Definition gibt, wohl aber vielfältige Umschreibungen, möchte ich zunächst mit einer, den folgenden Ausführungen zugrundeliegenden Begriffsbestimmung beginnen.

Lernbehinderung

Die einzige Definition, die sich zumindest in offiziellen Erlassen und Verlautbarungen durchgesetzt hat, ist diejenige von *Kanter*, die im Sinne einer allgemeinen Lernbehinderung verstanden werden kann: „Als lernbehindert im engeren Sinne werden Personen bezeichnet, die schwerwiegend, umfänglich und langdauernd in ihrem Lernen beeinträchtigt sind und dadurch deutlich normabweichende Leistungs- und Verhaltensformen aufweisen" (1974, 126; ähnlich 1977, 47). Als wesentliche Kriterien werden von ihm genannt:

- Auf der Entwicklungsebene
    - die Lernentwicklung bzw. das Niveau der schulischen Leistung,
    - die psycho-emotionale Entwicklung bzw. das Niveau des Sozialverhaltens,
    - beides in Bezug zur Altersnorm.

- Auf der intellektuellen Ebene
    - der Gesamt-IQ, gemessen mit einem validen Intelligenzmessverfahren, der 1,5 – 2 Standardabweichungen unterhalb des Mittelwertes liegen sollte (vgl. *Kanter* 1977, 57). Dies entspricht einem IQ zwischen 70 und 80 (vgl. auch *Bach* 1976, 9: IQ zwischen 60/65 und 80/85,).

Auch wenn ich mich damit der Kritik aussetze, möchte ich zunächst von dieser Definition ausgehen, die – im Gegensatz zu anderen Versuchen – keinerlei Aussagen bzw. Spekulationen über die Ursachen für Lernbehinderung enthält.

Hochbegabung

Ausgehend von einer allgemeinen Hochbegabung, analog zur Lernbehinderung, beziehe ich mich auf die Marland-Definition des *U.S. Department of Education* von 1994 sowie auf *Sternberg* 1993. Danach könnte man folgende Charakterisierung für Hochbegabung formulieren:

Als hochbegabt werden Personen bezeichnet, die in unterschiedlichen Bereichen außerordentliche, gültig nachweisbare Leistungen erbringen. Als Bezugsnorm kann die durchschnittliche Leistung der Altersgruppe gelten (vgl. *Sternberg* 1993, 186f).

Eine solche Definition könnte der Gruppe der „Fähigkeitsmodelle" (vgl. *Mönks & Ypenberg* 1998, 16) zugeordnet werden. Um in Analogie zu Lernbehinderung zu bleiben, füge ich eine sog. „IQ-Definition" (vgl. *Holling & Kanning* 1999, 5) an:

Als hochbegabt gelten Kinder, deren IQ, mit einem validen Intelligenzmessverfahren gemessen, über 130 liegt.

Auch hierzu finden sich in der einschlägigen Fachliteratur kritische Stimmen. Aus didaktischen Gründen sowie unter dem Aspekt einer annähernd klaren Eingrenzung der Personengruppen erscheint es mir jedoch sinnvoll, von diesen Begriffsbestimmungen auszugehen. Hierzu noch einmal *Kanter*: „Da das hypothetische Konstrukt ‚Intelligenz' gegenwärtig von allen komplexen Maßen für menschliche Leistungsfähigkeit immer noch die höchste Validität besitzt, sollte man es bei aller verständlichen Kritik nicht eher verwerfen, bis man ein besseres vorzuweisen hat" (1977, 55).

Bezogen auf die schulische Förderung findet sich in der Fachliteratur im Zusammenhang mit lernbehinderten Kindern die Aussage, diese Kinder seien in der Regelschule nicht angemessen zu fördern (*Klauer* 1975, *Bleidick* 1968, *Bach* 1976, *Kanter* 1974). In der Marland-Definition zur Hochbegabung heißt es: Diese Kinder bedürfen schulischer Fördermaßnahmen und Aktivitäten, die normalerweise in der Regelschule nicht vorgesehen sind (vgl. *Stephens & Karnes* 2000, Übersetzung d. Verf.).

Exkurs zu Definitionsklassen bei Hochbegabung:

1. Ex-post-facto-Definitionen
hier werden Jugendliche oder Erwachsene als hochbegabt eingestuft, *nachdem* sie eine hervorragende Leistung (oder mehrere) erbracht haben.

2. IQ-Definition
Zur Kennzeichnung von Hochbegabung wird ein bestimmter Grenzwert der Intelligenz, i.d.R. ein IQ oberhalb von 130 festgelegt.

3. Talentdefinitionen
beziehen sich auf besondere Begabungen in bestimmten Bereichen. Hochbegabt sind demnach Personen, die in einem spezifischen wissenschaftlichen oder künstlerischen Bereich außerordentliche Leistungen vollbringen (hier handelt es sich nicht unbedingt um universelle Hochbegabung).

4. Prozentsatzdefinitionen
definieren auf der Basis von
• Noten
• Schulleitungstests
• Intelligenztests
einen bestimmten Prozentsatz der Bevölkerung als hochbegabt (z.B. 3 % aller Gymnasiasten).

5. Kreativitätsdefinitionen
Bei diesen Definitionen stehen originelle und kreativ-produktive Leistungen im Vordergrund. Die Universalität oder der IQ spielen eine untergeordnete Rolle (vgl. *Davis & Rimm* 1985; *Holling & Kanning* 1999).

Betrachtet man beide Personengruppen, Kinder, die als lernbehindert, und solche, die als hochbegabt gelten, auf der Basis der gegebenen Definitionen, so sind mehrere Gemeinsamkeiten feststellbar.

Tab. 1: Vergleichende Aspekte bei Lernbehinderung und Hochbegabung auf der Basis von Definitionen

Lernbehindert	Hochbegabt
• von der Altersnorm abweichendes Leistungsverhalten	• von der Altersnorm abweichendes Leistungsverhalten
• außerhalb des Durchschnitts-IQ liegende intellektuelle Leistungsfähigkeit	• außerhalb des Durchschnitts-IQ liegende intellektuelle Leistungsfähigkeit
• deutlich feststellbare, dauerhafte, multiareale Andersleistung	• deutlich feststellbare, dauerhafte, multiareale Andersleistung
• Problematik schulischer Förderung aufgrund besonderer Bedürfnisse	• Problematik schulischer Förderung aufgrund besonderer Bedürfnisse

Gemeinsamkeiten und Unterschiede bezogen auf Lernbehinderung und Hochbegabung

Bezogen auf die vorgenannten Definitionen gibt es einige Gemeinsamkeiten zwischen Lernbehinderung und Hochbegabung, allerdings eher formaler Art. Im Folgenden werden zusätzlich die mehr qualitativen Aspekte beleuchtet.

Standort innerhalb der Intelligenzressourcen

Bezogen auf das quantitative Kriterium Intelligenz möchte ich den Standort der beiden Gruppen anhand der Gauß'schen Normalverteilungskurve verdeutlichen (Abbildung 1).

Die Position der beiden Gruppen liegt je nach Intelligenzkonstrukt 2 bzw. 3 Standardabweichungen (StA) links oder rechts vom Durchschnitts-IQ, der i. d. R. nach *Amthauer* mit 90 - 110 angegeben wird. Die Abbildung macht zusätzlich deutlich, dass für die Erfassung des IQ im Sinne der o.g.

Definitionen der Wechsler-Intelligenztest weniger geeignet erscheint. Nach *Amthauer* (1970) läge Lernbehinderung zwei StA, Hochbegabung 3 StA jenseits des Durchschnitts-IQ's. Nach Wechsler läge Lernbehinderung 1,3 StA, Hochbegabung 2 StA jenseits des Durchschnitts-IQ's. Unabhängig vom gewählten Intelligenzmessinstrument liegen jedoch beide Gruppen außerhalb des Durchschnitts-IQ's, im einen Falle im Sinne von *unterhalb*, im anderen Falle im Sinne von *oberhalb* des Durchschnitts (vgl. *Roth et al.* 1989).

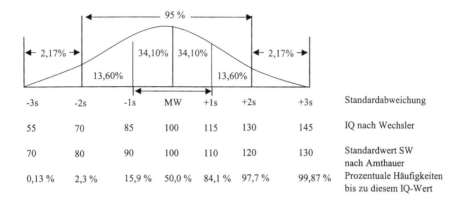

Abb. 1:   Position von durchschnittlicher, Minder- und Hochbegabung auf der Gauß-schen Normalverteilungskurve (in Anlehnung an *Roth et al.* 1989, 32)

In der einschlägigen Fachliteratur wird bei Lernbehinderung eine reduzierte, bei Hochbegabung eine erhöhte intellektuelle Leistungsfähigkeit vermutet, unabhängig von Verursachungstheorien und unabhängig von verstärkenden bzw. unterstützenden Faktoren.

Systemische und personale Einflussfaktoren

Multifaktorielle Modelle bezogen auf Lernbehinderung und auf Hochbegabung:
Bisherige Theorien zur Entstehung bzw. Verstärkung oder Unterstützung von Lernbehinderung und Hochbegabung lassen sich in Modellen sinnvoll darstellen (Abb. 2).
Bezogen auf Lernbehinderung existieren im wesentlichen Einzeltheorien, die von *Kanter* 1977 zu einem Modell der „Bio-sozialen Interaktion und Kumulation" zusammengefasst wurden:

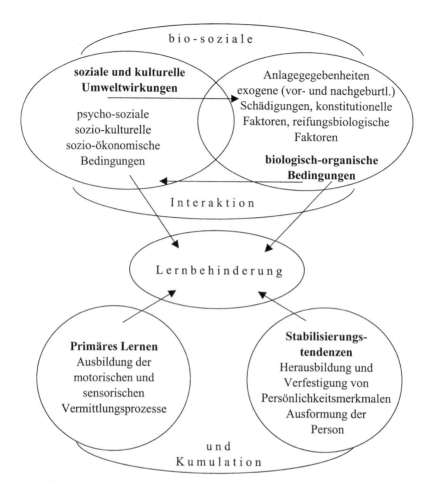

Abb. 2:   Modell der bio-sozialen Interaktion und Kumulation (*Kanter* 1977, 51)

Bezogen auf Hochbegabung lassen sich mehrere Modelle unterscheiden. Sieht man von den engeren Konzepten, in denen Begabung und Hochbegabung wesentlich mit Intelligenz assoziiert bzw. gleichgesetzt wird (*Terman* 1925, *Rost* 1993) ab, sind drei Modelle heute in der Diskussion:

1. Das „Drei-Ringe-Modell" nach *Renzulli* (1979, 1986, 1993);
2. Das „Triadische Interdependenzmodell" nach *Mönks* (1990, 1992, 1993);
3. das „Multifaktorielle Bedingungsmodell" nach *Heller* (1992, 1995).

Obwohl sich diese Modelle in der Berücksichtigung von Faktoren sowie in der graphischen Gestaltung erheblich unterscheiden, lassen sich hinsichtlich der Multifaktorialität deutliche Gemeinsamkeiten aufzeigen, die wiederum Analogien zum multifaktoriellen Modell von *Kanter* aufweisen. Diese lassen sich in drei Merkmalskomplexen zusammenfassen:

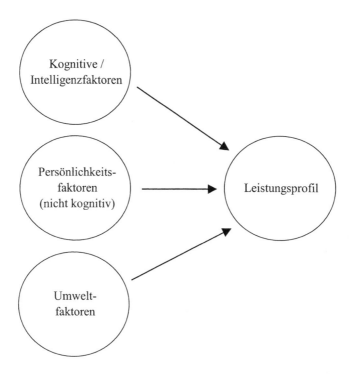

Abb. 3:   Wirkfaktorengruppen bezogen auf die Leistungsfähigkeit von Kindern

Sowohl bezogen auf die Entwicklung von Lernbehinderung als auch bezogen auf die Förderung von Hochbegabung sind Faktoren aus diesen Bereichen von konstituierender Bedeutung.

Wirkfaktoren im Bereich der Kognition

Bezogen auf die Gruppe der Intelligenzfaktoren werden neben dem IQ, d. h. dem Level der allgemeinen intellektuellen Leistungsfähigkeit,

– Kreativität,
– soziale bzw. Führungskompetenz sowie

- psychomotorische Befähigung

hervorgehoben.

Obwohl sich keiner der Autoren expliziert auf *Thorndike* bezieht, scheinen die von ihm 1926 herausgestellten drei Hauptbereiche der Intelligenz:

- abstrakte oder verbale Intelligenz,
- praktische Intelligenz,
- soziale Intelligenz (vgl. *Thorndike* 1926; *Vernooij* 1991)

eine bedeutsame Rolle zu spielen.

Wirkfaktoren im Bereich von Persönlichkeit

Als wesentliche Persönlichkeitsfaktoren werden genannt:

- Motivation,
- Ausdauer,
- Antriebstärke

sowie, aus meiner Sicht wesentlich als Ergebnis von Lernen,

- Selbststeuerungsfähigkeit,
- Stressbewältigungs- bzw. Problemlösefähigkeit,
- effektive Arbeits- bzw. Lernstrategien.

Hinsichtlich der Umweltfaktoren spielen sowohl die familiale als auch die schulische Situation eine bedeutsame Rolle.

Wirkfaktoren in der familialen Situation

Der Einfluss des familiären Hintergrundes auf die Entwicklung und auf die allgemeine Leistungsfähigkeit von Kindern auch im Zusammenhang mit Lernbehinderungen oder Hochbegabung steht außer Frage (*Cropley et al.* 1988; *Freeman & Urban* 1983; *Albrecht & Rost* 1983; *Begemann* 1970; *Klein* 1973; *Jantzen* 1977; *Thimm & Funke* 1977).

Insbesondere scheinen sich die Rahmenbedingungen für die Gesamtentwicklung sowie für die Begabungsentfaltung bei Kindern in sozial schwächeren Familien ungünstig auszuwirken.

Für Kinder, die aufgrund eines Intelligenztests, d. h. anhand eines hohen IQ, als hochbegabt identifiziert wurden, konnte festgestellt werden, dass diese „... fast unvermeidlich aus Familien mit einem erzieherisch besonders förderlichen und anregungsreichen Hintergrund" (*Freeman & Urban* 1983, 71) kamen.

Demgegenüber entstammen ca. 80–90% der als lernschwach identifizierten Kinder einem wenig förderlichen und anregungsarmen Hintergrund.

Die Problematik von Intelligenztests allgemein und bei Kindern aus schwächeren Sozialschichten im besonderen ist hinlänglich bekannt, so dass ich darauf nicht näher eingehen möchte (vgl. auch *Kanter* 1977).

Bezogen auf sehr begabte Kinder ist allen standardisierten Intelligenztests gemeinsam, dass sie im oberen Leistungsbereich ungenügend differenzieren (vgl. *Wieczerkowski & Wagner* 1981, 118 f.).

Betrachtet man die Einflussfaktoren in der familialen Situation, so werden im Hinblick auf beide Gruppen folgende genannt:

- psycho-emotionale Einbettung/psycho-emotionale Deprivation,
- physische Versorgung/physische Vernachlässigung,
- geistig-kulturelle Anregung/geistig-kulturelle Deprivation,
- vielfältige Sozialkontakte/eingeschränkte Sozialkontakte,
- sprachliche vielfältige Förderung im Sinne des „elaborierten Codes"/ sprachlich eingeschränkte Förderung im Sinne eines „restringierten Codes",
- antizipierend-zukunftsgerichtete Lebensplanung/gegenwartsverhaftetenahzielbezogene Lebensführung,
- (mehr oder weniger) ausgeprägtes Bildungsinteresse/Bildungsdistanziertheit bzw. -gleichgültigkeit.

Spezifische Probleme hochbegabter Kinder

Speziell bezogen auf sehr begabte Kinder besteht die Gefahr einer Überschätzung und damit die Situation der dauerhaften Überforderung.

Letztere besteht jedoch auch häufig für Eltern bezogen auf *beide* Gruppen, allerdings aus sehr unterschiedlichen Gründen.

Bezogen auf hochbegabte Kinder entsteht bei Eltern oft Ungeduld, Unverständnis und kognitive Überforderung angesichts der Forderungen und des Verhaltens ihres Kindes. Mit Geschwistern ergeben sich Probleme aufgrund von Konkurrenzsituationen zum begabten Geschwister sowie aufgrund einer allgemeinen Maßstabsetzung in der Familie durch die Leistungen des hochbegabten Kindes.

Die Problematik asynchroner Entwicklungsverläufe, d. h. entstehender Diskrepanzen in der Entwicklung

- zwischen kognitiver und psychomotorischer Entwicklung,

- zwischen kognitiver und affektiver Entwicklung sowie
- zwischen kognitiver und sozialer Entwicklung

wird im Zusammenhang mit Schule besonders virulent. Bezogen auf die vorschulische Zeit tragen solche Asynchronien zur Erschwerung der Situation bei, sowohl in der Familie als auch im Kindergarten.

Zusammenfassend lässt sich zu den Wirkfaktoren das in Abbildung 4 vorgelegte Schema erstellen

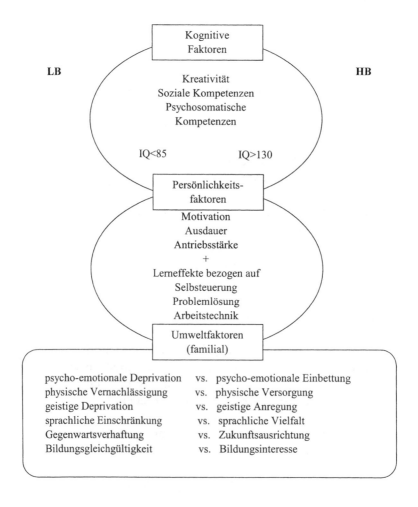

Abb. 4: Wirkfaktoren bezogen auf die Entwicklung und die Verminderung bzw. erhöhte Leistungsfähigkeit von Kindern

Lernbehinderung und Hochbegabung als schulische Kategorien

Problemfeld Grundschule

Zunächst zwei Zitate aus der Literatur:
Bei Hermann *Hesse* (1970) heißt es:
„... und so wiederholt sich von Schule zu Schule das Schauspiel des Kampfes zwischen Gesetz und Geist, und immer wieder sehen wir Staat und Schule atemlos bemüht, die alljährlich auftauchenden paar tieferen ... Geister an der Wurzel zu knicken."
Friedrich *Nietzsche* (o. J.) sieht in Erziehung „...wesentlich das Mittel, die Ausnahme zu ruinieren, zugunsten der Regel."
Auch wenn dies in Pädagogenohren sehr hart klingt, so scheint es doch bis heute so zu sein, dass Kinder in besonderen Lernsituationen, Kinder mit regelabweichenden Begabungsressourcen, sei es nach unten oder nach oben, nicht in die allgemeine Schullandschaft passen.
Sowohl das lernschwache als auch das hochbegabte Kind stellen erhöhte Anforderungen an die Lehrkraft, bezogen auf individuelle Förderung und der damit verbundenen Fachkenntnis. Wie bereits eingangs gesagt, verlangen diese Kinder nach schulischen Fördermaßnahmen und Aktivitäten, die normalerweise in der Regelschule nicht vorgesehen sind (vgl. Morland-Definition, *Stephens & Karnes* 2000).
Als Folgen eines unangemessenen pädagogischen Umgangs finden sich in der Literatur für beide Gruppen zum einen die Situation der Unterforderung, zum anderen die der Überforderung. Beide bewirken u. a.

- Langeweile,
- Verringerung der Leistungsmotivation,
- Leistungsverweigerung

und damit häufig ein Absinken des Leistungsniveaus sowie das Auftreten von Verhaltensauffälligkeiten/Verhaltensstörungen.
Auch hierzu zunächst eine Definition:
„Unter Verhaltensstörung wird ein Verhalten verstanden, welches von den formellen Normen einer Gesellschaft und/oder von den informellen Normen innerhalb einer Gruppe nicht nur einmalig und in schwerwiegendem Ausmaß abweicht. Dabei gelten sowohl die Untererfüllung der Norm als auch deren Übererfüllung als Abweichung" (*Vernooij* 2000, 33).

Nach dieser Definition gelten Lernbehinderung und Hochbegabung bezogen auf das Leistungsverhalten bereits a priori als deviant, eine Devianz, der allerdings mit pädagogischen Mitteln Rechnung getragen werden *könnte*.

Kommen Verhaltensabweichungen im sozialen, im psychoemotionalen oder im somatofunktionellen Bereich hinzu, wird sowohl das lernschwache als auch das hochbegabte Kind in der Grundschule zu einer mehr oder weniger starken Belastung für Lehrer und Mitschüler (vgl. *Kluge* 1981; *Heinbokel* 1996; *Keller* 1990, 1992; *Elbing & Heller* 1996).

Nach *Gluß & Urban* (1982, 98) führt „die enge Verbindung von Emotion und Lernen" dazu, dass „schulisches Versagen gewöhnlich von Verhaltensschwierigkeiten der einen oder der anderen Art begleitet" wird.

Da nur ein Teil der sehr begabten Kinder erwartungswidrige Minderleistungen erbringt, d. h. mit Schulversagen auffällt, sondern eher Auffälligkeiten im sozialen Bereich die Regel sind, möchte ich die Aussage *Urban*s modifizieren und die Hypothese aufstellen, dass aufgrund der engen Verknüpfung von Emotion, Selbsteinschätzung und Lernen längerfristige Über- oder Unterforderung häufig Verhaltensprobleme zur Folge haben, die sich sowohl in der Kommunikation und Interaktion mit Erwachsenen als auch mit Gleichaltrigen manifestieren.

Bei der Beratung von Eltern sehr begabter Kinder mit Schwierigkeiten in der Grundschule ist insbesondere die Ignoranz von Lehrern gegenüber besonderer kognitiver Leistungsfähigkeit von Kindern auffallend. Ihre Argumente heben zum einen auf vorhandene Entwicklungsasynchronien ab, zum anderen wird verwiesen auf mangelnde Möglichkeiten der Schule, den Kindern mit abweichenden Leistungsressourcen gerecht zu werden.

Der Zusammenhang von Verhaltensstörung und Lernbehinderung wird in der Literatur beschrieben, wurde aber kaum jemals systematisch untersucht.

Bezogen auf den Zusammenhang von Verhaltensstörung und Hochbegabung liegen vielfältige Untersuchungen, insbesondere bei sog. Underachievern vor (*Kluge* 1981; *Gluß & Urban* 1982; *Bongartz et al.* 1985; *Heinbokel* 1996; *Prado & Wieczerkowski* 1990; *Hanses & Rost* 1998).

Prado & Wieczerkowski (1990) gehen davon aus, dass die mangelhafte Herausforderung der kognitiven Fähigkeiten, oft verbunden mit einer abwertenden Haltung von Pädagogen den intellektuellen Ressourcen gegenüber, emotional zu schweren Enttäuschungen bei den Kindern führt. Die häufig erfahrene Zurückweisung ihrer Bedürfnisse wird kompensiert mit abweichendem Verhalten, vorwiegend als Aggression, Überanpassung oder als psychosomatische Reaktion (vgl. *Prado & Wieczerkowski* 1990, 63 f.).

Lernschwache Schüler sind in einer ähnlichen Situation: Unangemessene Forderungen bezogen auf ihre intellektuellen Ressourcen, verbunden mit Abwertung, sowie die Zurückweisung ihrer Bedürfnisse nach andersgearteter Förderung führen zu Frustrationen, die bewältigt werden müssen. *Holling & Kanning* (1999) verweisen bezogen auf den Zusammenhang von besonderen Begabungsressourcen und Verhaltensstörung darauf, dass nicht die Hochbegabung – und dies gilt für Lernschwäche gleichermaßen – Ursache für psychische Auffälligkeiten ist, „sondern der inadäquate Umgang der Umwelt mit den besonderen Begabungen des Kindes" (60).

Beide Gruppen erleben sich als andersartig. Beide Gruppen unterliegen Über- bzw. Unterforderung in der Schule. Beide Gruppen sind in der Regelschule nur bedingt akzeptiert, wobei der Grad an Akzeptanz sich in dem Maße reduziert, indem der Grad an Verhaltensstörung zunimmt.

Schulische Förderung für Kinder mit besonderen Leistungsressourcen

Für lernschwache Schüler gibt es im bundesdeutschen Schulsystem die Förderschule, ungeliebt, dauerhaft in der Kritik und trotz aller Integrationsbestrebungen offenbar augenblicklich noch unverzichtbar. Sicher ist es nicht mein Bestreben, eine analoge Institution für hochbegabte Kinder zu schaffen, wiewohl es diese zumindest im Gymnasialbereich vereinzelt gibt. Das Scheitern der Kinder beginnt jedoch in der Grundschule. Offenbar ist der Primarbereich unseres Schulsystems für Kinder mit abweichenden Leistungsmöglichkeiten nicht geeignet bzw. gerüstet.

Allgemeine Fördermöglichkeiten für Hochbegabte

In den USA finden sich sowohl Schulen für Hochbegabte als auch Förderprogramme, die unter dem Begriff „groupings" zusammengefasst werden. In Kalifornien beispielsweise sind sie realisiert als

- *Pull-out-groups (besondere Arbeitsgruppen)*,
  bei denen hochbegabte Kinder für bestimmte Aktivitäten aus dem Regelunterricht herausgenommen werden;
- *Cluster-grouping (homogene Gruppierung)*,
  bei denen kleine Gruppen von Hochbegabten in Regelklassen zusammengefasst werden;
- *Ungraded classes (nichtgestufte Klassen)*,
  bestehend aus altersheterogenen Gruppen, denen die Kinder je nach Begabung zugeordnet werden.

Grouping-Formen sind in der BRD nur vereinzelt vorhanden, z. B. Klassen für Hochbegabte im Gymnasium. Vermehrt gibt es aber inzwischen Formen der Akzeleration, und des Enrichments. Als Akzeleration werden bezeichnet: vorzeitige Einschulung, Überspringen von Klassen oder sog. D-Zug-Klassen, in denen der Stoff von 4 Jahren in 3 Jahren gelehrt wird, z.b. in Berlin, Hamburg, Baden-Württemberg, Bayern und Rheinland-Pfalz.

Eine zweite Möglichkeit sind sog. Enrichments, Zusatzangebote für hochbegabte Kinder in Form von Arbeitsgemeinschaften oder Sonderklassen im Sinne des groupings.

Kinder mit Spezialbegabungen im sportlichen oder musischen Bereich können in einigen Bundesländern Spezialgymnasien besuchen. In Braunschweig, Rostock und Königswinter (NRW) gibt es Gymnasien mit Hochbegabtenzügen, i. d. R. ab Klasse 9, seltener ab Klasse 6 (Bayern – in Würzburg wird ab dem Schuljahr 2001/02 ein Modellversuch ab Klasse 5 beginnen).

Überlegungen zur frühzeitigen Förderung von Kindern mit extranormalen Leistungsmöglichkeiten

Der größte Teil der genannten Maßnahmen setzt aus meiner Sicht zu spät an. Sowohl potentiell lernbehinderte als auch potentiell hochbegabte Kinder fallen bereits im vorschulischen Feld durch Entwicklungsverzögerungen oder durch Entwicklungsakzeleration in bestimmten Bereichen auf.

Für entwicklungsverzögerte Kinder gibt es in einigen Bundesländern vorschulische Einrichtungen, z. B. in Bayern die sog. Schulvorbereitenden Einrichtungen (SVE), in denen die Kinder (4-7 Jahre) entwicklungs- und begabungsgemäß im Vorfeld der Schule spezifisch gefördert werden. Für potentiell hochbegabte Kinder sind kaum vorschulische Fördermöglichkeiten vorhanden, sieht man von einem langjährig bestehenden Kindergarten in Hannover und einem 1999 eröffneten in Nürnberg einmal ab.

Sinnvoll wäre aus meiner Sicht die flächendeckende Einrichtung von vorschulischen Einrichtungen ab dem 4. Lebensjahr sowohl für entwicklungsverzögerte als auch für sehr begabte Kinder unter präventivem Aspekt.

Aufgaben dieser Einrichtungen wären:

– spezifische, entwicklungs- und begabungsgerechte Förderung,
– Berücksichtigung der dargestellten Einflussfaktoren bei der Förderung,
– Verhinderung von Förderschulkarrieren,

– Verhinderung von Schulfrustration bei sehr begabten Kindern durch frühzeitige Einschulung oder Einschulung in eine höhere Klasse, z. B. Klasse 2.

Bereits im Primarbereich sollten bundesweit Möglichkeiten des groupings geschaffen werden, sowohl für Lernschwache als auch für hochbegabte Kinder.

Parallel dazu wäre die bessere Ausbildung der Grundschullehrer/innen anzustreben, bezogen auf ungewöhnliche Begabungsressourcen (Lernschwäche, Hochbegabung) *und* bezogen auf Verhaltensauffälligkeit. Diese Themen sollten obligatorisch im Themenkatalog des Studiums verankert werden.

Schlussbemerkung

Lernbehinderung und Hochbegabung stellen Begabungsressourcen dar, die zunächst kaum vergleichbar scheinen. Im Zusammenhang mit dem psychologischen Konstrukt des Intelligenzquotienten lassen sie sich aber auf der Gaußschen Normalverteilungskurve jeweils links oder rechts vom Mittelwert platzieren. Übereinstimmung besteht hinsichtlich der Forschungsergebnisse bezogen auf fördernde bzw. hemmende Faktoren in der Entwicklungs-/Sozialisationssituation beider Gruppen. Im Vordergrund wissenschaftlicher Betrachtung stehen einerseits die je individuelle Lernfähigkeit, andererseits die Angemessenheit schulischer Fördermöglichkeiten. Letztere scheinen für beide Gruppen, zumindest im Primarbereich, nicht optimal zu sein.

Beide Gruppen werden zum einen als im Lernen abweichend, zum anderen als im Verhalten auffällig beschrieben, d.h. es scheint einen Zusammenhang zwischen besonderen Lernmöglichkeiten/Lernsituationen und Verhaltensstörungen zu geben, der unabhängig davon ist, ob es sich um verminderte oder erhöhte Lernfähigkeit handelt. Vieles spricht dafür, dass ein inadäquater Umgang mit den besonderen Bedürfnissen der Kinder beider Gruppen im Elementar- und Primarbereich die Entstehung von Verhaltensstörungen zumindest sehr begünstigt.

Roland Stein

Selbst- und Handlungsregulation: ein Metamodell für Störungen des Verhaltens und Lernens

Einleitung

Die Arbeitsbereiche der Pädagogik bei Verhaltensstörungen und der Pädagogik bei Lernbeeinträchtigungen haben sich über längere Zeit getrennt voneinander entwickelt. Wir diskutieren heute zwar die Frage primärer und sekundärer Störungen, also Lernbeeinträchtigungen als Folge von Verhaltensstörungen oder umgekehrt, aber selten die Fragen des parallelen Auftretens beider Störungen sowie auch, darüber hinausgehend, der Ko-Morbidität. Diese Diskussion läge nahe, denn beide Disziplinen gehen auf durchaus miteinander verbundene Probleme in der (insbesondere schulischen) Praxis zurück.

Es scheint vielleicht gewagt, aber nicht abwegig, die Hypothese aufzustellen, dass sich womöglich hier ein Kategoriensystem entwickelt hat, welches nicht hinreichend zweckmäßig ist (vgl. *Schlee* 1985) und in verschiedene aussagekräftigere, völlig andere Kategorien aufgelöst werden könnte, die dann Teilbereiche dessen beschreiben und erklären, was wir heute als Verhaltensstörungen oder Lernbeeinträchtigungen verstehen.

Eine bisher wenig beachtete, wichtige Position im Kontext dieser Überlegungen stellt der Ansatz der Selbst- und Handlungsregulation dar. Zur Erörterung möglicher Ko-Morbidität oder gemeinsamen Auftretens von Verhaltensstörungen und Lernbeeinträchtigungen bietet sich dieses Konzept direkt an, denn es kann Aussagen sowohl zu Verhaltensstörungen als auch zu Lernbeeinträchtigungen machen.

Es handelt sich um ein Konzept, das einige Verbindungen mit den Forschungsbereichen Metakognition und Selbststeuerung aufweist (vgl. *Neukäter & Schröder* 1991; *Schröder & Neukäter* 1993; *Neukäter* 1976).

Hier stehen Kognitionen im Vordergrund, die in der jüngeren Diskussion um Verhaltensstörungen gegenüber emotionalen und sozialen Aspekten allzuwenig beachtet zu werden scheinen (vgl. *KMK* 1994; 1999). Über emotionale und soziale Aspekte hinaus wäre zu hinterfragen, welche Zusammenhänge zwischen Handeln und Verhaltensauffälligkeiten zu finden sind. Eine integrative Sicht von Verhaltensstörungen wie von Lernbeeinträchtigungen, oft (und oft floskelhaft) mit dem Anspruch der ‚Ganzheitlichkeit' gefordert, müsste jedenfalls kognitive, affektive, soziale, körperliche Aspekte im Gesamtbild berücksichtigen.

Verhaltensstörungen und Lernbeeinträchtigungen

Sowohl Verhaltensstörungen als auch Lernbeeinträchtigungen werden beschrieben und erklärt über verschiedene, mehr oder weniger komplexe Modellkonzeptionen (vgl. etwa *Kanter* 1977; *Zielinski* 1980; *Ortner & Ortner* 1997; *Myschker* 1993; *Bach* 1989; *Seitz* 1982; 1992a; 1998a). Grundlegende Faktoren, die zur Erklärung herangezogen werden können, sind die folgenden:

– genetische und organische Bedingungen,
– Bedingungen der außerschulischen Sozialisation, insbesondere der Sozialisation in der Familie sowie der Sozialisation durch peer-Kontakte,
– frühere schulische Erfahrungen einer Person,
– gegenwärtige situative Bedingungen,
– die Interaktion zwischen Person und Situation,
– Etikettierungsprozesse durch Pädagogen, Beobachter usw.,
– systemische Aspekte im Sinne von ökosystemischen Momenten sowie komplexeren interaktionistischen Vorgängen.

Insbesondere interaktionistische und systemische Aspekte finden sich nicht in allen genannten Konzeptionen. Störungen des Verhaltens wie des Lernens werden im Folgenden verstanden als aktuelle Störungen angesichts bestimmter situativer Anforderungen. Hier, im Aktuellen und nicht im rein Ontogenetischen, erweisen sie sich ja und werden festgestellt bzw. als Störungen bewertet. Damit stellen sie das Ergebnis einer Wechselwirkung zwischen den personalen Voraussetzungen einer Person und aktuellen Gegebenheiten der Situation dar. Ontogenetische Aspekte kommen durch die Person selbst mit ins Spiel, jedoch stets in Interaktion mit situativen Momenten.

Das Modell der Selbst- und Handlungsregulation

Werden Verhaltensstörungen und Lernstörungen als aktuelle Störungen in Situationen verstanden, so kann man sie genauer als ein Misslingen des aktuellen (kognitiven) Handelns zur Bewältigung der Anforderungen einer Situation bezeichnen, wobei auch überdauernde Dispositionen der Person eine wichtige Rolle spielen. Der Versuch der Verknüpfung von ontogenetischer und aktualgenetischer Betrachtung stellt im Rahmen des Konzepts der Selbst- und Handlungskontrolle einen zentralen Aspekt dar. Dieses Konzept wurde bislang vor allem zur Erklärung von delinquentem Verhalten bzw. von Lernstörungen herangezogen (vgl. *Seitz* 1992b; 1998b; *Seitz & Walkenhorst* 1995); es kann jedoch auch der Beschreibung und Erklärung von Verhaltensstörungen allgemein dienen (vgl. *Stein & Faas* 1999). Es wird dabei von einer Wechselwirkung von Personvariablen und Bedingungen der Situation ausgegangen, die sich in situationsbezogenen Erlebnissen der Person realisiert (vgl. Abb. 1). Erleben markiert dabei die Schnittstelle zwischen Person und Situation.

Bedingungen der Handlungskontrolle auf Seiten der Person

Selbstkontrolle meint, das eigene Verhalten bewusst und im Erleben der eigenen Autonomie und Selbstwirksamkeit an den Wertvorstellungen der Gesellschaft zu orientieren und auf interne wie externe Widerstände emotional kontrolliert zu reagieren (vgl. *Seitz* 1998b). Es handelt sich hier also um eine persönliche Disposition, die sich im Rahmen der bisherigen Biographie eines Individuums entwickelt hat. Als solche nimmt sie mit Einfluss auf die jeweilige Handlungskontrolle, wobei hier nun Lebenssituation und aktuelle Situation, also situative Parameter, hinzukommen. Mangelnde Selbstkontrolle kann im Hinblick auf verschiedene Aspekte vorliegen (vgl. *Seitz* 1998):

- im Bereich des normativ-empathischen Aspekts (Verinnerlichung sozial-moralischer Wertvorstellungen, Zurückstellen eigener Bedürfnisse zugunsten von Gruppeninteressen oder auch den berechtigten Interessen anderer, Bereitschaft zur Übernahme sozialer Verantwortung und sozialer Verpflichtungen);
- im Bereich der emotionalen Kontrolle (bei äußeren sowie auch inneren Belastungen ausgeglichen und gelassen reagieren);
- im Bereich der Bewusstheit (bewusste Wahrnehmung und bewusste Auseinandersetzung mit eigenen Erlebnissen und Handlungsweisen, jedoch auch mit äußeren Ereignissen – sowie bewusstes Nachdenken über

eigene Handlungsentscheidungen und die gedankliche Vorwegnahme von Handlungsabläufen und Handlungsfolgen);
- im Bereich der Selbstautonomie und der erlebten Selbstwirksamkeit (Erleben der Selbstverantwortung für eigenes Verhalten; Erleben der Beeinflussbarkeit äußerer Umstände sowie – als Folge in positivem Falle – aktive Einflussnahme auf die Gestaltung der Welt).

Grundsätzlich haben weitere, aus unterschiedlichen Bereichen der Persönlichkeit stammende Eigenarten Einfluss auf die Auseinandersetzung mit einer aktuellen Situation (vgl. *Seitz* 1998a): Neben den *Verhaltensstilen*, wozu etwa soziale Initiative oder Scheu und Zurückhaltung zählen, kommt den *Motiven* einer Person besondere Bedeutung zu, ihren Einstellungen, Werthaltungen, Interessen und Bedürfnissen – so etwa dem Bedürfnis nach Selbstverwirklichung, der grundsätzlichen Leistungsorientierung, dem Bedürfnis nach Ich-Durchsetzung oder dem Motiv der Konkurrenzorientierung. Ebenso relevant sind Aspekte des *Selbstbildes*, etwa die Selbstwirksamkeit sowie das Selbstwertgefühl. Letzteres steht in Zusammenhang mit einem weiteren wichtigen Bereich der Persönlichkeit, den *Gefühlen und Stimmungen*. Diesem kann beispielsweise auch Ängstlichkeit zugeordnet werden. Des Weiteren sind intellektuell-kognitive Kompetenzen einer Person zu berücksichtigen, insbesondere die *kognitive Differenziertheit* sowie die *kognitive Organisiert- und Strukturiertheit* unter Einschluss von Problemlösekompetenzen und kognitiver Flexibilität. Schließlich sind auch entwickelte *Fähigkeiten und Fertigkeiten* einer Person von Bedeutung.

Neben den genannten Eigenschaften spielen auf Seiten der Person *Intentionen* eine wichtige Rolle: Hierunter werden Ziele oder angestrebte Zustände gefasst, die eine Person durch ihr eigenes Handeln verwirklichen möchte (vgl. *Heckhausen* 1987, 146). Längst nicht alle Intentionen können jedoch gleich realisiert werden. In solchen Fällen werden sie gespeichert und dann abgerufen, wenn eine Gelegenheit zu ihrer Umsetzung gegeben zu sein scheint. Auf Basis der Intentionen und der eingeschätzten Situation werden konkrete Vornahmen zur Intentionsrealisierung gebildet (vgl. ebd., 150). Handlungskontrolle beinhaltet die beiden Prozesse der Intentions- und der Ausführungskontrolle (vgl. *Heckhausen et al.* 1985, 279): Die ausgewählte Intention muss in der Folge gegen die Konkurrenz verschiedener Einflüsse, darunter auch andere Intentionen, abgeschirmt werden, um sie zu realisieren; zudem bedarf die Ausführung der bewussten Überwachung. Die jeweilige Struktur der aufgebauten Intentionen entscheidet also mit über den erlebten Aufforderungscharakter von Situationen sowie darüber, wie ein Mensch in der jeweiligen Situation reagiert und handelt. In einer Motivationsphase werden Intentionen auf ihre Realisierbarkeit hin überprüft, um sie anschließend, falls möglich, in einer Volitions- oder Willensphase umzusetzen. *Heckhausen* (vgl. 1987, 146) beschreibt dabei die Motivationsphase als *realitätsorientiert*, die Volitionsphase als *realisierungsorientiert*.

Des weiteren sind auch auf zurückliegenden Erfahrungen beruhende, spezifische *Erwartungen* hinsichtlich bestimmter Situationen und Handlungen bedeutsam: Erwartungen hinsichtlich der weiteren Entwicklung von Situationen, Erwartungen an Folgen des eigenen, eingreifenden Handelns in solchen Situationen sowie Erwartungen, welche weiteren Folgen aus den Ergebnissen von Situationsentwicklungen und eigenen Handlungen resultieren könnten (vgl. *Heckhausen et al.* 1985, 6ff.). Diese Erwartungen sind unter anderem abhängig von eigenen Erfahrungen, eigenen kognitiven Strukturen sowie der Einschätzung persönlicher, situationsbezogener Kompetenzen. Sie entscheiden mit über den erlebten Belastungscharakter einer Situation im Sinne des Stress-Erlebens.

Bedingungen der Handlungskontrolle auf Seiten der Situation

Aus einer situationistischen Sicht heraus können mit *Mischel* „starke Situationen" beschrieben werden: Er geht davon aus, dass es bei starken und deutlichen situativen Hinweisreizen weniger individuelle Unterschiede in den Reaktionen gibt; Person-Variablen wirken sich in solchen Situationen also kaum aus (vgl. *Zimbardo & Hoppe-Graff* 1995, 501). Die Situation ‚provoziert' ein bestimmtes (gestörtes, störendes) Verhalten. Im Hinblick auf spezifische Situationen, die in solchem Sinne zu Verhaltensstörungen führen könnten, fehlt eine allgemein anerkannte Einteilung (vgl. *Seitz* 1998b, 135). Ähnliches gilt für das Lernen störende Situationen. In Frage kommen zwei Gruppen von Situationen:

– Situationen mit hohem Aufforderungs- oder Ablenkungscharakter provozieren oder stimulieren bestimmte Bedürfnisse. Aus solchen Situationen heraus kann unter Umständen die Richtung der Reaktion, also der Charakter des resultierenden Verhaltens, recht gut vorhergesagt werden. Dadurch wird in sozialen Situationen unter Umständen ein auffälliges Verhalten provoziert, in Leistungssituationen ein gezieltes Lernhandeln beeinträchtigt oder gestört. Beispiele wären die verlockende Auslage eines Kaufhauses, die ein Kind zum Diebstahl verführt, jedoch auch eine stark vom Lernen ablenkende Situation zuhause, wenn dauernd der Fernseher läuft – mit für ein Kind attraktiven Sendungen.
– In unterschiedlicher Weise belastende Situationen können zu auffälligem Verhalten führen, das in bezug auf den Inhalt ein breites Spektrum aufweisen kann. Sie können aber auch verschiedene Störungen des

Lernhandelns nach sich ziehen. Belastend wirken insbesondere neuartige, komplexe oder mehrdeutige Situationen, Situationen mit Zeitdruck, über- oder unterfordernde Situationen, frustrierende sowie selbstwertbedrohende Situationen.

Handlungsregulation: Ebenen und Phasen

In der erlebnismäßigen Auseinandersetzung der Person mit der Situation kommt es dann, wie bereits erwähnt, zu einem Zusammenwirken beider Faktoren, Person und Situation. Die prozesshaft erfolgende erlebnismäßige Auseinandersetzung mit Situationen wird als kognitives Handeln bezeichnet – ein durch psychische Prozesse gesteuertes, bewusstes, zielgerichtetes Verhalten (vgl. *Seitz & Walkenhorst* 1995, 382; *Seitz* 1992b, 192). Die Person setzt sich mit einer Situation auseinander, erwägt Handlungsalternativen, fällt eine Handlungsentscheidung, realisiert die Handlung und begleitet sie durch Wahrnehmungs- und Steuerprozesse.

Wenn Handlung als ,bewusstes zielgerichtetes Verhalten' verstanden wird, ist damit nicht gemeint, dass dem Handelnden immer alle Momente der Handlung voll bewusst sein müssen. Einzelne Momente können infolge mehrmaliger Wiederholung automatisiert sein. Dies ist auch sinnvoll, denn die Bewusstseinskapazität in einer bestimmten Situation ist begrenzt, und die Automatisierung von Teilkomponenten dient damit der Bewusstseinsentlastung sowie einer Beschleunigung der Realisierung von Handlungen (vgl. *Heckhausen* 1987, 151f.). So ist eine Unterscheidung verschiedener Ebenen der Handlungsregulation nach dem Grad der Bewusstheit und der Generalität bzw. Spezifität möglich. Diese Ebenen sind jedoch nicht isoliert, sondern vielmehr hierarchisch aufeinander bezogen, insofern Regulationsprozesse auf den höheren Ebenen diejenigen auf den unteren Ebenen steuern, kontrollieren und überwachen (vgl. *Semmer & Frese* 1979, 127).

Aus der Verbindung von Gedanken bei *Haselmann & van Quekelberghe* (vgl. *Holtz & Kretschmann* 1989, 952f.) sowie *Semmer & Frese* (vgl. 1979) können fünf Ebenen der Handlungsregulation unterschieden werden:

- *sensu-motorische Ebene* (reflexhaft, hoch automatisiert, hochstereotyp: beispielsweise eine körperliche Abwehrhaltung immer dann einnehmen, wenn jemand die Hand hebt);
- *perzeptiv-anschauliche Ebene* (vorbegrifflich): strukturell recht gleichbleibende, aber situativ adaptierte Handlungsgrundmuster, die auf Basis des instrumentellen bzw. operanten Konditionierens gelernt wurden; solche Handlungen verlaufen in ihrer Art relativ ähnlich, jedoch an die

Situation angepasst: beispielsweise immer und ohne zu überlegen zu einem Fluchtverhalten zu greifen, wenn eine Leistungsanforderung gestellt wird, allerdings je nach Situation durch Schwätzen mit dem Nachbarn oder Lesen eines Comics unter der Bank (belohnend wirkt hier das Nachlassen von Versagensangst, da sich der Lernende der Situation gar nicht stellte);

– *intellektuelle und reflexive Ebene* (begrifflich): hierunter fallen das Lösen komplexer (auch sozialer) Probleme, relativ komplexe Handlungen bei Berücksichtigung von Ausgangssituationen und Handlungszielen sowie Analysen und Synthesen der Situation (beispielsweise in einem Konflikt nicht mit körperlicher Aggression, sondern mit verbaler Verhandlung zu reagieren);

– *Ebene des abstrakten Denkens:* hierunter fassen *Semmer & Frese* (vgl. 1979, 129) allgemeine, abstrakte Denkprozesse auf einer höheren, situationsunabhängigen Ebene, etwa übergeordnete, komplexere Planungsprozesse, das Prüfen von Aussagen auf logische Widersprüche, die Suche nach allgemeinen Gesetzmäßigkeiten oder Regeln für bestimmte Sachverhalte usw.;

– *personal-ideologische Ebene:* diese „umfasst Lebens- und Grundüberzeugungen der Person, persönliche Normen und ethische Prinzipien, Annahmen über sich selbst und die Welt und subjektive Lebensleitlinien bzw. Lebenspläne, die meist kaum voll bewusst, oft nur bruchstückhaft nachvollziehbar und zumeist sprachlich schwer formulierbar sind". Auf dieser Ebene „werden Handlungseinheiten durch übergeordnete Normen und Regeln bestimmt, die dem Handeln eine gesellschaftlich historische Dimension verleihen" (*Holtz & Kretschmann* 1989, 953); insofern bietet die fünfte Ebene einen Bezugsrahmen für das Handeln.

Handlungen umgreifen auch Wahrnehmungs- und Suchprozesse, sie umgreifen kognitive und emotionale Vorgänge. Das Regulieren derselben Handlung kann bei verschiedenen Individuen bzw. bei einem Individuum zu unterschiedlichen Zeitpunkten durchaus auf verschiedenen Ebenen erfolgen. Zum anderen ist jedoch auch, über die beschriebenen Ebenen hinaus, die Kompetenz zu berücksichtigen, effektiv zwischen den verschiedenen Ebenen zu wechseln und die Funktionen der Ebenen zu einer gelingenden Handlungsregulation zu verbinden. Ein Handelnder muss entscheiden, wann er stärker automatisierte Muster abruft, wann diese Muster adaptiert werden müssen, wann eine neue, differenzierte Reflexion der Situation erforderlich ist und wann neue Handlungspläne zu entwerfen sind.

Werbik (vgl. 1983, 88) folgend können vier Phasen einer Handlung unterschieden werden – die ersten beiden werden als ‚Antizipation' verstanden (siehe ausführlicher bei *Stein & Faas* 1999, 41ff.):

- *Aufforderungsphase*: Am Anfang steht die Wahrnehmung und Interpretation der Situation. Dabei ist nicht nur der situative Charakter entscheidend: Wie die Situation wahrgenommen und welcher Aufforderungsgehalt dieser zugeschrieben wird, hängt auch von der Person selbst ab – etwa von ihren Bedürfnissen oder Gefühlen.
- *Suchprozess*: Diese Phase umfasst vor allem Planungsprozesse. Die Person sucht nach möglichen Handlungsweisen, durch die ein Ziel erreicht werden kann. Nach einem Vergleich unterschiedlicher Alternativen, auch hinsichtlich der zu erwartenden Folgen, wird eine Entscheidung für eine Alternative getroffen. In diese Entscheidung geht der „Wert" ein, den die Person dem durch eine Handlungsweise zu erreichenden Ziel beimisst, sowie die „Erwartung", die Einschätzung der Wahrscheinlichkeit, dass diese Handlungsweise mit Erfolg realisiert werden kann.
- *Realisation / Ausführungsphase*: In dieser Phase erfolgt die Umsetzung des Verhaltens entsprechend der vorangehenden Planung. Diese läuft nicht automatisch ab, sondern ist von kognitiven Prozessen begleitet – besonders in der Auseinandersetzung mit auftretenden Schwierigkeiten. Das Eintreten unerwarteter Ereignisse kann dabei ein Abrufen alternativer Pläne oder die Entwicklung neuer Pläne erforderlich machen, was zum erneuten Durchlaufen der ersten Phase hinlenken mag. Durch die Realisation des Planes kann der Handelnde in die Situation eingreifen und diese verändern.
- *Interpretation / Phase der Bewertung im Nachhinein*: Diese Phase umfasst die subjektive Bewertung des Handelns in seinem Verlauf und Ergebnis in bezug auf die Ausgangserwartungen sowie Erklärungsversuche für Übereinstimmungen oder Abweichungen (vgl. *Seitz* 1992b, 193). Diese Interpretation dürfte auch für weitere Handlungen von Bedeutung sein, insofern Auswirkung auf Personeigenarten im allgemeinen und insbesondere auf Erwartungen einer Person in ähnlichen Situationen denkbar sind.

Die Beschreibung von Phasen wie von Ebenen stellt eine modellhafte Vereinfachung von Realität dar und kann eine Handlung in ihrer Komplexität nicht vollständig erfassen. So wurde beispielsweise lediglich eine Interpretation im Nachhinein angesprochen. Interpretationen könnten jedoch im gesamten Verlauf einer Handlung relevant werden – selbst bei weitgehend automatisierten Handlungen, etwa dann, wenn irgendwelche Probleme auftreten.

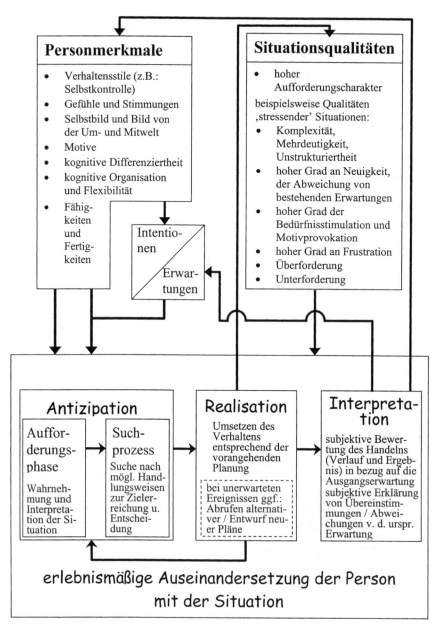

Personmerkmale

- Verhaltensstile (z.B.: Selbstkontrolle)
- Gefühle und Stimmungen
- Selbstbild und Bild von der Um- und Mitwelt
- Motive
- kognitive Differenziertheit
- kognitive Organisation und Flexibilität
- Fähigkeiten und Fertigkeiten

Intentionen / Erwartungen

Situationsqualitäten

- hoher Aufforderungscharakter

beispielsweise Qualitäten ‚stressender' Situationen:

- Komplexität, Mehrdeutigkeit, Unstrukturiertheit
- hoher Grad an Neuigkeit, der Abweichung von bestehenden Erwartungen
- hoher Grad der Bedürfnisstimulation und Motivprovokation
- hoher Grad an Frustration
- Überforderung
- Unterforderung

Antizipation

Aufforderungsphase

Wahrnehmung und Interpretation der Situation

Suchprozess

Suche nach mögl. Handlungsweisen zur Zielerreichung u. Entscheidung

Realisation

Umsetzen des Verhaltens entsprechend der vorangehenden Planung

bei unerwarteten Ereignissen ggf.: Abrufen alternativer / Entwurf neuer Pläne

Interpretation

subjektive Bewertung des Handelns (Verlauf und Ergebnis) in bezug auf die Ausgangserwartung subjektive Erklärung von Übereinstimmungen / Abweichungen v. d. urspr. Erwartung

erlebnismäßige Auseinandersetzung der Person mit der Situation

Pfeile bezeichnen Einflüsse und die zeitliche Abfolge von Prozessen

Abb. 1:   Selbst- und Handlungsregulation (vgl. *Stein & Faas* 1999, 44)

Störungen der Selbst- und Handlungsregulation

Störungen der Selbst- und Handlungsregulation entstehen aus einer misslingenden Handlungskontrolle in einer bestimmten Situation – sie bezeichnen also ein interaktionistisches Phänomen zwischen Person und Situation. Dem können personorientierte Aspekte zugrundeliegen, indem etwa kognitive Strukturen für zielgerichtetes Handeln in der zurückliegenden Sozialisation eines Menschen nicht ausreichend aufgebaut wurden. Dem können jedoch auch situationsorientierte Aspekte zugrundeliegen, indem etwa eine Handlungssituation besonders stresserzeugenden oder belastenden Charakter hat.

Störungen der Handlungskontrolle können in jeder der oben genannten Phasen, jedoch ebenso auch im Bereich der Ebenen auftreten – und sie können Störungen des Verhalten und des Lernens nach sich ziehen. Im Folgenden werden einige ausgewählte Störungen im Rahmen des Modells erörtert.

Störungen im Zusammenhang von Onto- und Aktualgenese

Im Hinblick auf den Zusammenhang von Ontogenese und Aktualgenese lassen sich auf der Personseite zum einen Beeinträchtigungen im Bereich kognitiver Leistungen, zum anderen Beeinträchtigungen im Bereich des sozial-emotionalen Verhaltens unterscheiden. Anhand des Konzeptes kann nun beispielhaft diskutiert werden, inwiefern jede der beiden Beeinträchtigungen aktualgenetisch sowohl Lernstörungen als auch Verhaltensstörungen nach sich zu ziehen vermag.

Typische personbezogene (hier ontogenetisch verstandene) kognitive Beeinträchtigungen stellen mangelnde kognitive Differenziertheit sowie mangelnde kognitive Flexibilität dar. So könnte ein Kind bei einer Bastelaufgabe nicht in der Lage sein, einzelne zu bearbeitende Schritte adäquat gedanklich vorwegzunehmen und zu durchdenken. Dann lassen sich vielleicht später Teile nicht zusammenfügen, sie passen nicht usw. Das Problem fällt auf als Lernbeeinträchtigung. Auf der anderen Seite könnte ein Schüler immer dann aggressiv auf Mitschüler reagieren, wenn sie ihn länger ansehen. Er differenziert nicht weiter, welchen Eindruck die anderen dabei machen oder welche Intentionen ihren Blicken zugrundeliegen könnten, sondern interpretiert das längere Anschauen als ,Anmache'. Es wäre auch möglich, dass der Schüler zuschlägt, weil ihm ein eingeschränkter Pool von Verhaltensweisen zur Verfügung steht, die zudem kaum variiert werden können. In beiden Fällen wird sich eine Verhaltensauffälligkeit zeigen.

Eine typische personbezogene Problematik im Hinblick auf Verhaltensstörungen bietet der Verhaltensstil der Impulsivität. Impulsivität im Bereich des Lernhandelns kann bedeuten, dass zum Lösen einer Aufgabe, etwa einer Mathematikaufgabe, kein ausreichender Suchprozess eingesetzt wird, obwohl ausreichende Lösungsressourcen zur Verfügung ständen, sondern irgendwelche (hier möglicherweise falsche) gut eingespielte Lösungsmuster abgerufen und gleich realisiert werden. Im Bereich des sozialen und emotionalen Handelns liegt oft bereits in der Aufforderungsphase das Problem, indem etwa die Handlung eines Mitschülers vorschnell als aggressiver Akt eingeordnet und mit einer ‚Gegen-Aggression' beantwortet wird, ohne dass Signale und Hinweisreize ausreichend verarbeitet wurden.

Situative Bedingungen und Störungen des Verhaltens oder Lernens

Situative Faktoren könnte man im stressend wirkenden Charakter schulischer Lernsituationen finden, der möglicherweise zu Beeinträchtigungen der Handlungskontrolle führt: durch zu schnellen Ablauf von Handlungen unter Druck oder durch störende Außenimpulse (Lärm, Stöße), wodurch Reflexionsprozesse beeinträchtigt werden. Allzu komplexe Aufgaben könnten dazu führen, dass den Handelnden Gesamtziel und Teilziele nicht ausreichend klar sind und sie es daher versäumen, Handlungsabläufe zielorientiert und ausreichend zu kontrollieren und auch alternative Pläne zu entwickeln.

Störungen im Rahmen des Phasenablaufs

Im Folgenden sollen weitere beispielhafte Störungen anhand verschiedener Aspekte des Modells angesprochen werden.

So kann die Interpretation der Situation in der Aufforderungsphase ein auffälliges Verhalten nahelegen. Ein Schüler fühlt sich vielleicht angesichts einer Leistungsanforderung ‚vorgeführt' und reagiert durch Vermeidung und Ausweichen. Viele Schüler fühlen sich in schulischen Situationen wenig aufgefordert zu den Verhaltensweisen und Lernprozessen, die Lehrer erwarten.

Suchprozesse können grundsätzlich misslingen durch eine nicht ausreichend differenzierte kognitive Analyse. Insofern können hier Lernhandlungen, aber auch soziale Handlungen falsch geplant werden. Aber auch die

Wahl unangemessener Mittel bzw. Handlungsweisen zur Bewältigung der Situation im Verlauf des Suchprozesses kann zu Verhaltensauffälligkeiten führen, ebenso wie die inadäquate Bewältigung von Schwierigkeiten bei der Umsetzung des geplanten Verhaltens.

Im Rahmen der Bewertung im Nachhinein kann beispielsweise eine Rechtfertigung der Handlung und damit verbunden eine Selbstentlastung erfolgen (vgl. *Seitz & Walkenhorst* 1995, 387f.). Mögliche Ursachen einer misslingenden Handlungskontrolle in unterschiedlichen Phasen des Handlungsablaufs werden im Hinblick auf delinquentes Verhalten beispielsweise bei *Werbik* (vgl. 1983, 88) und *Seitz* (vgl. 1998b, 136-143) genannt; im Hinblick auf die Initiierung und Durchführung willentlicher Handlungen allgemein beschreibt auch *Heckhausen* (vgl. 1987) verschiedene Störungen. Er unterscheidet zwischen Realitäts- und Realisierungs-Orientierung. So könnte etwa die tatsächliche Realitätsorientierung, die Orientierung an den Gegebenheiten, bei Überprüfung der Umsetzbarkeit von Intentionen gestört sein. Im Hinblick auf die Realisierung unterscheidet er drei wesentliche Fehlergruppen, welchen eine Fülle möglicher Störungen zugeordnet wird: Initiierungsfehler, Ausführungsfehler sowie Desaktivierungsfehler.

Störungen im Bereich der Ebenen

Neben den Phasen kann auch jede der genannten Bewusstheitsebenen für die Beschreibung und Erklärung von Verhaltensstörungen bedeutsam sein und sollte bei der Analyse Berücksichtigung finden. Aber auch das Zusammenspiel der Ebenen ist von Bedeutung. Dabei könnten die Ursachen einer Störung auf einer Ebene liegen, also in bestimmten Plänen, Handlungs- oder Reaktionsmustern selbst:

- etwa auf Basis einer problematischen, gelernten und automatisiert abgerufenen Verhaltenssequenz – auf jede Provokation unmittelbar mit Faustschlägen zu reagieren oder auch blind auf Aufgaben ein bestimmtes Schema anwenden (‚ich sehe zwei Zahlen und addiere');
- auf Basis einer fehllaufenden Problemlösung (etwa in einer Leistungsstresssituation aus dem Klassenzimmer zu laufen);
- auf der Ebene von Einstellungen und Wertorientierungen (etwa zu meinen, das eigene Land oder die eigene Familie vor Ausländern schützen zu müssen oder grundsätzlich negative Einstellungen gegenüber Schule zu haben).

All diese Momente können im Hinblick auf soziale wie Leistungssituationen relevant werden. Des Weiteren sind mögliche Widersprüche und Abweichungen zwischen verschiedenen Plänen, Zielsetzungen oder

Mustern *innerhalb* einer Ebene möglich (vgl. zum Aspekt der Information und Informationsverarbeitung *Holtz & Kretschmann* 1989, 953f.). Schließlich sind zum Dritten Konflikte oder erhebliche Unstimmigkeiten *zwischen* den einzelnen Regulationsebenen zu bedenken – etwa zwischen der Gewohnheits- und der reflexiven Ebene: So könnte ein Schüler zwar ethische Maßstäbe zum Umgang mit Aggressionssituationen entwickelt haben und anstreben, ein Problem verbal lösen zu wollen – wobei er jedoch in den meisten Situationen nach wie vor automatisiert mit physischer Aggression reagiert. Ebenso könnte in Leistungssituationen zwar gelernt worden sein, wie eine bestimmte, gerade relevante Aufgabe zu lösen ist, während jedoch noch immer die Tendenz besteht, Aufgaben nach einem automatisierten Muster anzugehen.

Exkurs: Zur Förderung von Selbst- und Handlungsregulation

Eine Analyse der Phasen sowie der Ebenen, auf denen oder in deren Zusammenspiel Ursachen für Störungen der Selbst- und Handlungskontrolle auftreten, kann auch Hinweise für den Einsatz von Fördermaßnahmen geben. So wäre etwa eine Förderung differenzierter Situationswahrnehmung denkbar, um Situationen besser einschätzen zu können. Auch eine Förderung sensibler Selbstwahrnehmung könnte hilfreich sein, um eigene Handlungsmöglichkeiten, aber auch eigene Grenzen adäquater zu erkennen. Die Analyse der Ebenen gibt Aufschluss darüber, ob an automatisierten Verhaltensmustern zu arbeiten ist, an reflexiven Kompetenzen oder an Normen und Wertvorstellungen – oder ob am Zusammenspiel verschiedener Ebenen angesetzt werden müsste.

Zentrales Ziel des Förderung sollte es sein, Auseinandersetzungen mit Situationen auf der Ebene der Bewusstheit zu fördern. Dies ist der maßgebliche Weg, um Fehler der Handlungskontrolle auf verschiedensten Ebenen anzugehen: Fehler auf stark automatisierten Ebenen können durch höhere Bewusstheit reguliert werden; Fehler auf höheren Ebenen des Bewusstseins gilt es durch verstärktes Durchdenken und Umgestaltung von Handlungsplänen, eventuell auch von allgemeinen Orientierungsmustern zu beheben. Eine gezielte Förderung im Hinblick auf festgestellte Fehler in bestimmten Phasen ist ebenso möglich: So wäre etwa eine Förderung differenzierter Situationswahrnehmung denkbar, um Situationen besser einschätzen zu können.

Dazu können (schulische, unterrichtliche) Situationen dienen, welche die gedankliche Eigenaktivität von Kindern und Jugendlichen anregen sowie unterstützen. Die Anregung der reflexiven Handlungsregulation in konkreten Situationen könnte gerade dann Fördereffekte erbringen, wenn kognitive Kompetenzen vorliegen, aber nicht genutzt werden – denn eine weitere Förderung der reflexiven Kompetenz als solcher würde hier wenig weiterhelfen.

Es wird sich allerdings auch oft zunächst ein erhöhter Bedarf der Förderung differenzierterer Wahrnehmungs- und Reflexionsprozesse ergeben – diese bilden eine wesentliche Basis der Generierung, Umsetzung und Kontrolle adäquater Handlungspläne. Über die situative Ebene ist dies dadurch möglich, dass das Kind oder der Jugendliche insbesondere mit solchen Situationen konfrontiert wird, die zu intensiver Wahrnehmung und zu Reflexionen herausfordern. Auch reflektierende Modelle könnten hier hilfreich sein. Des Weiteren ist an die gemeinsame Erörterung fehlgeschlagener Handlungen zu denken: Analyse, Reflexion sowie Entwicklung von Alternativen. Dies dürfte sowohl für sozial-emotionale als auch für Lernstörungen ein wichtiges Ziel unterrichtlicher Arbeit sein.

Eine solche Förderung der Handlungsregulation muss also dort ansetzen, wo sich die Interaktion Person-Situation ereignet: am handelnden Umgang von Menschen mit unterschiedlichen Situationen. Dies meint eine Unterstützung der Handlungsregulation. Zunächst besteht das Ziel der Förderung darin, dass Handelnde unter gegebenen personalen wie situativen Voraussetzungen lernen, mit verschiedenen Situationen zurechtzukommen. Darüber hinaus könnten sich aus einer solchen unterstützten Auseinandersetzung jedoch auch Rückwirkungen auf Person wie Situation ergeben – also beispielsweise positive Effekte im Hinblick auf die Selbstkontrolle, auf kognitive Differenziertheit, auf sensible Wahrnehmung, jedoch auch auf situative Umstände.

Methodisch wäre hier für den Unterricht Projektarbeit eine wichtige Methode der Wahl (vgl. *Stein & Faas* 1999), unter Umständen jedoch auch die Initiierung oder Förderung moralischer Diskurse (vgl. *Kleber & Stein* 2001, 181ff.).

Fazit: Ein Metamodell, das die klassische Diffenzierung in Verhaltensstörungen und Lernbeeinträchtigungen fraglich macht?

Das Modell der Selbst- und Handlungskontrolle beschreibt und erklärt nicht das gesamte Spektrum der Verhaltensstörungen und Lernbeeinträchtigungen – es zielt auf einen (insbesondere kognitiv akzentuierten) Ausschnitt, der aber beide Phänomenbereiche betrifft. Es zielt des Weiteren auf eine interaktionistische Sicht von Störungen in der handelnden Auseinandersetzung von Personen mit Situationen. Im Besonderen fällt aus diesem Modell heraus die häufige ‚Co-Occurence' angesichts bestimmter Probleme der Handlungsregulation ins Auge. Ob damit auch eine ‚Co-Morbidity' beschrieben wird, wäre eine weitergehende Frage.

In die Selbst- und Handlungsregulation gehen, wie deutlich wurde, auch personale Faktoren ein, die direkt auf bestimmte Störungen bezogen werden können: So spielen hier kognitive Kompetenzen wie kognitive Differenziertheit oder kognitive Flexibilität eine Rolle und nehmen etwa Einfluss auf den situationsbezogenen Entwurf, aber auch das Abrufen von Handlungsschemata. Auf der anderen Seite sind kognitive Stile wie etwa Impulsivität von Bedeutung. Während die erstgenannten Kompetenzen eher als typisch für Lernbeeinträchtigungen gelten können, weist Impulsivität einen direkteren Zusammenhang mit Verhaltensauffälligkeiten auf. Interessant und letztlich aus einer interaktionistischen Sicht von Bedeutung ist allerdings, dass beide Personparameter im konkreten, situativen Handeln sowohl zu Auffälligkeiten im Phänomenbereich des Lernens als auch in jenem des Verhaltens führen können. Damit kommt der Unterscheidung zwischen ontogenetischen Momenten von Lern- und Verhaltens-Störungen einerseits und aktualgenetischen Momenten andererseits besondere Bedeutung zu, und es stellt sich die wichtige Aufgabe der Unterscheidung zwischen Onto- und Aktualgenese – ein oft zu wenig beachteter Sachverhalt. Wie gezeigt wurde, können aus dem, was typischerweise personal betrachtet als ‚Lernbeeinträchtigung' erscheint, aktualgenetisch Verhaltensstörungen resultieren – andererseits mögen aus dem, was typischerweise personal betrachtet als ‚Verhaltensauffälligkeit' erscheint, aktualgenetisch Lernbeeinträchtigungen erwachsen.

Das Modell der Selbst- und Handlungsregulation bietet zumindest eine wichtige Schnittstelle, an der beschrieben werden kann, in welchen Phasen oder auf welchen Ebenen des Handlungsprozesses es zu Störungen kommt. Dies ist von unmittelbarem Belang für die Frage der Intervention, für die gezielte Ermittlung von Fördermöglichkeiten. Eine Analyse von Handlungsablauf und Handlungsebenen unter Berücksichtigung personaler wie situativer Faktoren gibt Hinweise darauf, wo eine Förderung anzusetzen hat.

Es liegt somit hier ein Konzept vor, das für beide Arbeitsbereiche, die Pädagogik bei Verhaltensstörungen sowie die Pädagogik bei Lernbeeinträchtigungen, von besonderer Relevanz ist. Es bietet Möglichkeiten für die Einteilung von Störungen, für Diagnostik und für Förderung. Es beschreibt, wie fehllaufendes kognitives Handeln als gemeinsames Problem zu den unterschiedlichen Ausdrucksformen der Lernstörungen sowie der Verhaltensstörungen führen kann.

Die hier eingenommene interaktionistische Sicht wird der pädagogischen Realität besonders gerecht, indem Störungen eher seltener klar personal oder situationistisch zu verorten sind, sondern sich in der Auseinandersetzung Person-Situation ergeben. Durch das Ansetzen dort, an dieser Interaktion, bietet das Konzept Möglichkeiten für pragmatisches, praxisnahes Fördern in Situationen, in denen Störungen auftreten, und an den Störungen direkt. Dies meint eine Unterstützung der Handlungsregulation. Dabei kann über eine interventive Förderung hinaus ebenso Prävention betrieben werden: Wenn Unterricht und Didaktik die Lernenden weitestmöglich in die Planung, Gestaltung und Reflexion des Lerngeschehens miteinbeziehen, wird damit, ganz generell und demzufolge präventiv, Handlungsförderung betrieben (vgl. dazu *Stein & Faas* 1999).

Sandra Rolus-Borgward

Der Einfluss metakognitiver und motivationaler Faktoren auf die schulische Leistung von Kindern und Jugendlichen mit Lern- und Verhaltensstörungen

Einleitung

In der deutsch- und englischsprachigen Fachliteratur findet man viele Hinweise darauf, dass Kinder und Jugendliche mit Verhaltensstörungen häufig gravierende Lernschwierigkeiten haben (*Grossmann et al.* 1984; *Husslein* 1983; *Kauffman* 1989; *Schumacher* 1971; *Shepherd et al.* 1973; *Speck* 1979). Bei Gruppenvergleichsuntersuchungen zeigt die Schülergruppe mit Verhaltensstörungen signifikant schlechtere Schulleistungen als unbeeinträchtigte Schülerinnen und Schüler. Zudem weisen Langzeitstudien auf einen Schereneffekt hin: Die Kluft zwischen der Schulleistung von verhaltensgestörten und unauffälligen Kindern und Jugendlichen vergrößert sich im Verlauf mehrerer Schuljahre zunehmend (*Rolus-Borgward* 1997).

Lern- und Verhaltensstörungen treten somit häufig gemeinsam auf. Grundsätzlich kann eine sich wechselseitig beeinflussende Beziehung zwischen den beiden Störungsbildern vermutet werden.

So spricht *Speck* (1979, 127) von einem „kumulativen Wechselwirkungsprozess" zwischen Lernstörungen und den damit einhergehenden Misserfolgserfahrungen und Verhaltensstörungen.

Die Genese dieser einander beeinflussenden Störungsbilder bleibt dabei häufig ungeklärt. Modelltheoretisch könnte jede der beiden Störungen als erste aufgetreten sein und in ihrer Folge die andere Störung ausgelöst haben. Ebenso wäre es möglich, einen oder mehrere Faktoren anzunehmen, die auslösend für beide Arten der Beeinträchtigung sind.

In der schulischen Praxis findet man in der Regel ein gemeinsames Auftreten von Lern- und Verhaltensstörungen vor (vgl. Abb. 1). Dabei können Verhaltensstörungen zum einen eine *auslösende Bedingung* von Lernstörungen sein. So ist es plausibel anzunehmen, dass ein Kind, das sich in einer seelisch belastenden Situation befindet, wenig Motivation für die Auseinandersetzung mit schulischen Anforderungen hat.

Zum anderen können Verhaltensstörungen auch eine *Folge* von Lernstörungen sein. Die von Erziehern oder Lehrern wahrgenommenen Verhaltensstörungen wären in diesem Fall möglicherweise eine für das Kind sinnvolle Strategie, um Leistungsanforderungen auszuweichen. Dabei erscheint es schwierig zu klären, inwieweit solche Verhaltensweisen (wie Verweigerung, Provozieren eines Time-outs oder das zeitlich passende Inszenieren eines Konflikts etc.) bewusst eingesetzt werden.

Verhaltensstörungen können aber auch eine Folge wiederholt erlebter schulischer Frustrationen sein. Die häufige Erfahrung von schulischem Misserfolg stellt für manchen Schüler einen größeren Leidensdruck dar, als er auf Dauer verkraften kann. Emotionale Überreaktionen vor, während oder nach Leistungssituationen oder eine Kompensation der Frustrationserfahrungen durch den Versuch der Aufwertung der eigenen Peson durch auffälliges Verhalten (Kaspern, überzogene Lässigkeit, Renitenz etc.) erscheinen vor dem Hintergrund schulischen Versagens auf diese Weise erklärbar. Dies soll jedoch nicht gleichbedeutend damit sein, dass jede Verhaltensstörung auf diese Weise vollständig erklärt werden könnte. Situativ kann jedoch ein solcher Interpretationsansatz angemessen erscheinen.

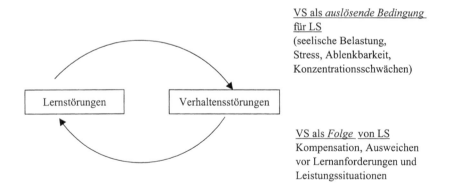

Abb. 1:   Die kumulative Wechselwirkung zwischen Lern- und Verhaltensstörungen

In der Literatur lassen sich verschiedene Erklärungsmodelle auffinden, die den Zusammenhang zwischen Lern- und Verhaltensstörungen aus systemischer Sicht beschreiben (*Betz & Breuninger* 1987; *Grissemann* 1993).

Diese Erklärungsmodelle vermögen eine Beschreibung der Situation des betroffenen Kindes in seiner Umwelt zu leisten, indem sie die systemerhaltende Bedeutung von sich aufbauenden Wechselwirkungsprozessen zwischen den Erwartungen des Kindes einerseits und denen seiner Bezugspersonen andererseits deutlich hervorstellen. Aus systemischer Sicht interessieren nicht die Störungen an sich, sondern ihr Auftreten in spezifischen Situationen, ihre Auswirkungen auf verschiedene Personen innerhalb des Familien- und Schulsystems und die Rückwirkungen auf das betroffene Kind. Damit ist die Überwindung einer einseitigen, ausschließlich auf das Kind orientierten Sichtweise gegeben. Stellt man jedoch Überlegungen über die Gestaltung von schulischer Förderung von Schülerinnen und Schülern mit Lern- und Verhaltensstörungen an, so ist es dennoch notwendig, eine personenzentrierte Sichtweise einzunehmen.

Im Rahmen dieses Beitrages soll das gemeinsame Auftreten von Lern- und Verhaltensstörungen aus kognitionspsychologischer Perspektive betrachtet werden. Dabei geht es vorwiegend um die Erläuterung der folgenden Fragestellungen:

- Welche Erklärungen bietet die Kognitionspsychologie hinsichtlich der Schulleistungsschwierigkeiten vieler Kinder und Jugendlicher mit Verhaltensstörungen?
- Wie lassen sich die kognitiven Prozesse beschreiben, die den Teufelskreis zwischen Lern- und Verhaltensstörungen aufrecht erhalten?
- Welchen Einfluss auf den Lernprozess haben motivationale Faktoren?
- Wie muss die schulische Förderung von Schülerinnen und Schülern gestaltet werden, um den verhängnisvollen Wechselwirkungsprozess zwischen Lern- und Verhaltensstörungen zu durchbrechen?

Metakognitive Fähigkeiten als Bedingungsvariable der schulischen Leistungsfähigkeit

In der Literatur findet man eine Unterscheidung von verschiedenen Bedingungsvariablen, die für das Zustandekommen der Schulleistungen eines Kindes oder Jugendlichen bedeutsam sind (vgl. *Zielinski* 1980). Da im Rahmen dieses Beitrages eine individuumzentrierte Perspektive eingenommen werden soll, stehen bei der nachfolgenden Betrachtung diejenigen Variablen im Vordergrund, die die Persönlichkeit der Schülerin oder des Schülers beschreiben: Intellektuelle Fähigkeiten, bereichsspezifisches Vorwissen, metakognitive Fähigkeiten sowie die motivationale Einstellung.

Im Hinblick auf ihre *intellektuellen Fähigkeiten* unterscheidet sich die Gruppe der Kinder und Jugendlichen mit Verhaltensstörungen nicht wesentlich von der Gruppe der unbeeinträchtigten Schülerinnen und Schüler (*Goetze* 1996). Somit bietet die Intelligenz keine Erklärung für die Schulleistungsschwierigkeiten dieser Schülergruppe.

Eine weitere Erklärung für die vielfach unzureichende Schulleistung könnte ein lückenhaftes Vorwissen in bestimmten Schulfachbereichen sein. Ein ausreichendes *bereichsspezifisches Vorwissen* ist neben der Intelligenz einer Person die wichtigste Determinante der Schulleistung (*Zielinski* 1980). Auch aufgrund der später folgenden Ausführungen ist zu vermuten, dass Schülerinnen und Schüler mit Verhaltensstörungen häufig nur über ein unzureichend ausgebautes bereichsspezifisches Vorwissen verfügen.

Weitere intrapersonelle Faktoren, die als Bedingungsvariablen für das Zustandekommen der Schulleistung erforscht wurden, sind die *motivationale Einstellung* und *metakognitive Fähigkeiten* (*Wang et al.* 1993).

Die Metakognitionsforschung beschäftigt sich in der Tradition von *Flavell* (1971), *Flavell & Wellman* (1977) und *Brown* (1978) sowohl mit dem Wissen, das Personen über ihre eigenen kognitiven Funktionen und ihre kognitive Leistungsfähigkeit haben, als auch mit der Steuerung und Überwachung der kognitiven Prozesse, die Menschen zum Beispiel beim Lösen einer Problemlöseaufgabe vornehmen.

Natürlich handelt es sich bei dem Konstrukt Metakognition um ein idealtypisches Modell. Es ist auch zutreffend, dass die Metakognitionsforschung im Hinblick auf ihre theoretische Grundlegung sowie ihre Forschungsmethodik mit nicht unerheblichen Schwierigkeiten befasst ist (*Rolus-Borgward*, in Vorber.). Dennoch bieten sich aus der Perspektive der Metakognitionsforschung Erklärungsmöglichkeiten für das Zustandekommen kognitiver Leistungsergebnisse in allen Schulleistungsbereichen, die durchaus nicht unbeachtet bleiben sollten.

Analysiert man die kognitiven Prozesse, die bei der Bearbeitung von verschiedenen Aufgabenanforderungen durchlaufen werden müssen, so wird die Bedeutung metakognitiver Prozesse offenbar (vgl. Tab. 1).

Bei mathematischen Problemlöseprozessen kommt es z.B. u.a. darauf an, dass die einzelnen Operationsphasen des Problemlöseprozesses sorgfältig durchlaufen und überwacht werden. Dies gilt für alle 3 Phasen des Problemlöseprozesses: Aufgabenanalyse, Operative Planung, Operative Durchführung. Bei der *Analyse der Aufgabe* muss das Wissen über die eigenen Kognitionen hinreichend aktiviert werden. Beispielsweise könnte ein Schüler bei der Aufgabenanalyse feststellen, dass eine Aufgabe gemessen an seinen eigenen Fähigkeiten zu kompliziert ist, um sie im Kopf zu lösen, und dass die Bearbeitung der Aufgabe einer bestimmten strategischen Vorgehensweise bedarf, indem z.B. mehrere Rechenschritte dabei benötigt werden oder zumindest das Notieren von Zwischenergebnissen unerlässlich erscheint, um zu einer richtigen Lösung der Aufgabe gelangen zu können. Die Analyse der Aufgabenstellung bestimmt damit über die Haltung, mit der ein Schüler an die Bearbeitung der Problemlösung herangeht. Insofern ist das Wissen über die eigenen Kognitionen untrennbar mit der exekutiven Ausführung des Bearbeitungsprozesses verbunden. Es beeinflusst in der *Phase der operativen Planung* die Auswahl bestimmter Handlungsschritte und deren Organisation zu einer Handlungssequenz. Bei jeder mathematischen Problembearbeitung könnten somit verschiedene strategische Vorgehensweisen aktiviert werden. Das Wissen über die eigenen Kognitionen bestimmt dabei über die Bevorzugung bestimmter strategischer Vorgehensweisen, beispielsweise die Festlegung eines vielleicht umständlichen, dafür jedoch umso sichereren Lösungsweges zum Ausgleich von wahrgenommenen eigenen kognitiven Unsicherheiten.

Tab. 1: Metakognition während eines mathematischen Problemlöseprozesses (Anordnung durch die Verfasserin)

	Wissen über die eigenen Kognitionen	Steuerung der eigenen Kognitionen
Phase 1: **Aufgabenübernahme (Aufgabenanalyse)**	*1. Wissen um Aufgabenmerkmale* Erkennen der besonderen Merkmale und Schwierigkeiten einer Aufgabe *2. Wissen um Personenmerkmale* Wissen um die eigenen Stärken und Schwächen *3. Wissen um Strategiemerkmale* Wissen um die geeigneten Lösungswege für eine spezifische Art von Aufgabe (Strategie/Aufgaben-Anpassung)	
Phase II: **Operative Planung**		*1. Planung des Lösungsweges* Auswahl bestimmter Lösungsschritte und Organisation zu einer Handlungssequenz
Phase III: **Operative Durchführung**		*2. Überwachung und Regulation des Lösungsweges* *3. Entscheidung zur Kontrolle des Ergebnisses*

In der *Phase der operativen Durchführung* kommt es dann schließlich entscheidend darauf an, den Prozess der Aufgabenbearbeitung begleitend zu überwachen und den Bearbeitungsprozess gegebenenfalls zu regulieren. Vor allem die Überwachung der eigenen kognitiven Prozesse ist für die Bewältigung von schulischen Anforderungen von großer Bedeutung.

Allein bei Prozessen des Verstehens bestimmter Sachverhalte kommt es zum Beispiel ganz entscheidend auf die Überwachung des eigenen Verständnisses an. So haben vor allem jüngere und in ihrer Lernfähigkeit beeinträchtigte Schülerinnen und Schüler große Schwierigkeiten damit, einzuschätzen, ob und wann sie etwas verstanden haben oder nicht (*Markman* 1979; 1981; *Brown* 1980; *Neukäter & Schröder* 1991). Die Überwachung des eigenen Verstehens ist eine wichtige Voraussetzung für die Bewältigung von schulischen Anforderungsbereichen. Ob es sich nun um die Bearbeitung von Textaufgaben, das Erlesen von Texten, Gebrauchsanleitungen oder schulischen Arbeitsaufträgen handelt, es kommt immer darauf an, festzustellen, wann der jeweilige Gegenstand ausreichend verstanden ist bzw. ob der Einsatz spezifischer strategischer Vorgehensweisen (z.B. Textverarbeitungsstrategien) notwendig ist, um sich ein ausreichendes Verständnis zu erarbeiten (*Rolus-Borgward*, i. Vorb.). Die Überwachung eigener kognitiver Prozesse wird von *Borkowski & Burke* (1996) deshalb als der bedeutsamste Aspekt von Metakognition bezeichnet. Letztendlich beschreibt die Überwachung von Kognitionen dabei nichts anderes als einen Aspekt von Reflexion über die eigenen kognitiven Prozesse. Voraussetzung dafür ist das Potential des Menschen zur Reflexivität. Reflexivität ist eine einzigartige Fähigkeit, die der Mensch potentiell zwar besitzt, jedoch nicht immer in ausreichender Weise ausschöpfen kann.

Ein Anliegen der Metakognitionsforschung ist die Erklärung von kognitiven Leistungsunterschieden beispielsweise zwischen Menschen unterschiedlichen Alters und unterschiedlicher Begabung. Dadurch erhält die Metakognitionsforschung auch in sonderpädagogischen Bezugsfeldern immer größere Bedeutung, zumal es im Rahmen der Forschungen vorwiegend darum geht, Fördermaßnahmen und Lernhilfen für beeinträchtigte Schülerinnen und Schüler zu entwickeln (*Schröder & Neukäter* 1994).

Aus den Forschungsarbeiten von *Neukäter & Schröder* (1991) und *Schröder & Neukäter* (1993, 1994) wird deutlich, dass Schülerinnen und Schüler, die in den Bereichen des Lernens oder des Verhaltens beeinträchtigt sind, sich bei verschiedenen Aufgabenstellungen im Hinblick auf ihre metakognitiven Fähigkeiten von der unauffälligen Schülergruppe an Allgemeinen Schulen unterscheiden. Metakognitive Beeinträchtigungen scheinen auch beim Bearbeiten mathematischer Operationen ursächlich für die schwächeren Leistungen von Schülerinnen und Schülern mit Verhaltensstörungen zu sein (*Rolus-Borgward* 1999).

Aus diesen Erkenntnissen der Metakognitionsforschung lassen sich bereits Hinweise für die schulische Förderung von Schülerinnen und Schülern mit Lern- und Verhaltensstörungen ableiten. Dies greift jedoch zu kurz. Ganz entscheidend ist es im Hinblick auf die schulische Förderung, explizit einen weiteren Einflussfaktor in den Blick zu nehmen: die starken motivationalen Beeinträchtigungen dieser Schülergruppe.

Motivationale Beeinträchtigungen als zentrales Element für die Aktivierung metakognitiver Fähigkeiten

Beobachtet man das Lernverhalten von Kindern und Jugendlichen mit Verhaltensstörungen, so werden vor allem deren starke motivationale Störungen deutlich. Diese werden sowohl in der Literatur hinlänglich beschrieben als auch von Praktikern als *das* vordringliche Problem im Unterricht mit dieser Schülergruppe benannt (vgl. *Speck* 1979).

Schülerinnen und Schüler mit Beeinträchtigungen des Lernens und Verhaltens scheinen häufig subjektive Theorien hinsichtlich ihrer eigenen schulischen Leistungsfähigkeit entwickelt zu haben, die stark negativ geprägt sind. Es ist zu vermuten, dass diese subjektiven Theorien ihr Lern- und Leistungsverhalten in ungünstiger Weise beeinflussen.

Bei der wissenschaftlichen Auseinandersetzung mit dem Lern- und Leistungsverhalten von Kinden und Jugendlichen mit Verhaltensstörungen ist es deshalb unabdingbar, motivationale Beeinträchtigungen in ihrer Bedeutung für das schulische Lernen näher zu analysieren. Ich möchte anhand einiger Befunde der Metakognitionsforschung verdeutlichen, auf welche Weise motivationale Einstellungen und metakognitive Fähigkeiten miteinander in Verbindung stehen und sich gegenseitig beeinflussen.

Im Rahmen der Metakognitionsforschung werden in den letzten Jahren zunehmend motivationale Variablen mitberücksichtigt und in ihren Auswirkungen auf die Lernleistungen und vor allem das Lernverhalten von Schülern erforscht. Die Ergebnisse empirischer Untersuchungen belegen den Einfluss motivationaler Einstellungen – Kausalattribution, Kontrollüberzeugung und bereichsspezifisches Selbstkonzept – auf das strategische Lernhandeln. Nur wenn Schüler ihre eigenen Fähigkeiten in einem bestimmten schulischen Anforderungsbereich als weitgehend ausreichend beurteilen, so dass ihnen eine erfolgreiche Bewältigung der Aufgabe als wahrscheinlich erscheint, zeigen sie ein angemessenes kognitives Engagement in Form von zielgerichtetem strategischen Lernhandeln. Metakognitive Fähigkeiten werden also erst dann aktiviert, wenn die subjektive Überzeugung vorherrscht, die Aufgabe mit den gegebenen Fähigkeiten wahrscheinlich bewältigen zu können (*Borkowski et al.* 1990; *Pintrich & De Groot* 1990; *Pintrich & Schrauben* 1992; *Wolters & Pintrich* 1998).

Diese Befunde der Metakognitionsforschung stehen in Übereinstimmung mit frühen Ergebnissen der Leistungsmotivationsforschung. Die amerikanische Wissenschaftlerin *Carol Dweck* hat den Zusammenhang zwischen motivationaler Einstellung und der Lernhaltung bereits in den 70er Jahren im Rahmen der Forschung zum Konstrukt der gelernten Hilflosigkeit beschrieben. Sie wies nach, dass es sich bei Schülerinnen und Schülern mit „Learning Disabilities" (Lernbeeinträchtigungen unterschiedlicher Art - vgl. *Schröder* in diesem Band) häufig um Personen handelt, die ihre eigenen Lernfähigkeiten als unveränderbar unzureichend und niedrig einschätzen und dabei den Einfluss von kognitiver Anstrengung auf den Lernprozess unterschätzen. Eine solche Einstellung bedingt in ihrer Folge eine Lernhaltung der Passivität (*Dweck* 1975; *Diener & Dweck* 1978).

Auch die Aufgabenauswahl kann durch eben diese motivationalen Überzeugungen geleitet werden. Schüler mit negativer Selbsteinschätzung neigen dazu, entweder nur sehr leichte Aufgaben anzugehen oder solche, die so schwer sind, dass ihre Bewältigung gar nicht gelingen kann (*Mietzel & Rüssmann-Stöhr* 1993, 264). Zudem weiß jeder Praktiker zu berichten, auf welche Weise und mit welchen Strategien Schüler es immer wieder schaffen, Aufgabenanforderungen zu umgehen. Die gezielte Auswahl bestimmter Aufgaben nach dem Grad ihrer erwarteten Schwierigkeit sowie das Vermeidungsverhalten gegenüber kognitiven Anforderungen kann dabei für die Schülerin oder den Schüler ein sinngeleitetes Handeln vor dem Hintergrund ihrer bzw. seiner subjektiven Theorien über die eigene kognitive Leistungsfähigkeit gegenüber einer spezifischen Aufgabenanforderung darstellen. Bereits *Covington & Beery* (1976) beschrieben im Rahmen ihrer Selbstwert-Theorie der Leistungsmotivation die selbstwertbedrohliche „Ladung", die kognitive Leistungssituationen vor dem Hintergrund der subjektiven Selbsteinschätzung haben können (vgl. auch *Covington & Omelich* 1979).

Um das verhaltens- und lerngestörte Kind schließt sich dadurch letztendlich ein weiterer Teufelskreis (vgl. Abb. 2):

Aufgrund negativ wirksamer subjektiver Theorien über die eigenen (unzureichenden) Fähigkeiten vermeiden es die betroffenen Schülerinnen und Schüler, sich ausreichend mit schulischen Anforderungen auseinanderzusetzen und sich dabei kognitiv und metakognitiv zu engagieren. Langfristig findet dadurch ein unzureichender Lerngewinn statt, was schließlich dazu führt, dass das Schulleistungsdefizit der betroffenen Schülerinnen und Schüler sich zunehmend vergrößert. Dadurch erfahren die bestehenden negativ geprägten subjektiven Theorien über die eigenen Fähigkeiten in spezifischen schulischen Anforderungsbereichen eine weitere Bestätigung.

Die zu Beginn dieser Auseinandersetzung mit dem Thema beleuchtete Wechselwirkungsbeziehung zwischen Lern- und Verhaltensstörungen wird durch den Einfluss der (negativen) Wirkungen der motivationalen Variablen auf die kognitiven und metakognitiven Fähigkeiten des betroffenen Kindes aufrechterhalten. Den negativ geprägten subjektiven Theorien über die eigene Leistungsfähigkeit kann somit im Hinblick auf Aufrechterhaltung des Teufelskreises zwischen Lern- und Verhaltensstörungen eine außerordentlich stabilisierende Wirkung zugesprochen werden.

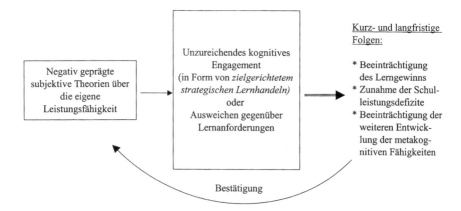

Abb. 2:   Der Einfluss negativ geprägter subjektiver Theorien über die eigene kognitive Leistungsfähigkeit auf das schulische Lernen und die Schulleistung

Bedenklich bleibt auch die Weiterentwicklung metakognitiver Fähigkeiten. Nach *Borkowski & Turner* (1990) findet eine Erweiterung der metakognitiven Fähigkeiten nur dann statt, wenn das Kind Lernanlässe vorfindet (und annimmt), welche es ihm ermöglichen, in eigenständiger Auseinandersetzung mit dem Lerngegenstand Erfahrungen zu machen. Auf diese Weise erweitert sich sein metakognitives Wissen und es gelingt ihm zunehmend, sein strategisches Handlungsrepertoire den jeweiligen Aufgabenanforderungen angemessen anzuwenden. Begreift man die metakognitiven Fähigkeiten als Grundkompetenzen für erfolgreiches Lernen, so ist die unzureichende Weiterentwicklung metakognitiver Fähigkeiten langfristig ein weiterer Risikofaktor für die zunehmenden Schulleistungsdefizite der betroffenen Schülerinnen und Schüler.

Prinzipien für die schulische Förderung von Kindern und Jugendlichen mit Verhaltens- und Lernstörungen

Als Fazit meiner bisherigen Ausführungen lässt sich festhalten, dass bei der schulischen Förderung von Kindern und Jugendlichen mit Verhaltensstörungen aus der Perspektive der Metakognitionsforschung heraus sowohl die metakognitiven Beeinträchtigungen der Schüler als auch ihre motivationalen Störungen Berücksichtigung finden müssen. Dabei scheint die Veränderung der subjektiven Theorien der Schüler über ihre eigenen Fähigkeiten ein entscheidender Faktor im Rahmen der schulischen Förderung zu sein.

Aus dieser Erkenntnis heraus lassen sich nun Hinweise für die schulische Förderung von Kindern und Jugendlichen mit Lern- und Verhaltensstörungen ableiten. Dabei handelt es sich zunächst um die explizite Formulierung von Prinzipien, die die schulische Förderung dieser Schülergruppe bestimmen sollen:

1. *Alles schulische Lernen von Kindern und Jugendlichen mit Verhaltens-
und Lernstörungen muss so gestaltet werden, dass die Veränderung der
negativ geprägten subjektiven Theorien über die eigene Leistungsfähigkeit durch das wiederholte Erleben eigener Stärken erreicht werden
kann.*
Hierbei kommt es vor allem darauf an, stets die Stimmigkeit der Passung der Aufgabenanforderung zu den Leistungsvoraussetzungen des einzelnen Kindes oder Jugendlichen zu berücksichtigen. Es sollte die Aufgabe des Sonderpädagogen sein, den Schülerinnen und Schülern Lerngelegenheiten anzubieten, an denen sie wachsen können. Nur durch stetige Erfahrungen des Gelingens verändert sich nach und nach die Einschätzung der eigenen bereichsspezifischen Fähigkeit. Voraussetzung für die optimale Passung der Lernanforderung an die Leistungsfähigkeit des einzelnen Schülers ist, zunächst eine möglichst genaue Abklärung des Leistungsstandes in den unterschiedlichen Schulfachbereichen vorzunehmen. Oftmals wird dabei ein sehr lückenhaftes bereichsspezifisches Vorwissen deutlich, das zunächst ergänzt und verfestigt werden muss, um überhaupt neues Wissen sinnvoll vermitteln zu können.
Hierfür bieten vor allem Einzelförderstunden den geeigneten Rahmen, um selbst sehr frustrierte Schülerinnen und Schüler zu erreichen und sie wieder für die Auseinandersetzung mit Lernstoffen zu gewinnen.
Für das Ermöglichen von schulischen Erfolgserlebnissen ist die individuelle Förderung eine unabdingbare Voraussetzung. Gerade angesichts der bestehenden Heterogenität innerhalb einer Schulklasse, in der Schü-

lerinnen und Schüler mit Verhaltensstörungen unterrichtet werden, sind deshalb didaktische Abwägungen bei der Gestaltung des Unterrichts besonders wichtig. Unterrichtsformen, die eine Förderung nach dem individuellen Leistungsstand des einzelnen Schülers ermöglichen, wie z.B. eine differenzierte Wochenplanarbeit in den Kernfächern Deutsch und Mathematik, erscheinen vor dem Hintergrund der vorausgehenden Überlegungen vielfach eher geeignet als der gemeinsame Unterricht mit der gleichen Lernanforderung an alle Schüler. Frustrationserfahrungen können so eher vermieden werden. Für den Aufbau positiver Lernhaltungen ist es jedoch auch wichtig, mit den Schülern gemeinsam eine neue Sichtweise ihres Lernens zu erarbeiten. Dies wird als zweites bedeutsames Prinzip der schulischen Förderung verstanden.

2. *Die schulische Förderung soll es den Schülerinnen und Schülern ermöglichen, ihre Reflexivität weiter zu entwickeln und ihr Lernen als einen beeinflussbaren Prozess zu erfahren.*

Die Hinweise zur Gestaltung von Unterrichtsprozessen, die sich aus der Metakognitionsforschung ableiten lassen, ermöglichen Schülerinnen und Schülern mit Verhaltens- und Lernstörungen vor allem eine neue Sichtweise ihres Lernens. Bei der schulischen Förderung kommt es darauf an, den Prozesscharakter von Lern-, Verstehens- und Problemlöseprozessen transparent zu machen: Durch die bewusst intendierte Reflexion über kognitive Prozesse im Rahmen des Unterrichts oder der Einzelförderung wird Kindern und Jugendlichen erfahrbar, dass Lernen, Verstehen und Problemlösen keine Alles-oder-Nichts-Prozesse sind (etwas was man kann oder eben nicht kann). Lernen, Verstehen und Problemlösen sind kognitive Vorgänge, die mit Schwierigkeiten behaftet sein können, welche es zu überwinden gilt. Das Bemühen der Lehrerin oder des Lehrers sollte sein, Kinder dazu anzuhalten, über ihre eigenen kognitiven Prozesse zu reflektieren und sich zu überlegen, welche strategischen Vorgehensweisen zur erfolgreichen Bearbeitung einer kognitiven Anforderung führen können. Dadurch wird die Beeinflussbarkeit von Lern-, Verstehens- und Problemlöseprozessen offenbar. Die Vermittlung dieser Sichtweise kann wiederum eine Veränderung der negativ geprägten subjektiven Theorien der Schüler über ihre scheinbar schwachen Fähigkeiten bedingen und die Überwindung ihrer durch Passivität gezeichneten Lernhaltung zur Folge haben.

Die Kenntnis über den Zusammenhang zwischen Lern- und Verhaltensstörungen und über den Einfluss metakognitiver und motivationaler Faktoren auf das Lernhandeln soll dem Sonderpädagogen einen Ansatz zur schulischen Förderung von Schülerinnen und Schülern bieten, die in der Unterrichtspraxis häufig als schwierig empfunden werden. Unter der Prämisse der dargestellten Prinzipien bietet sich die Möglichkeit der Neuorientierung der Gestaltung der schulischen Förderung von Kindern und Jugendlichen mit Verhaltens- und Lernstörungen. Es soll versucht werden, den Teufelskreis zwischen Lern- und Verhaltensstörungen über die Beeinflussung der motivationalen Einstellung schulischem Lernen gegenüber anzugehen. Gleichzeitig geht es darum, Schülerinnen und Schülern im Rahmen des Unterrichts eine neue Sichtweise von Lernen zu vermitteln. Durch eine behutsame Gestaltung der Lernförderung, die den Schülern (wieder) schulische Erfolgserlebnisse ermöglicht, kann sich manches problematische Unterrichtsverhalten auflösen. Damit wäre ein Weg vorgegeben, der sowohl eine präventive als auch interventive und rehabilitative Arbeit im Rahmen der schulischen Förderung von Kindern und Jugendlichen mit Lern- und Verhaltensstörungen beschreiben kann.

Roland Schleiffer

Desorganisierte Bindung als gemeinsamer Risikofaktor für Dissozialität und Lernbehinderung

Der probabilistische Ansatz der Entwicklungspsychopathologie

Zu den Grundannahmen der Entwicklungspsychopathologie, die, wiewohl eine noch junge Disziplin, dennoch bereits Lehrbuchreife erlangt hat (*Petermann et al.* 1998, *Oerter et al.* 1999, *Resch* 1999) und deren Konzepte und empirische Forschungsergebnisse in den letzten Jahren zunehmend auch in der Sonderpädagogik rezipiert werden (etwa *Göppel* 1997), gehört die Auffassung, dass sich der Entwicklungsverlauf eines Kindes grundsätzlich nicht sicher vorhersagen lässt. Vielmehr lassen sich lediglich Aussagen darüber machen, wie hoch die Wahrscheinlichkeit ist, dass ein bestimmter Entwicklungspfad beschritten wird. Dieses probabilistische Modell gilt für abweichendes und auffälliges Verhalten ebenso wie für normkonformes und unauffälliges Verhalten. Eine eindeutige Kausalkette ist nämlich kaum jemals auszumachen. Einflussfaktoren, die die Wahrscheinlichkeit erhöhen, dass ein Kind einen problematischen oder gar pathologischen Entwicklungspfad einschlägt, werden als Risikofaktoren bezeichnet. Protektive Faktoren dagegen mindern deren Risiko.

Ob ein biologischer, psychologischer oder sozialer Sachverhalt als Risikofaktor oder als protektiver Faktor einzuschätzen ist, hängt entscheidend davon ab, wie das Kind mit diesem umgeht, welche Bedeutung es ihm zuschreibt und ihn so erst als Risiko konstruiert. Insofern beeinflussen sich Risikofaktoren und Personen wechselseitig (*Esser & Gerhold* 1998). Dabei kann ein und derselbe Risikofaktor eine disponierende Wirkung ausüben, eine Störung auslösen oder diese, ist sie denn eingetreten, aufrechterhalten und so zur Chronifizierung beitragen.

Gleiche Risikofaktoren können zudem zu unterschiedlichen Entwicklungspfaden mit unterschiedlichen Ergebnissen führen. Das meint das Prinzip der Multifinalität. Andererseits lassen sich aber auch gleiche Störungsmuster mit unterschiedlichen Risikofaktoren in Verbindung bringen. Unterschiedliche Entwicklungswege können zum gleichen Entwicklungsergebnis führen. Man spricht von Äquifinalität. Auf diese komplexen Zusammenhänge ist das Phänomen der Komorbidität zurückzuführen, worunter das gleichzeitige Auftreten zweier oder mehrerer definierter Krankheiten oder Störungen zu verstehen ist. Komorbidität scheint zumindest im Kindes- und Jugendalter eher die Regel zu sein, was unter anderem darin begründet liegt, dass Risikofaktoren zumeist nicht isoliert, sondern kumulativ vorliegen und wirksam werden.

Letztlich sind kausale Verbindungen zwischen Risikofaktoren und Störungen nur durch Längsschnittstudien zu beweisen. Allerdings reicht ein solches Wissen um statistische Korrelationen zwischen einzelnen Variablen nicht aus. Um pädagogische und/oder therapeutische Interventionen planen zu können, müssen die pathogenetischen Mechanismen verstanden werden, die diesen Korrelationen zugrunde liegen. Hierfür eignen sich personenorientierte Forschungsansätze oft besser als traditionelle Untersuchungsdesigns. Hierbei gibt es allerdings noch ein beträchtliches Theoriedefizit.

Im Folgenden soll die These ausführt werden, dass es sich bei einer unsicheren Bindungsorganisation, insbesondere bei der vom desorganisierten Typ, um einen bedeutsamen Risikofaktor sowohl für die Entwicklung einer Lernbehinderung als auch einer dissozialen Verhaltensstörung handelt. Unter einer bindungstheoretischen Perspektive lassen sich daher Dissozialität und Lernbehinderung als multifinale Störungen beobachten.

Das Bindungsverhaltenssystem

Nach *Bowlby* (1982, 1995) lässt sich auch beim Menschen ein Bindungsverhaltenssystem nachweisen, das sich im Verlauf der Evolution entwickelt hat und dem die Funktion zukommt, das Überleben des Kindes zu sichern. In Situationen der Gefahr produziert ein Kind typische Bindungsverhaltensweisen wie Suchen, Rufen, Weinen, Nachfolgen, Anklammern sowie Protest bei Trennung. Diese Signale sollen den Eltern die Gefahr anzeigen und sie dazu bringen, ihr Kind zu schützen. Das diesem korrespondierende Pflegeverhalten der Eltern ist ebenfalls biologisch verankert. Beim Bindungsverhaltenssystem handelt es sich um ein primäres Motivationssystem, dessen Ausbildung sich nicht auf den Nahrungs- oder Sexualtrieb zurückführen lässt, wie die traditionelle psychoanalytische Lehrmeinung postulierte. Auch funktioniert es nicht isoliert von anderen

Verhaltenssystemen. So besteht zum Erkundungssystem ein antagonistisches Verhältnis. Die Kindern angeborene Neigung zur Exploration der Umgebung wird gehemmt, wenn das Bindungsverhaltenssystem aktiviert ist. Feinfühlige Eltern dienen dem Kind als sichere Basis, von der aus die Umwelt ausreichend sicher erkundet werden kann. Bindungsbeziehungen haben über die gesamte Lebensspanne die Funktion, das fundamentale Bedürfnis nach Sicherheit und Vorhersagbarkeit der Welt zu befriedigen. Die Bindungstheorie geht davon aus, dass gerade eine flexible Balance zwischen Autonomie- und Erkundungswünschen einerseits und dem Bedürfnis nach Sicherheit, Nähe und Beziehung andererseits eine notwendige Voraussetzung für eine gesunde psychische Entwicklung darstellt.

Gegen Ende des ersten Lebensjahres lassen sich die beobachtbaren Bindungsverhaltensweisen unterschiedlichen Bindungskategorien zuordnen, dem Muster der sicheren Bindung, der unsicher-ambivalenten Bindung sowie der unsicher-vermeidenden Bindung (*Ainsworth et al.* 1978). Die Entwicklung dieser organisierten Bindungsmuster lässt sich auf die Besonderheiten der affektiv getönten Erfahrungen der Kinder mit ihren primären Bezugspersonen zurückführen. Ein Kind, dessen Mutter aufmerksam und feinfühlig sowohl die Bindungs- als auch Erkundungsbedürfnisse wahrnimmt und auf sie reagiert, lernt, dass es sich auf die Mutter verlassen kann, wenn es nötig ist. Auf dieser sicheren Basis kann es sich dann auch vertrauensvoll Neugier leisten. Im Gegensatz zu solchen sicher gebundenen Kindern lernen Kinder, deren Mütter sich durch ihre Bindungsbedürfnisse eher bedrängt fühlen, dass vor allem ihre Autonomie geschätzt wird. In Erwartung einer kommenden Enttäuschung vermeiden sie es, ihren Bindungswünschen Ausdruck zu verleihen, obwohl ihr Bindungssystem durchaus aktiviert ist. Die Bindungsqualität dieser Kinder wird unsicher-vermeidend genannt. Daneben gibt es Kinder, denen es nicht gelingt, die Antwortbereitschaft ihrer Mutter hinreichend sicher einzuschätzen, weil diese sich in Abhängigkeit von ihrer aktuellen eigenen Befindlichkeit unterschiedlich verhält. Geht es ihr gut, ist sie durchaus eine einfühlsame Mutter. Wenn nicht, muss sich das Kind anstrengen, um sich der mütterlichen Unterstützung zu versichern. Das Bindungsverhaltenssystem dieser Kinder ist dauernd aktiviert. Daher können sie sich Neugier kaum leisten. Sie suchen die Nähe zur Mutter, auch um an ihr ihre Wut und Enttäuschung auszulassen. Dieses Bindungsmuster wird daher unsicher-ambivalent genannt.

Die mit der Untersuchungsmethode der Fremden Situation gewonnenen empirischen Befunde gaben zudem Anlass für die Konstruktion einer vierten Kategorie, der unsicher-desorganisierten oder desorientierten Bindung (*Main* 1995). Im Unterschied zu den sicher gebundenen Kindern, aber auch im Unterschied zu den beiden genannten Gruppen der vermeidend-unsicher sowie der ambivalent-unsicher gebundenen Kindern steht diesen desorganisiert-unsicher gebundenen Kindern keine kohärente Strategie zur Verfügung, um mit ihrem Bindungsstress umzugehen. In der Fremden Situation zeigen solche Kinder ein widersprüchliches Verhalten, etwa wenn sie sich mit abgewandetem Gesicht auf die Mutter zu bewegen, oder wenn es bei ihnen für einen kurzen Moment zum Einfrieren der Bewegungen, zu Stereotypien oder zu offensichtlichen Anzeichen von Angst vor der Bindungsperson kommt. Auch in ihren Explorationsaktivitäten sind diese Kinder widersprüchlicher und gehemmter als die Kinder mit den anderen, organisierten, Bindungsmustern.

Die Bezugspersonen dieser desorganisiert-unsicher gebundenen Kindern sind nicht nur unzureichend feinfühlig für die Bedürfnisse ihrer Kinder. Im Unterschied zu den Müttern der organisiert-unsicher gebundenen Kinder machen sie ihren Kindern darüber hinaus auch noch Angst. Diese haben denn auch selbst keine effektive Strategie, um ihre Angst zu bewältigen, da sie von ihrer Bindungsperson eben keine Unterstützung erhalten, um diese Angst zu regulieren. Sie bleiben somit von diesen Gefühlen überwältigt. Dieser Bindungstyp ist aus entwicklungspsychopathologischer Sicht von besonderem Interesse. So zeigen die meisten misshandelten Kinder, aber auch Kinder von depressiven Müttern oder Müttern, die selbst früher als Kind ein immer noch unverarbeitetes Bindungstrauma erlitten, ein solches widersprüchliches Bindungsverhalten.

Dabei lässt sich die Beziehung zwischen Misshandlung und der Entwicklung einer desorganisierten Bindung leicht nachvollziehen. Eine solche Erfahrung ist für ein Kind so widersprüchlich, dass es ihm nicht gelingt, bezüglich seiner Bezugspersonen eine kohärente Erwartungsstruktur zu entwickeln. Das Kind muss erleben, dass es gerade von der Person, von der es Schutz und Trost erwartet, gequält und geängstigt wird. Aber nicht alle desorganisiert unsicher gebundenen Kinder und Jugendlichen wurden als kleine Kinder misshandelt. Ein solches Bindungsmuster wurde auch gehäuft bei Kindern von Müttern beobachtet, die selbst früher als Kind mit einem traumatische Lebensereignis konfrontiert wurden. Dann besteht die Gefahr, dass die Gefühle des Kindes bei ihnen Affekte auslösen, die nicht ausreichend psychisch verarbeitet werden können, weil die Affektrepräsentanz nicht kohärent in ihrem inneren Arbeitsmodell von Bezugsperson integriert ist. Eine solchermaßen traumatisierte Bezugsperson vermeidet daher Interaktionen, die Erinnerungen auslösen könnten, welche gerade diesen Affekt wiederholen. Sie vermag daher nicht ausreichend feinfühlig zu sein. Hinzu kommt aber noch, dass sie ihr Kind verunsichert und es nicht zu trösten vermag. Wie im Falle der Misshandlung gilt auch hier: Die Bindungsperson ist gleichermaßen die Ursache für Stress, Angst und Unsicherheit wie für Sicherheit und Schutz. Wiewohl selbst ängstlich, ängstigt sie ihr Kind. Dieses wird mit einer paradoxen Situation konfrontiert. Es selbst bemerkt nur, dass seine Bezugsperson sich von ihm abwendet, ohne für diese Kommunikationsbesonderheiten ein Schema konstruieren zu können. Es kann diesbezüglich keine kohärenten Erwartungserwartungen konstruieren. Es ist desorientiert, sein „inneres Arbeitsmodell" bleibt desorganisiert. Die Selbstregulationskapazität eines solchen Kindes ist schnell überfordert. Damit fehlt ihm eine wichtige Ressource zur Lösung der anstehenden Entwicklungsaufgaben.

Während die organisierten Bindungsmuster vor allem vom jeweiligen Ausmaß an mütterlicher Feinfühligkeit abhängen und insofern ein Beziehungskonstrukt darstellen, mehren sich in den letzten Jahren die Hinweise, dass für die Ausbildung einer Bindungsdesorganisation darüber hinaus auch individuelle Dispositionen des Kindes wie etwa ein schwieriges Temperament eine bedeutsame Rolle spielen (*Spangler et al.* 2000).

Bindung und Lernen

Die Ergebnisse der Bindungsforschung verweisen auf einen Zusammenhang zwischen einer frühen sicheren Bindung und der späteren kognitiven und affektiven Kompetenz. Dieser Zusammenhang dürfte sicherlich auch vermittelt werden durch das stärkere Selbstvertrauen sicher gebundener Kinder, die sich auf die Unterstützung ihrer Bezugspersonen verlassen können. So sind sicher gebundene Kinder später im Kindergartenalter sozial kompetenter, aber auch kooperativer. Sie sind beliebter bei ihren Altersgenossen. Sie trauen sich mehr zu. Auch wird ihnen auch mehr zugetraut.

Aufgrund der engen Beziehung zwischen Bindungsverhaltenssystem und Explorationssystem ist zu erwarten, dass auch die Lernmotivation von der jeweiligen Entwicklung des Bindungsorganisation abhängen dürfte. *Aber & Allen* (1987) sind der Frage nachgegangen, wie sich das Erkundungsverhalten entwickelt, wenn die Kinder durch ihre Bindungsperson keine Sicherheit erhalten. Die Autoren sprechen von einer fehlenden „secure readiness to learn". In ihrer Studie verglichen sie misshandelte mit nicht misshandelten Kindern bezüglich verschiedener sozio-emotionaler Variablen. Dabei zeigten sich nicht-misshandelte Kinder in hohem Maße sicher, zu lernen und zu explorieren. Sie waren weniger abhängig vom Lob der Erwachsenen, verhielten sich neugierig und hatten wenig Schwierigkeiten, sich auf Neues und Unvorhersehbares einzulassen. Sie waren flexibel bei der Lösung von Problemen und bewiesen eine hohe kognitive Reife. Die misshandelten Kinder dagegen erhielten hierbei niedrige Werte, dagegen hohe Werte bei dem Faktor „Von Außen bestimmtes Verhalten". Ihre Problemlösungsstrategien waren eher external orientiert, ein Verhalten, das lernbehinderte Kinder häufig aufweisen. Sie suchten vermehrt Aufmerksamkeit und Anerkennung bei den Erwachsenen und ahmten diese vermehrt nach.

Es ist davon auszugehen, dass die Bindungssicherheit dieser Kinder dauernd gefährdet ist und sie deshalb gezwungen sind, sich ständig über die jeweilige Verfassung ihrer Beziehung zur Mutter zu vergewissern. Folglich steht ihnen nicht genügend psychische Energie zur Verfügung, um zu explorieren und sich dem Lernen zuwenden zu können. So zeigten sicher gebundene 3-Jährige ein größeres Durchhaltevermögen und bewiesen eine höhere Effektivität bei einer kognitiven Aufgabe im Vergleich zu den unsicheren Kindern (*Matas et al.* 1978). *Grossmann & Grossmann* (1991) berichteten von ähnlichen Ergebnissen. Demnach machte sicher gebundenen Kindern die Lösung schwieriger Aufgaben mehr Spaß. Sie konnten sich beim Spiel besser und länger konzentrieren und zeigten dabei mehr positive Affekte als unsicher gebundene Kindern. Eine bessere Konzentrationsfähigkeit beim Spiel sicher gebundener Vorschulkinder im Vergleich zu vermeidend-unsicher gebundenen Kinder wurde auch von *Suess et al.* (1992) berichtet.

Außer in der zuletzt angesprochenen Studie wurde in den bisher dargestellten Studien lediglich zwischen sicheren und unsicheren Bindungsmustern differenziert. Wendet man sich dem desorganisierten Bindungsmuster zu, ist hier schon rein theoretisch ein Zusammenhang zu einer „unreadiness to learn" bzw. einer Lernbehinderung zu erwarten. In der Fremden Situation erscheint denn auch das Explorationsverhalten desorganisiert-unsicher gebundener Kinder widersprüchlicher und gehemmter als das von Kinder mit anderen Bindungsmustern (*Main & Solomon* 1986). In ihrer Berliner Studie beobachteten *Ziegenhain* und Mitarbeiter (1988) bei den desorganisierten Kinder eine geringere Frustrationstoleranz im Beisein ihrer Mutter. Zudem verhielten sie sich aufgeregter und weniger konzentriert bei den Testungen. Sie erreichten im Alter von 1 ½ Jahren in den Bayley-Skalen insgesamt etwas niedrigere mentale Entwicklungswerte.

Inzwischen liegen auch Ergebnisse aus Längsschnittstudien vor (Übersicht bei *Lyons-Ruth & Jabobvitz* 1999). So fand sich etwa ein signifikanten Zusammenhang zwischen einer desorganisierten Bindung und einer schlechten Anpassung an die schulischen Erfordernisse im Alter von 7 Jahren. In einer anderen Längsschnittuntersuchung wurden desorganisiert-unsicher gebundene Kleinkinder bis in ihre Adoleszenz verfolgt. Es zeigte sich, dass die Mutter-Kind-Beziehung im Alter von 2 und 3 ½ Jahren beeinträchtigt war und dass es zu Problemen im Kindergarten, in der Grundschule sowie in der weiterführenden Schule kam. Insgesamt waren diese Kinder von Anfang an bis in die Adoleszenz psychopathologisch deutlich auffälliger. Dies betraf vor allem dissoziative Störungen. So wurden sie im Grundschulalter häufig als „konfus, sich wie in einem Nebel befindend" eingeschätzt.

Eine isländische Längsschnittstudie (*Jacobsen et al.* 1994) ging dem Zusammenhang zwischen der Bindungsrepräsentation im Alter von 7 Jahren und der weiteren kognitiven Entwicklung bis in die Adoleszenz nach. Die desorganisiert-unsicher gebundenen Kinder erreichten mit 7 Jahren in einem nonverbalen Intelligenztest die niedrigsten Werte, hatten weniger Selbstvertrauen im Vergleich zu den sicheren und den unsicher-vermeidenden Kindern und erreichten schlechtere Schulnoten als die sicher gebundenen Kinder. Es fand sich ein signifikanter Einfluss der Bindungs-repräsentanz des Kindes mit 7 Jahren auf die formal-operationale Denk-fähigkeit. Sicher gebundene Kinder und Jugendliche erhielten zu allen 4 Erhebungszeitpunkten, mit 9, 12, 15 und 17 Jahren, die höchsten Werte bezüglich ihrer Fähigkeit zu abstraktem, logisch schlussfolgerndem Denken. Jugendliche, die mit 7 Jahren als desorganisiert gebunden klassifiziert wurden, zeigten dabei kaum Fortschritte in ihrer Entwicklung der formalen Denkfähigkeit im Vergleich zu den beiden anderen Bindungsgruppen. Die desorganisierte Bindung war am stärksten assoziiert mit schlechter Selbst-regulationsfähigkeit, schlechten Schulleistungen und niedrigem Selbst-wertgefühl. Die Autorin interpretierte ihre Ergebnisse auch mit Hilfe der bereits erwähnten „secure readiness to learn"-Hypothese. Die Bereitschaft des Kindes, seine Umwelt zu explorieren, entwickele sich erst auf der Basis von liebevollen Beziehungserfahrungen. Vertrauensvolle Erwartungen von sicher gebundenen Kinder in ihre eigenen Fähigkeiten führe zu höheren kognitiven Leistungen.

Fasst man die Ergebnisse dieser Studien zusammen, lassen sich folgen-de Aussagen machen: Desorganisiert-unsicher gebundene Kinder sind ge-hemmter in ihren Explorationsaktivitäten, können sich schlechter konzent-rieren, haben weniger Frustrationstoleranz und weniger Selbstvertrauen, sind in ihrer Intelligenzentwicklung retardiert und erhalten daher auch nur schlechtere Schulnoten. Mit anderen Worten: Sie sind häufig lernbehindert. Bindungsdesorganisation ist mithin als Risikofaktor für die Entwicklung einer Lernbehinderung anzusehen.

Die widersprüchlichen Erfahrungen mit der Bindungsperson dürften die Informationsverarbeitungskapazität des Kindes überfordern und deren Weiterentwicklung hemmen. Die desorganierte Bindungsgrepräsentanz verweist auf einen beeinträchtigten Zugang zu Gefühlen sowie auf Proble-me, Erinnerungen zeitlich zu ordnen, als Ausdruck eines generelles Defizits in der metakognitiven Selbstkontrolle (*Main* 1991, *Grossmann & Gross-*

mann 2000). Interessant ist in diesem Zusammenhang der Hinweis von *Klauer & Lauth* (1998, 715) „von einer gewissen Vorgängigkeit metakognitiver Vermittlungen für die Entwicklung von Lernbehinderungen". Lernbehinderte Kinder und Jugendliche sind bekanntlich nur schlecht in der Lage, ihre mentalen Aktivitäten zu beobachten, zu kontrollieren und an den Lernprozess anzupassen.

Lernbehinderung und Dissozialität als multifinale Zustände

Die geringere kognitive Leistungsfähigkeit und der Konzentrationsmangel bei der Untersuchung mit 18 Monaten lässt sich durchaus als Folge einer eingeschränkten Explorationsfähigkeit erklären. Ohne ausreichendes Vertrauen in die Verfügbarkeit ihrer Bindungspersonen können es sich diese Kinder nicht leisten, sich auf die Testaufgaben zu konzentrieren, sondern müssen ihre Aufmerksamkeit vor allem auf die Bindungsperson richten. Ihr Explorationssystem ist deutlich beeinträchtigt. Angesichts der besonderen Wechselbeziehung zwischen Explorationssystem und Bindungssystem stellt sich die Frage, mit welchen Verhaltensweisen diese Kinder die Befriedigung ihrer Bindungs- und Sicherheitsbedürfnisse zu erreichen suchen, wenn sie älter werden.

Wie bereits erwähnt, wird die Bindungsbeziehung dieser Kinder als desorganisiert bezeichnet, weil ihr Verhalten in der Fremden Situation im Alter von 12 Monaten keine einheitliche, organisierte Bindungsstrategie erkennen lässt. Untersucht man diese Kinder allerdings mit 6 Jahren, lassen sich nun doch Strategien beobachten, mittels derer sie ihre Bindungspersonen zu kontrollieren und deren größtmögliche Verfügbarkeit zu sichern versuchen. Es sieht dann so aus, als ob die Schulkinder nun mit dem Erwerb neuer kognitiver und sozialer Fähigkeiten in der Lage seien, die Mutter-Kind-Beziehung zu strukturieren und zu regulieren. Dabei können sie sehr unterschiedliche Verhaltensstrategien einsetzen im Sinne einer Bimodalität (*Lyons-Ruth et al.* 1999). Trennt man solche Kinder etwa im Labor eine Stunde von ihrer Bindungsperson, zeigen manche bei der Wiedervereinigung ein feindselig-aggressives Verhalten gegenüber der Mutter, als ob sie diese strafen wollten ob ihrer Abwesenheit. So sagen sie ihr etwa, sie solle wieder weggehen, oder geben ihr Anweisungen, was sie zu tun und zu lassen habe. Es entwickelt sich dann eine feindselige Kommunikation, bei der negative Emotionen vorherrschen. Andere legen dagegen eher ein fürsorgliches Verhalten gegenüber der Mutter an den Tag. Bei diesem kontrollierend-pflegerischen Verhalten mag etwa das Kind die Mutter überfreundlich begrüßen oder eine extreme Heiterkeit an den Tag legen. Dabei wirken diese Kinder allerdings durchaus nervös.

Es stellt sich die Frage, bei welchen Kindern nun ein kontrollierend-strafendes und bei welchen ein kontrollierend-pflegendes Verhalten auftritt. Die zwanghaft-pflegenden Kinder scheinen eher vernachlässigende Mütter zu haben, die ihre Kinder in Gefahrensituationen letztlich nicht unterstützen, sondern sich eher von ihnen zurückziehen. Mit ihrer Strategie versuchen die Kinder daher, in einer Gefahrensituation von ihrer Mutter doch noch Aufmerksamkeit und Schutz zu erhalten. In ihrem Bemühen um Nähe zur Mutter wagen sie es allerdings nicht, deren Aufmerksamkeit durch negative Verhaltensweisen zu provozieren, weil diese sich in diesem Falle doch wieder ärgerlich abwenden würde. Daher setzen diese Kinder „falschpositive Affekte" ein. Sie geben sich heiter und froh und versuchen, wiewohl innerlich ängstlich, ihre Mutter zu erheitern mit dem Ziel, doch wieder beachtet zu werden. Dabei kann es zu einer regelrechten Rollenumkehr kommen. Diese Kinder organisieren ihr Verhalten um die Bedürfnisse ihrer Mütter, werden quasi Bindungsperson für diese und versuchen sich so geradezu unentbehrlich zu machen. Von außen betrachtet, sieht es dann so aus, als ob die Mütter solch desorganisiert-kontrollierender Kinder das Pflegeverhalten an diese abträten. In Interviews schätzen sich solche Mütter selbst als zu hilflos ein, um ihre Kinder und sich selbst erfolgreich vor Gefahren zu schützen. Die Mütter berichteten von eigenem Kontrollverlust, von Hilflosigkeit, allgemein von einer Ineffizienz ihres Erziehungsverhaltens. Es verwundert daher nicht, dass sich ein transaktionaler, selbstverstärkender Zirkel aufbaut von Inkompetenz auf Seiten der Mutter und Kontrollverhalten auf Seiten des Kindes.

Während diese Kinder eher internalisierende Störungsmuster zeigen, tendieren die strafend-kontrollierenden Kinder eher zu externalisierenden Verhaltenauffälligkeiten. Sie entwickeln sich daher häufig dissozial. Dabei nutzen sie die besondere Anschlussfähigkeit negativer Affekte, um ihre kommunikative Resonanz zu sichern. Diese feindselige Kommunikation ist gekennzeichnet durch eine grundsätzlich ablehnende Haltung der Bezugspersonen, denen es an emotionaler Wärme mangelt und die die Autonomie ihrer Kinder missachten. Dieses Kommunikationsmuster ist von der Arbeitsgruppe um *Patterson* (1996) inzwischen auch mit elaborierten statistischen Modellen als für jene umschriebene Gruppe dissozialer Kinder typisch beschrieben worden, die als „early starters" schon als Kleinkinder dissoziales Verhalten zeigen und später als Jugendliche insofern die eigentliche Problemgruppe ausmachen, als sie für die Mehrzahl aller Delikte verantwortlich sind und ihre dissoziale Karriere mit hoher Wahrscheinlichkeit auch im Erwachsenenalter fortsetzen. In der Familie etabliert sich ein Teufelskreis, der sogenannte „coercive cycle". Im Sinne einer negativen Verstärkung lernen diese Kinder schon früh, dass sich Ungehorsam und freches Verhalten angesichts ihrer schwachen Erziehungspersonen auszahlen.

Zudem bekommen sie von ihren Bindungspersonen zumeist nur feindselige Attribute zugesprochen. Sie werden daher nur diese Form der Kommunikation in ihr inneres Arbeitsmodell einbauen können. *Dodge* (1993) hat diese rigide, kognitive Verzerrung bei der Informationsverarbeitung dissozialer Kinder anschaulich beschrieben. Diese neigen dazu, ihren Kommunikationspartnern erst einmal feindliche Absichten und Motive zuzusprechen. Unklare Sachverhalte werden von ihnen im Zweifelsfall als Angriff erlebt, den es dann folgerichtig abzuwehren gilt. Konflikte lösen sie geradezu gewohnheitsmäßig mit dem Einsatz aggressiver Strategien. Nur diese verbürgen ihnen offensichtlich eine Sicherheit gewährende Vorhersehbarkeit der Situation.

Beide multifinalen Verhaltensmuster, das fürsorglich-kontrollierende sowie das strafend-kontrollierende, sind funktional äquivalent. Beide Male besteht die Funktion des Verhaltens darin, Kontakt und Nähe zur Bindungsperson zu sichern. Angesichts der dauernden Aktivierung ihres Bindungssystems bleibt diesen Kindern dann zu wenig psychische Energie, um ihr Explorationssystem zu mobilisieren. Sie sind in ihrem Lernen behindert. Steht ihnen zudem von vornherein nur eine geringe intellektuelle Grundausstattung zum Lernen zur Verfügung, wird ihnen eine Lernbehinderung attestiert, da sie der normativen Erwartungshaltung von Schule nicht entsprechen. Eine solche Schlussfolgerung legen die von *Lyons-Ruth et al.* (1997) berichteten Befunde nahe. Den Autoren gelang es mit hoher Sicherheit, aus dem desorganisierten Bindungsverhalten bei Kleinkindern schulische Verhaltensstörungen im Alter von 7 Jahren vorherzusagen, allerdings nur bei solchen, bei denen zusätzlich noch ein kognitives Defizit vorlag im Sinne eines kumulativen Risikos.

Systemtheoretischer Vergleich zwischen „dissozialer" und „lernbehinderter" Kommunikation

Sieht man in Lernbehinderung und Dissozialität multifinale Resultate von Entwicklungspfaden, die ihren gemeinsamen Ausgangspunkt haben in einer desorganisiert-unsicheren Bindungsorganisation, bietet es sich unter einer systemtheoretischen Perspektive an, beide Verhaltensmuster als Problemlösungsversuche anzusehen und gerade in einer solchen Funktion miteinander zu vergleichen.

Beiden Verhaltensmustern kommt die Funktion zu, die Kommunikation mit unzuverlässigen Bindungspersonen allen Schwierigkeiten zum Trotz herzustellen und sich so einer ausreichenden kommunikativen Resonanz zu versichern, von welcher der Selbstwert abhängt. Dabei lässt sich mit *Luhmann* (1984) Kommunikation als Verstehen der Differenz von Information und Mitteilung begreifen, wobei die Information auf den selbstreferentiellen Aspekt, die Mitteilung auf den fremdreferentiellen Aspekt von Kommunikation verweist. Es lässt sich nun vermuten, dass für lernbehinderte Kinder eine mitgeteilte Information schnell als zu informativ und damit zu riskant erlebt werden dürfte. Ohne hinlängliches Vertrauen auf eine sichere Basis geraten Informationen zu Unterschieden, die für das psychische System des Kindes einen zu großen Unterschied ausmachen, um das berühmte Diktum von *Bateson* (1992) zu paraphrasieren. Die Fremdreferenz der Kommunikation, die Information also, macht Angst und wird daher gemieden. Lernen wird im Sinne einer Informationskontrolle verweigert zugunsten der Redundanzsicherung. Lernbehinderte Kinder sind typischerweise in ihrem Selbstkonzept unsicher, so dass fremdreferentielle Informationen die Selbstreferenzseite der Kommunikation allzu leicht überfordern dürften. Schließlich ist das psychische System nur dann offen für fremdreferentiell Neues, wenn eine ausreichende Bindungssicherheit eine unproblematische Selbstreferenz garantiert.

Dissoziale Kinder sind ebenso in ihrem Selbstkonzept unsicher, weil sie sich in der familiären Kommunikation nicht ausreichend sicher und vorhersehbar als Person adressiert erleben (*Schleiffer* 1994). Ihr psychisches System interveniert gerade gegen die Erziehungsabsicht, wie sie in jeder pädagogischen Kommunikation, bei der es sich eben um eine absichtvolle Kommunikation handelt (*Luhmann* 1987), mitgeteilt wird. Daher liegt es auch für sie nahe, sich um eine Klärung uneindeutiger kommunikativer Ereignisse zu bemühen. Auch sie erstreben eine Redundanzsicherung. Von ihrer ihnen nicht wohl gesonnen familiären Umwelt verwahrlost, liegt ihnen daran, in der Schule, überhaupt im Kontakt mit ihren professionellen Erziehern, die Schemata, ihre internen Arbeitsmodelle, die sich ihnen in ihrer Familie bewährt haben, zu bestätigen. Sie sind nicht ausreichend sicher gebunden, um arglos lernen zu können. Allerdings ist diese Aussage nicht ganz korrekt. Schließlich ist Lernen nicht zu vermeiden. Allerdings lernen diese Kinder nicht das, was von ihnen erwartet wird. Vielmehr lernen sie das, was sie zu brauchen glauben, und beschränken sich darauf, sich selbst zu sozialisieren. Insofern dürfte es nicht übertrieben sein zu behaupten, dass Lernbehinderte ebenso erziehungsschwierig sind wie Erziehungsschwierige lernbehindert. Lernbehinderte sind erziehungsschwierig, weil sie keinen Sinn in dem ausmachen können, was ihre Erzieher meinen, ihnen zur Vorbereitung für das spätere Leben anbieten zu sollen. Insofern gerät Bildung ihnen zur Zumutung. Dissoziale bzw. erziehungsschwierige Kinder sind ebenso aufgrund ihrer unsicheren Bindung lernbehindert. Ihre Lernbehinderung lässt sich mithin durchaus positiv konnotieren als ein Selbsthilfemechanismus, als eine Aktivität, die der Anpassung dient. Ohne ausreichendes Vertrauen in die eigene Resonanzfähigkeit, d.h. in die eigene Liebenswertigkeit, verweigern sie die Teilnahme an der pädagogischen Kommunikation.

Fasst man unter einer systemtheoretischen Perspektive Kommunikation auf als Verstehen der Unterscheidung von Information und Mitteilung, lässt sich erkennen, dass die Kommunikation mit Lernbehinderten und Erziehungsschwierigen, seien sie aggressiv oder nicht, bevorzugt an der Selbstreferenz anschließt und weniger an der Fremdreferenz. Die Beschäftigung mit dem Inhalt, der Fremdreferenz, wird erst einmal hinten angestellt. Eine Kommunikation, bei der es überwiegend um die Vermittlung von Informationen geht, bei dem also der fremdreferentielle Aspekt überwiegt, legt denn auch eher den Modus des Erlebens nahe. Eine solche Kommunikation, in der es um Wissensvermittlung, um die Aufnahme von Wissen geht, wird von *Fuchs* (1993) als aufklärerisches Displacement beschrieben. Soll Wissen vermittelt werden – und man sollte sich ja nicht gleich als bildungspolitischer Reaktionär outen, sieht man dies auch als eine Aufgabe von Schule an –, muss man es dem Kind zumuten können, die Komplexität seiner Welt auch im Modus des Erlebens zu reduzieren, aller Handlungsorientierung des schulischen Unterrichts zum Trotz. Dieser Modus des Erlebens, der mit einer zeitweiligen Suspendierung der Handlungsoption einhergeht, erscheint allerdings dem desorganisiert-unsicher gebundenen Kind als zu riskant. Folglich wird es daher einer Beteiligung an einer schulischer Kommunikation, die auf den fremdreferentiellen Aspekt fokussiert, Widerstand entgegensetzen.

Insofern lässt sich die den verhaltensauffälligen wie auch lernbehinderten Kindern und Jugendlichen gemeinsame Tendenz zur Redundanzsicherung angesichts einer zu unsicheren Bindung als ein äquifinales Phänomen begreifen. Hierin dürfte die „Komorbidität" von Lernbehinderung und Dissozialität, auf die letztlich die bekannt hohe Überlappung der Klientel der Sonderschulen für Erziehungshilfe und Lernbehinderung zurückzuführen ist, begründet sein. Aus einer bindungstheoretischen Perspektive, ausgehend von einer desorganisierten Bindungsorganisation, lassen sich Dissozialität und Lernbehinderung auch als multifinale Verhaltensweisen ansehen. Ein bindungstheoretisch und systemtheoretisch inspiriertes Verständnis vermag überdies den Erzieherinnen und Erziehern eine sichere kognitive und affektive Basis bereitzustellen, die notwendig ist, um geeignete pädagogische und/oder therapeutische Interventionen zu explorieren. Schließlich werden Pädagogen leicht unsicher und hilflos, wenn erziehungsschwierige und lernbehinderte Kinder die ihnen angesonnenen Bildungsangebote nur höchst selektiv annehmen, ebenso wie Psychotherapeuten, denen ihr wohlgemeintes Therapieangebot von diesen scheinbar souverän ausgeschlagen wird. Das Wissen über das diesem störenden Verhalten zugrundeliegende Sicherheitsbedürfnis vermag zudem auch die Kränkungsgefahr zu verringern. Erst einmal muss es darum gehen, diesen Kindern das Vertrauen zu vermitteln, dass ihre Bindungsbedürfnisse ausreichend sicher befriedigt werden können, und sie zu ermutigen, sich dem Risiko der Exploration auszusetzen. Erst einmal sind selbstreferentiell vertrauensbildende Maßnahmen angezeigt, bevor fremdreferentiell über Sachen geredet werden kann.

Rimmert van der Kooij

Kognitionen und Emotionen

Einführung

Die ersten beruflichen Situationen, denen der Sozialwissenschaftler – sei er Psychologe oder (Sonder-)Pädagoge – während des Prozesses der praktischen Hilfeleistung begegnet, sind diagnostischer Art. In den Niederlanden besteht breiter Konsens über einige Punkte: Zunächst ist man der Meinung, dass Diagnostik jedem Veränderungsprozess, bei dem professionelle Interventionen angewandt werden, vorausgehen soll; dies betrifft sowohl Änderungen, die in schulischen Situationen angestrebt werden, als auch Interventionen, die in therapeutischen Settings stattfinden. Zweitens hat man sich über die Gestaltung des diagnostischen Prozesses geeinigt. In den achtziger Jahren ergriff der Niederländische Berufsverband für Erziehung, Bildung und Unterricht die Initiative, verschiedene Wissenschaftler und Praktiker zusammenzubringen, und legte ihnen die Frage vor: „Wie soll der diagnostische Prozess aussehen und welche Anforderungen müssen daran gestellt werden?" Nach intensiven Diskussionen einer siebenköpfigen Kommission wurde ein einstimmiges Ergebnis erzielt und in dem kleinen Buch „Diagnostik in der pädagogischen Hilfeleistung" publiziert (*van der Kooij et al.* 1991).

Einstimmigkeit bestand darüber, dass der diagnostische Prozess in Phasen abläuft, ferner über die Notwendigkeit, überprüfbare Hypothesen zu formulieren und Methoden zu verwenden, die wissenschaftlich verantwortet sind. Wie die während der Erkundungsphase erworbenen Informationen geordnet werden und welche Bedeutung ihnen im Einzelnen beigemessen wird, ist auf der Grundlage von Theorien zu entscheiden. Dasselbe gilt für die Erstellung der Hypothesen, die geprüft werden müssen. Die Diagnostik ist sozusagen eine Form der angewandten Wissenschaft.

In einer wissenschaftlichen Untersuchung werden auf der Basis einer existierenden Theorie Hypothesen formuliert, die auf ihre Gültigkeit geprüft werden. In der Diagnostik begegnet man der Schwierigkeit, dass die Zahl der Probleme, die einem Diagnostiker vorgelegt werden, meistens reichlich groß ist und dass man durch die Komplexität der vorgelegten Probleme gezwungen ist, eine Vielzahl an Theorien oder theoretischen Modellen zur Verfügung zu haben und auch anzuwenden. In der Konfrontation zwischen Theorie und Praxis, so wie sie in der Diagnostik stattfindet, kommt man zu der Erkenntnis, dass die meisten Theorien nur einen begrenzten Gültigkeitsbereich haben.

Wenn ein Diagnostiker Probleme eines Schülers vorgelegt bekommt, wobei Verhaltensauffälligkeiten beschrieben werden wie Konzentrationsmangel, hyperkinetische Merkmale, oppositionelles Verhalten oder auch Probleme bei der Rechtschreibung, so muss er sich wohl eingestehen, dass es nicht *eine* einzige Theorie gibt, mit der man *alle* diese angedeuteten Verhaltensphänomene angehen, ordnen oder erklären kann. Die Vielfalt der Theorien, die existiert, ist nicht nur eine Folge unterschiedlicher anthropologischer Sichtweisen, die in unserer Gesellschaft – also auch bei Hilfeleistenden – vorgefunden werden. Vielmehr liegt die Ursache leider vor allem in der mangelhaften theoretischen Grundlage in den Sozialwissenschaften. Einen Ausweg aus dieser kritischen Lage bietet das Einteilen des Verhaltens in sensomotorisches, kognitives, emotionales und soziales Verhalten. Der Vorteil der Konzentration auf das Verhalten ist die Möglichkeit, die Intersubjektivität einzusetzen, d.h. das eigene Urteil über Verhalten mit dem anderer Personen vergleichen zu können.

Nun gibt es Theorien, die sich auf die Erklärung des sensomotorischen und kognitiven Verhaltens beschränken (z.B. *Piaget*) oder auf das emotionale und soziale Verhalten (z.B. *Freud*). Die Lerntheorie, der Behaviorismus, ist zwar bei vielen Verhaltensformen anwendbar; allerdings fehlen leider die notwendigen Aussagen über endogene, kausale Faktoren.

Die theoretische Sackgasse, in der wir uns befinden, betrifft vor allem unseren Mangel an einem theoretischen Ansatz, der einen Zugriff auf emotionale *und* kognitive Aspekte, so wie wir ihnen täglich in der diagnostischen Berufspraxis begegnen, gleichermaßen erlaubte. Im Wesentlichen behelfen wir uns dadurch, dass wir eine Menge theoretischer Modelle ‚in der Tasche‘ haben und diese im Grunde willkürlich und nach subjektiven Maßstäben anwenden. Dabei ist die synthetische Annäherung zwischen nomologischen und hermeneutischen Theorien, wie sie von *van Strien* (1986; siehe auch *van der Kooij* 2000) befürwortet wird, schon ein Schritt vorwärts.

Die Arroganz der Theoretiker ist manchmal maßlos, vor allem, wenn es sich um Vertreter der nomologischen Theorien handelt, bei denen der Aspekt der Messbarkeit eine zentrale Rolle spielt. In Diskussionen mit Vertretern der nomologischen Auffassungen bekommt man manchmal den

Eindruck, dass das, was nicht messbar ist, ihrer Ansicht nach auch nicht existiere. In der Praxis nehmen die Hermeutiker, verglichen mit den nomologischen Theoretikern, eine sehr wichtige Position ein. Sie versuchen, sich in problematische Situationen einzuleben und sie zu verstehen, sie verleihen bestimmten Ereignissen und Phänomenen eine Bedeutung, messen sie aber nicht. Sie können (noch) nicht messen. Allerdings versucht man häufig zu einer typologischen Einteilung zu gelangen.

Kognitive Leistungen kann man oftmals messen: wie groß der Wortschatz eines Kindes ist; wieviel abstrakte Probleme, die ihm vorgelegt werden, es lösen kann. Aber wie will man das Ausmaß an Angst messen, das ein Jugendlicher zeigt, wenn er an Klaustrophobie oder Platzangst leidet? Wie soll man genau die sozialen Fähigkeiten feststellen, die ein Kind besitzt, um eine Problemsituation zu lösen?

Die Frage nach kausalen Faktoren des problematischen Verhaltens scheint innerhalb der Heil- und Sonderpädagogik nicht populär zu sein (vgl. *Spiess* 1998). Die Tendenz zur Entwicklung subjektiver Theorien (*Schlee & Wahl* 1987), um aus diesem Dilemma herauszukommen, ist verständlich. Trotzdem bleibt die fundamentale Frage im Grunde bestehen: Wie kann ich emotionales und kognitives Verhalten auf einen Nenner bringen?

Zum Problem der emotionalen und kognitiven Verhaltensformen

In der Diagnostik kämpft man mit dem Problem, wie man in der Erkundungsphase emotionale Reaktionen der Kinder interpretieren muss in einer Situation wie der Schule, wo auch kognitive Leistungen gefordert werden. Diese Interpretation der Information am Anfang eines diagnostischen Verfahrens kann für den weiteren Verlauf ebenso bestimmend sein wie die Erstellung der Untersuchungshypothesen. Sehr oft findet man in der Praxis bei einer Einzelfallstudie Hypothesen formuliert, die sich auf emotionale und soziale Verhaltensformen beziehen, während andere Hypothesen das kognitive Verhalten betreffen. Diese Hypothesen kann man separat, mit unterschiedlichen Methoden und auf unterschiedlicher theoretischer Basis prüfen. Wenn dann zum Beispiel in einem diagnostischen Verfahren sechs Hypothesen formuliert sind, wovon die Hälfte sich auf kognitives Verhalten bezieht, während die anderen drei eine Aussage über emotionales und soziales Verhalten beinhalten, dann entsteht am Ende des diagnostischen Prozesses das Problem der Integration der erworbenen

Ergebnisse. Mit anderen Worten, man muss Ergebnisse zum emotionalen und zum kognitiven Verhalten miteinander verbinden. Das kann etwa beinhalten, dass man eine Aussage machen muss, ob das kognitive Verhalten (wie zum Beispiel Dyslexie/Legasthenie) negative emotionale Auswirkungen hat. Andererseits ist es auch möglich, dass emotionale Probleme negative Einflüsse auf die kognitiven Leistungen haben. Es geht also im Grunde um die Frage: „Wer war eher da, die Henne oder das Ei?"

In dieser Situation, in der man die aus verschiedenen Hypothesen hervorgehenden Ergebnisse vereinen soll, steht man theoretisch sozusagen mit leeren Händen da. Man legt sich dann als Diagnostiker selber eine Theorie zurecht, gezielt auf eine Einzelfallstudie, da keine allgemein verbindliche Theorie zur Verfügung steht, mit der man Aussagen zu unterschiedlichen emotionalen und kognitiven Hintergründen wissenschaftlich untermauern kann.

Da die Diagnostik zur Vorbereitung von Interventionen dienen soll, ist auch bei diesen das Dilemma bei der Anwendung von Theorien zu bewältigen, und zwar bereits bei der Wahl zwischen Interventionen im sensomotorisch-kognitiven Bereich (wie dem „remedial teaching") oder Interventionen auf dem Gebiete des emotionalen und sozialen Verhaltens (etwa einer Psychotherapie).

Obwohl es eigentlich nie deutlich formuliert wird, gehen wir doch davon aus, dass die beiden Gruppierungen der Verhaltensformen, die kognitiven und die emotionalen, einander durchaus beeinflussen. Nur wissen wir nicht, welche Vorstellung wir uns davon machen sollen, auf welchen Wegen wir zu forschen haben und wo wir mit unserer Erkundung der gegenseitigen Einflüsse anfangen sollen. Auf jeden Fall sind wir allerdings davon überzeugt, dass der Überschneidungsbereich sehr groß ist.

Möglichkeiten, Zusammenhänge zwischen Emotionalität und Kognition zu erkunden

Wir befinden uns mit der Frage nach Zusammenhängen zwischen Emotionalität und Kognition auf der Praxisebene in einer Situation, die in vielerlei Hinsicht unvorhersagbar erscheint. Wir wissen auch nicht, welche Strategie zu einer Lösung dieses Problems führen kann. Weil es schon jahrzehntelang eine Art Stagnation bezüglich der Theorieentwicklung gegeben hat, sollte man sich auf die Entwicklung neuerer Ansätze und Strategien besinnen. Es scheint unvermeidlich zu sein, dass die wissenschaftliche

Strategie, das Problem der Beziehung zwischen Kognition und Emotion zu bewältigen, einen unkonventionellen Charakter haben wird.

Die Strategie, die wir in diesem Beitrag anwenden, ist die der Konfrontation mit einem beträchtlichen Ausmaß unerwarteter Forschungsergebnisse, wobei eine Erklärung im traditionellen Sinne nicht möglich erscheint. Wenn im Folgenden diese Strategie angewandt wird, dann geschieht dies unter der Prämisse (vgl. *van der Kooij* 1979), dass die Betrachtung der Entwicklung des Individuums von seiner psychosomatischen Einheit ausgeht. Konsequenz dieser Annahme ist, dass sowohl angeborene Eigenschaften als auch erworbene Gegebenheiten zu dem Endprodukt beitragen, das man in der Entwicklung zu einem bestimmten Zeitpunkt vorfindet. Damit will gesagt sein, dass wir *Stern*s Konvergenztheorie (1918; 1923), wie sie auch 1994 nochmals von *Bronfenbrenner & Ceci* betont wurde, große Bedeutung beimessen.

Wenn wir uns in diesem Zusammenhang vor allem auf unser ‚empirisches Bein' stützen, d.h. wenn wir unvoreingenommen vorliegende Untersuchungsergebnisse in Betracht ziehen, dann kann dies der Intensivierung der Diskussion über die emotionalen und kognitiven Aspekte dienlich sein.

Rückblickend auf Daten aus empirischen Untersuchungen, die wir eigentlich nie befriedigend erklären konnten, werden wir einige sehr unterschiedliche Situationen auswählen, in denen diese ungelösten Erklärungsversuche auftraten:

Das erste Beispiel bezieht sich auf die Erlebniswelt: In den Meinungsäußerungen bezüglich konkret beschriebener Erziehungssituationen kann man zwischen Erziehern und Kindern im Alter von 9 bis 12 Jahren kaum eine Übereinstimmung feststellen (*van der Kooij* 1997). Es ist aus theoretischer Sicht rätselhaft, wie so etwas auftreten kann.

Im spontanen Verhalten der Kinder im Alter von 3 bis 9 Jahren, so wie dieses während des Spiels beobachtet wurde (*van der Kooij* 1983), sind relativ große Geschlechtsunterschiede festzustellen. Mit Hilfe der existierenden Theorien erscheint es unmöglich zu erklären, warum Jungen und Mädchen sich so unterschiedlich spontan im Spiel verhalten.

In jüngsten, noch nicht veröffentlichten Untersuchungen (*Dinges* in Vorber.) sind in Bezug auf Lernfortschritte in den Bereichen Mathematik und Lesetechnik relativ große Leistungsunterschiede zwischen Jungen und Mädchen der dritten und vierten Klasse der Grundschule erhoben worden. Auch hier fehlt ein theoretischer Erklärungsrahmen.

Wir werden nun zunächst einige Ergebnisse darstellen und anschließend versuchen, auf den drei erwähnten Gebieten einige neue Ideen zu formulieren.

Diskrepanzen in der Wahrnehmung identischer Erziehungssituationen durch Kinder und Eltern

Im Bereich der Verhaltensstörungen, Verhaltensauffälligkeiten bzw. der Erziehungshilfe hat es uns viel Zeit und Aufwand gekostet, im hermeneutischen Sinne Typologien der Interaktion zwischen Erziehern einerseits und Kindern/Jugendlichen andererseits zu entwickeln. Typologien haben den Vorteil, dass sie bei guten Beschreibungen übertragbar sind und einen stereotypischen Charakter haben, was auch bei allen Verhaltensauffälligkeiten der Fall ist.

Affektive Vernachlässigung:
- geringe Aufmerksamkeit
- geringe Stimulierung
- wenig Pflege
- keine Protektion
- wenig emotionale Wärme

Inkonsequente Verhaltensweise:
- keine Konsequenz
- Verwirrung schaffen
- geringe Vorhersehbarkeit
- Neigung zur Abgabe doppelter Signale
- große Inkonstanz

Überbehütung (Overprotection):
- viele Regeln
- Abstand Erzieher-Kind klein
- keine Erziehungsaufgaben abgeben
- Besitzanspruch
- Bedürfnisbefriedigung des Erziehers

Zu starkes Appellieren an Normen und Werte:
- das Gewissen ansprechen
- an das angestrebte Niveau appellieren
- acting out nicht zugestehen
- appellieren an Loyalität
- Schuldgefühle wecken

Eine zu sehr lenkende Erziehungshaltung:
- fordernd
- viel Zwang
- starke Kontrolle und Restriktion
- viel Strafe, Kritik, Drohung
- Ungleichwertigkeit

Abb. 1: Merkmale der fünf problematischen Erziehungsstile

In unserem Versuch, einen Ansatz zu einem Erklärungsmodell für emotionale und soziale Verhaltensstörungen vorzustellen (*van der Kooij & Been* 1996), haben wir fünf problematische Erziehungsstile, die Eltern zeigen können, unterschieden:

– affektive Vernachlässigung,
– Überbehütung,
– zu stark lenkendes Erzieherverhalten,

126

– inkonsequentes Erzieherverhalten,
– zu starkes Appellieren an Normen und Werte.

Die Merkmale dieser Stile sind kurz zusammengefasst in Abbildung 1.

Nun sind wir davon ausgegangen, dass diese fünf problematischen Stile auf intro- und extrovertierte Kinder eine unterschiedliche Wirkung haben. Intro- und Extroversion kann man sehr gut vergleichen mit Hilfe von Konzepten wie internalisierendes oder externalisierendes Verhalten, zwei zentralen Kriterien, die mit neueren Fragebögen wie CBCL, TRF und YSR gemessen werden. In Abbildung 2 zeigen wir nur eine Kurzfassung unseres Modells, weil wir uns vor allem auf den Aspekt der problematischen Erziehungsstile konzentrieren wollen.

$\downarrow$ $\rightarrow$ ENDOGENE FAKTOREN

E X O G E N E F A K T O R E N		EXTRAVERTIERT	INTROVERTIERT
	Affektive Vernachlässigung	Schlechte Impulskontrolle	Stagnierendes Entwicklungsbild
	Überbehütung	Kein Selbstvertrauen	Keine eigene Initiative
	Zu sehr lenkender Erziehungsstil	Autoritäts-konflikte	Zurückgezogenes Verhalten
	Inkonsequentes Erzieherverhalten	Acting out der Aggression/ wechselndes Verhalten	Neurotische Symptome
	Zu starkes Appellieren an Normen und Werte	Entweichungs-verhalten	Zeigt keine eigene Identität

Abb. 2:   Verkürzte Wiedergabe des diagnostischen Modells

Diese Stile sollten in praktischen Situationen erkennbar sein. Schon vorher wurde gemeinsam mit *Neukäter* die Erarbeitung eines Verfahrens in

Angriff genommen, das diese problematischen Erziehungsstile in praktischen Situationen zu identifizieren erlaubte. Hierfür wurde ein Fragebogen konzipiert (*van der Kooij & Neukäter* 1993), mit dem wir ein Maß für die erlebten problematischen Erziehungsstile bekommen konnten. In diesem Fragebogen – in deutscher und niederländischer Sprache, aber sonst identisch – sind 21 Situationen aus dem täglichen Leben ausgewählt, die jeweils für den Leser mit einer Comiczeichnung veranschaulicht werden und worin ferner die fünf problematischen Erziehungsstile operationalisiert worden sind. In Abbildung 3 ist ein Item des Fragebogens abgebildet.

Die Ergebnisse ziemlich großer Stichproben in Deutschland und in den Niederlanden sowie eine weitere Anwendung (*Hartke* 1998) machen deutlich, dass die interne Konsistenz der Daten unerwartet hoch ist (siehe Tabelle 1).

Tab. 1:   Konsistenz-Koeffizienten (Cronbach's alpha) der 5 Skalen des diagnostischen Modells.
N = Zahl der Wahrnehmungen

Skala	Zahl der Items	N Nieder-lande	Alpha Nieder-lande	N Deutsch-land	Alpha Deutsch-land
Affektive Vernachlässigung	21	264	.81	116	.83
Überbehütung	21	273	.84	120	.86
Zu sehr lenkender Erziehungsstil	21	273	.84	130	.88
Inkonsequentes Erzieher-verhalten	21	266	.75	123	.80
Zu starkes Appellieren an Normen und Werte	21	274	.88	125	.89

Damit ist erwiesen, dass sowohl Kinder als auch Jugendliche in Deutschland und in den Niederlanden sowie Eltern in den Niederlanden die fünf problematischen Stile erkennen und sie auch relativ scharf unterscheiden können. Die Homogenität der Ergebnisse hat uns erstaunt. Diese Verwunderung war aber vor allem die Folge des oft in nomologisch denkenden Kreisen bestehenden (Vor)Urteils, dass Aussagen im Bereich der Hermeneutik inkonsistent seien. Wir dürfen jedenfalls auch auf der Basis jüngerer Untersuchungen (*Coster* 2001) davon ausgehen, dass die fünf problematischen Erziehungsstile von Erziehern *und* von Kindern deutlich erkannt werden.

1.) Du siehst fern. Es ist Zeit, ins Bett zu gehen. Wie würde deine Mutter reagieren?

gar nicht	manch-mal	häufig	sehr oft	
☐	☐	☐	☐	a. Sie wird mitgucken und mich warmherzig ins Bett begleiten.
☐	☐	☐	☐	b. Sie sagt, dass es meine eigene Schuld sei, wenn ich morgens nicht ausgeschlafen bin.
☐	☐	☐	☐	c. Sie wird mich sofort ins Bett schicken.
☐	☐	☐	☐	d. Sie wird es mir überlassen, wann ich ins Bett gehe.
☐	☐	☐	☐	e. Sie wird mich manchmal ins Bett schicken, überlässt es manchmal auch mir, wann ich ins Bett gehen soll. Das eine mal so, das andere mal anders.

Abb. 3:   Ein Item des Fragebogens für Erziehungsstile

In einer niederländischen Stichprobe war es uns möglich, die Korrelation zwischen den Urteilen der Erzieher und Kinder zu berechnen.

Wie aus den Ergebnissen in Tabelle 2 hervorgeht, existiert kaum eine signifikante Korrelation zwischen den Erlebnissen der Erzieher und Kinder.

Tab. 2: Korrelationen (r) zwischen Kindern und Eltern bei den 5 erlebten problematischen Erziehungsstilen
N = Zahl der Wahrnehmungen   * = signifikant auf 5% Niveau

5 Skalen des Fragebogens	N	r.
Affektive Vernachlässigung	86	.12
Überbehütung	84	.25*
Zu sehr lenkender Erziehungsstil	86	.20
Inkonsequentes Erzieherverhalten	84	-.06
Zu starkes Appellieren an Normen und Werte	85	.10

Kinder reagieren auf das Verhalten ihrer Eltern, weil sie die Reaktionen der Eltern wahrnehmen und erkennen. Dieser Wahrnehmungsprozess zählt zur Kategorie der kognitiven Prozesse. Wenn Eltern über ihre Einstellungen den Kindern gegenüber reflektieren – und das ist notwendig, wenn man den Fragebogen zu den Erziehungsstilen beantwortet –, dann sind während des Prozesses der Reflexion emotionale Anteile, also Gefühle involviert. Das Dilemma aus der Sicht der Kinder ist, dass für sie eine Diskrepanz zwischen Verhalten (unter kognitiver Kontrolle) und Einstellungen (gemischt mit emotionalen Anteilen) nicht zu erkennen ist. Sie reagieren nur auf das sichtbare Verhalten ihrer Eltern.

Deshalb kann man die Frage stellen, ob ein Mangel an Übereinstimmung, an Gleichgewicht zwischen Emotion und Kognition nicht eine wichtige Quelle bildet für das Entstehen von Verhaltensstörungen oder Auffälligkeiten. Der Mangel an Einheit *innerhalb* einer Person (der Konflikt zwischen Emotionalität und Kognition) ist schon seit langem ein Gegenstand theoretischer Erörterungen. In den psychoanalytischen Sichtweisen wird dieses Problem mit dem Begriff der Rationalisierung, einem der bekannten Abwehrmechanismen, angegangen. Aber die Integration zwischen Emotion und Kognition innerhalb einer Person war nie ein Thema theoretischer Ansätze und wurde deswegen nie wirklich erklärt. Der vielleicht genau so wichtige Aspekt der Beziehung zwischen Emotion und Kognition in der sozialen Interaktion scheint ebenso wenig gelöst zu sein.

Wenn man sich das Umfeld der sozialen Dienste und der Therapie anschaut, dann sind im Grunde nur drei Hauptrichtungen darin zu unterscheiden: der psychoanalytische Ansatz, nicht-direktive (personen-zentrierte) therapeutische Methoden und lerntheoretische Ansätze, die große Erfolge erzielen im Bereich der Bekämpfung konkreter Verhaltensauffälligkeiten wie Phobien. In keinem dieser Ansätze spielt das Thema der Beziehung zwischen Kognition und Emotion eine wesentliche Rolle. Dessen ungeachtet haben beide Aspekte des menschlichen Verhaltens eine große Bedeutung. In psychoanalytischen Therapien gilt im Allgemeinen als Voraussetzung, dass Klienten über eine ausreichende Selbstreflexion verfügen müssen, bevor sie zu einer Behandlung zugelassen werden. Im Grunde bedeutet dies, dass aus psychoanalytischer Sicht ohne kognitive Fähigkeiten keine emotionalen Änderungen stattfinden können.

Dass eine Interaktion zwischen Emotion und Kognition während erzieherischer Interventionen stattfindet, erscheint selbstverständlich. Man kann sogar die Frage stellen, inwiefern Verhaltensauffälligkeiten, so wie diese von Erziehern aufgefasst werden, zum Teil reduziert werden können auf eine Antithese von Emotion und Kognition. Die aus unserer Forschung hervorgehende Diskrepanz zwischen dem, was Eltern zu tun meinen, und dem, was die Kinder erleben, sollte in Zukunft ein wichtiges Thema im Bereich der Sonderpädagogik bilden.

Diskrepanzen im Spielverhalten zwischen Jungen und Mädchen

Schon seit mehr als zwei Jahrzehnten kämpfen wir mit dem Problem der Erklärung des unterschiedlichen Spielverhaltens von Jungen und Mädchen. In unseren systematischen Spielobservationen (*van der Kooij* 1983) stellten wir einen großen Unterschied fest zwischen Jungen und Mädchen (siehe Tabelle 3).

Aus den Daten in Tabelle 3 geht deutlich hervor, dass Mädchen wesentlich mehr Imitationsspiel als Jungen zeigen. Imitationsspiel beinhaltet:

– einfache Ereignisse der Wirklichkeit durch Ausführen von Bewegungen mit oder ohne Spielzeug nachahmen;
– Ereignisse der Wirklichkeit durch Ausführung von Bewegungen mit Spielzeugen nachahmen; gleichzeitig werden Laute mit der Stimme erzeugt, die zu dem bewegten Spielobjekt passen;
– durch Gebrauch von Spielzeugen Ereignisse der Wirklichkeit inszenieren, indem verschiedene Rollen gleichzeitig oder nacheinander gespielt werden.

Tab. 3: Spielverhalten von 417 Jungen und Mädchen in Prozentzahlen der Spielzeit.
Alter = Jahre + Monate
I = keine Spielaktivität
II = Aufräumen des Spielzeugs
III = Wiederholungsspiel
IV = Imitationsspiel
V = Konstruktionsspiel
VI = Gruppierungsspiel

	N	Alter	I	II	III	IV	V	VI
Jungen	18	3;0	0,5	1,4	71,7	24,0	2,5	-
Mädchen	11	3;0	1,0	2,0	52,9	38,0	6,1	-
Jungen	29	4;4		6,6	44,9	31,7	11,1	5,7
Mädchen	27	4;4		7,5	38,1	39,8	10,7	3,9
Jungen	16	5;0		4,4	37,2	28,6	24,7	5,6
Mädchen	15	5;0		4,1	33,0	45,2	15,2	2,6
Jungen	18	6;0		7,4	29,1	27,9	13,3	22,2
Mädchen	24	6;0		4,9	26,1	58,8	2,3	7,9
Jungen	48	7;0		7,8	33,4	20,9	11,1	26,7
Mädchen	51	7;0		7,9	25,1	43,9	6,5	17,1
Jungen	40	8;1		6,5	28,1	24,3	10,0	31,1
Mädchen	40	8;1		3,8	22,3	57,6	6,3	10,1
Jungen	40	9;0		9,9	26,8	19,9	8,9	34,4
Mädchen	40	9;0		7,1	25,6	45,9	5,0	16,4

Gemäß unseren bereits früher formulierten Postulaten (*van der Kooij* 1979) gehen wir davon aus, dass das Verhalten die innere Struktur der Kinder beeinflusst. Wenn man sich vor Augen hält, dass Kinder zwischen ihrer Geburt und dem 7. Lebensjahr mehr als 10.000 Stunden spielen, dann wird man nicht leugnen können, dass dies auch Folgen haben muss für die innere Struktur.

Das spontan gezeigte Verhaltensbild scheint geschlechtsspezifisch zu sein. Mädchen imitieren während des Spiels fast zweimal so viel wie Jungen. In der Schule werden jedoch von Jungen und Mädchen dieselben Leistungen gefordert.

Nur sehr begrenzt ist in der Vergangenheit der Imitation überhaupt theoretisch Aufmerksamkeit gewidmet worden. Dazu kommt, dass die

132

existierenden Theorien meistens schon Jahrzehnte alt sind (z.B. *Groos* 1901; 1922; *Piaget* 1973). Insgesamt kann man mit ihnen nicht zu einer plausiblen Erklärung gelangen. Deswegen haben wir versucht, neue theoretische Ansätze zu entwickeln, die sich auf die Kognitionspsychologie gründen (*van der Kooij & Been* 1998; *van der Kooij* 2001). Das Phänomen der Imitation scheint nicht nur für die emotionale und soziale Entwicklung wichtig zu sein, sondern auch für die kognitive Entwicklung. Bislang hat man die Imitation allerdings meistens nur auf die emotionalen und sozialen Aspekte der Entwicklung bezogen.

Versuch und Irrtum wird in Zusammenhang mit der Neugierde eine sehr große Bedeutung für die kognitive Entwicklung beigemessen; sie werden sozusagen als treibende Kraft betrachtet. In unseren letzten Ansätzen gehen wir davon aus, dass daneben die Imitation ebenfalls eine der treibenden Kräfte in der Entwicklung bildet. Dabei haben wir eine Unterscheidung zwischen reflexiver und irreflexiver Imitation vorgenommen. Die irreflexive Imitation, von *Piaget* (1973) als präreflexive Imitation bezeichnet, unterscheidet sich in den in Tabelle 4 formulierten Hinsichten von der reflexiven Imitation.

Tab. 4:   Verhaltensmerkmale der irreflexiven und reflexiven Imitation

Irreflexive Imitation Babys:	**Reflexive** Imitation Kleinkinder:
Reagieren augenblicklich	nehmen sich Zeit
Keine Planung	Planungsverhalten (Spiel)
Keine soziale Kommunikation während imitierender Handlungen	soziale Kommunikation während des Imitationsspiels
Imitationsverhalten als Spiegel der Umgebung	Varianz im imitierenden Spielverhalten
Keine Reflexion auf eigene Handlungen	Reflexion auf Handlungen; sind im Stande, auf Fragen zu antworten

Weil die irreflexive Imitation sehr früh in der Entwicklung auftritt, ist davon auszugehen, dass es sich dabei um erbliche, also endogene Entwicklungsbedingungen handelt. Der Unterschied zwischen irreflexiver und reflexiver Imitation bezieht sich vor allem auf den kürzeren Informationsweg der irreflexiven Imitation (vgl. *van der Kooij* 2001). Der irreflexiven Imitationsprozesse sind sich die Betreffenden nicht bewusst, weil diese nicht ins Arbeitsgedächtnis kommen. Bei diesem theoretischen Ansatz handelt es sich also um eine Vorstellung, die man sich von der Architektur des kognitiven Systems macht: wie die Information über Puffer und das Kurzzeitgedächtnis eintritt und über motorisches Kurzzeitgedächtnis unseren Körper in Form von Bewegungen wieder verlässt.

Die Wirkungsweise des kognitiven Systems, den zweiten Aspekt des theoretischen Ansatzes, muss man sich so vorstellen, dass „Produktionen" oder Regeln funktionieren. Das klassische Beispiel einer Produktion bildet die Wenn-dann-Regel:

- P1: *Wenn* ich einen Apfel esse,   *dann* esse ich Obst.
- P2: *Wenn* ich Obst esse,   *dann* ist das gesund.
- P3: *Wenn* ich einen Apfel esse,   *dann* ist das gesund.

P1 und P2 sind spezifische Produktionen. In einem Lernprozess wird der Konditionsteil („Wenn"-Teil) der ersten Regel mit dem Aktionsteil („Dann"-Teil) der zweiten Produktion verbunden. In der Wirklichkeit gibt es sehr viel komplizertere Wenn-dann-Verknüpfungen. Aber an dem obigen Beispiel sollte erkennbar sein, wie man sich im Prinzip den Aufbau der Lösungsstrategien vorstellen muss. Die Wenn-dann-Verbindung erfordert in ihrem Funktionieren eine relativ einfache Aktivierung der Gehirnzellen. Die Plausibilität dieser Art des kognitiven Funktionierens ist deswegen relativ groß.

Nun taucht im Zusammenhang mit diesem zweiten Aspekt natürlich die Frage auf, die für den Verlauf der Entwicklung des Aufbaues von Wissen fundamental ist: „Womit fängt die Entwicklung an?" Es muss als Ausgangspunkt *angeborene* Produktionen oder Regeln geben (*Anderson* 1983), die man dann als Urheber des Entwicklungsprozesses betrachten kann. Traditionell hat man Versuch und Irrtum große Bedeutung beigemessen, man geht davon aus, dass Versuch und Irrtum sozusagen einer der sehr wenigen angeborenen Mechanismen ist. Was die fundamentalen Antriebe der Entwicklung anbelangt, so sind wir allerdings durch unsere Erfahrungen aus der Spielforschung, bei der man schon sehr früh im Kindesalter imitative Handlungen feststellen kann, zu der Überzeugung gekommen, dass die Imitation neben Versuch und Irrtum einen der grundlegenden Antriebe in der Wissensentwicklung bildet, also eine allgemeine Produktion ist.

Die Plausibilität dieser Behauptung wird noch gestützt dadurch, dass man vor allem bei kleinen Kindern beobachten kann, wie diese sich über Imitation neue Kenntnisse aneignen. Ein sehr gutes Beispiel bildet das Sprechen: Unendlich oft lassen Erzieher die Kinder die vorgesprochenen Wörter wiederholen, bis diese sie endlich richtig sagen. Wenn wir den Kindern Problemlösestrategien vermitteln wollen – warum machen wir es dann immer wieder vor? Unter den Lerntheorien ist das Lernen am Modell sehr weit verbreitet. Mit dieser Methode appellieren wir im Grunde stark an die Imitation.

Die Imitation kann eine Art Brücke bilden zwischen den verschiedenen theoretischen Ansätzen, in denen oft ein Unterschied zwischen emotionalen und kognitiven Aspekten psychologischer Prozesse gemacht wird. Im Verhalten des Babys ist die Imitation gut erkennbar vorhanden. Wenn man einem Baby zulächelt, erfolgt oft spontan ein Lächeln. Dasselbe ist der Fall, wenn ein anderes Kind oder jemand anders in seiner Nähe weint: Fast immer erfolgt beim Hören ein spontanes Weinen. Die Imitation ist hier sowohl für die kognitiven als auch für die emotionalen Prozesse von Bedeutung.

Das spontane, irreflexive Imitationsverhalten, wie man es schon während des ersten Lebensjahres beobachten kann, mündet meistens auch in eine Art Entdeckung seiner selbst. Charlotte *Bühler* (1928) hat schon genau beschrieben, wie das Funktionsspiel im zweiten Lebensjahr zum Fiktionsspiel führt. Die Entdeckung seiner selbst, des eigenen Ichs, enthält kognitive Aspekte, die Erfahrung, dass man selber sozusagen Akteur ist, aber dieses auch gleichzeitig fühlt – sie enthält im Grunde zwei Aspekte: emotionale und kognitive. Ein so zentrales Konzept wie „Identität" enthält unseres Erachtens gleichzeitig deutliche emotionale *und* kognitive Aspekte. Ohne Imitation kann eigentlich eine eigene Identität nicht zustandekommen. Eine Bestätigung dieser Behauptung kann man auch im Entwicklungsbild autistischer Kinder finden: Ihre Imitation bleibt weit zurück (*Hegner* 1998); und sowohl emotionale als auch kognitive Behinderungen sind Merkmale des Autismus.

Unterschiedliche Schulleistungen bei Jungen und Mädchen

Wenn man geschlechtstypische Verhaltensformen im spontanen Verhalten wie im Spiel feststellen kann, dann wird man sich natürlich die Frage stellen, ob man auch Unterschiede in kognitiven Leistungen in der Schule vorfindet. An der Gießener Universität findet im Rahmen einer Dissertation eine Untersuchung statt, in der ein „Schülerfolgesystem" entwickelt wird; dies beinhaltet die Beurteilung bzw. Messung von Verhalten und Leistungen in dreimonatigen Abständen sowie die Rückmeldungen darüber an die Lehrpersonen (*Dinges* in Vorber.). Mit Zustimmung des Autors zitiere ich hier ein Teilergebnis.

In Stichproben von jeweils über 500 Jungen und Mädchen wurde festgestellt, dass es in der dritten Klasse der Grundschule, also im Alter von etwa 9 Jahren, ausgeprägte Leistungsunterschiede zwischen den Geschlechtern gibt. Die Leistungen der Jungen sind im Bereich Mathematik signifikant besser, während die Mädchen im technischen Lesen bessere Leistungen hervorbringen.

Hier drängt sich natürlich die Frage auf, wie man eine Erklärung für derart signifikant unterschiedliche Leistungen finden kann. Unsere erste Annahme ist, dass es sich bei Jungen und Mädchen um unterschiedliche Entwicklungswege handeln muss, sonst könnte ein solcher Unterschied nicht erklärt werden.

Wenn wir auf die im vorigen Kapitel erörterten Annahmen zurückblicken, so muss man sich die Frage stellen, inwiefern im Bereich der Schule mit ihren kognitiven Anforderungen auch geschlechtsspezifische Entwicklungsbedingungen angenommen werden müssen. Im spontanen Spielverhalten waren klare Unterschiede zu erkennen, die zurückzuführen sind auf unterschiedliche Anlagen von Jungen und Mädchen hinsichtlich der Imitation. Auf der Suche nach einem Erklärungsansatz für die Geschlechtsunterschiede im schulischen Leistungsbereich gehen die Vermutungen nun in dieselbe Richtung wie beim Spiel. Die Aneignung der deutschen Sprache wäre demnach auch weitgehend durch Imitation bedingt. Da man beim Spiel davon ausgehen kann, dass die Imitation bei Mädchen stärker ist als bei Jungen, liegt es auf der Hand anzunehmen, dass die Mädchen auch im Lesen – das relativ stark beeinflusst ist durch die Imitation – ein höheres Leistungsniveau zeigen. Ebenfalls im vorigen Kapitel haben wir bereits erwähnt, dass Versuch und Irrtum einen nicht zu übersehenden allgemeinen Entwicklungsmechanismus darstellen, der erblich bedingt ist. Man könnte sich denken, dass dieser Antrieb bei den Jungen stärker vorhanden ist als bei den Mädchen. Und weil Versuch und Irrtum zur Bewältigung mathematischer Aufgaben eine wichtige Strategie darstellen, wird erklärbar, dass die Mathematikleistungen der Jungen besser sind.

Schlussbemerkungen

Bezug nehmend auf die in unseren Forschungsergebnissen zutage tretenden Unterschiede im Erleben erzieherischer Situationen, im spontanen Spielverhalten und im schulischen Leistungsverhalten, haben wir versucht, auf etwas unkonventionelle Art Verbindungen zwischen Kognition und Emotionalität vor allem über das Phänomen der Imitation herzustellen. Mehr als kreative Ideen können das freilich derzeit nicht sein.

Im Bereich der Kognitionspsychologie spielt der Aspekt der neuronalen Plausibilität eine wichtige Rolle (*van der Kooij & Been* 1996). Schon *Eysenck* (1982) hat die Konzepte der Intro- und Extroversion mit neurologischen Funktionen in Verbindung gebracht. Vielleicht kann man die neuesten Entwicklungen in der Kognitionspsychologie, wo die neuronale Aktivität immer präziser gemessen werden kann, in Zusammenhang mit dem Verhalten bringen. Auch der Aktivitätsverlauf der Gehirnzellen rückt ins Zentrum des wissenschaftlichen Interesses. Wir sind der Überzeugung, dass diese Entwicklungen auch Folgen haben können für eine neue Sicht auf die Beziehungen zwischen emotionalem und kognitivem Verhalten und dass wir vielleicht auch unsere Aufmerksamkeit auf bis heute vernachlässigte Verhaltensaspekte richten sollten.

Wir sind davon überzeugt, dass eine Denkweise, die wieder mehr das Augenmerk auf die kausalen Faktoren des kindlichen Verhaltens in der Erziehung und in der Sonderpädagogik richtet, auch zur Überbrückung der Antithese von Emotionalität und Kognition beitragen kann.

Werner Laschkowski

Sonderpädagogische Diagnose- und Förderklassen – frühe Prävention von Lern- und Verhaltensproblemen

Konzept der Diagnose- und Förderklassen

Diagnose- und Förderklassen stellen in Bayern eine besondere Organisationsform der Eingangsstufe der sonderpädagogischen Förderzentren dar. Sie verstehen sich als präventive Maßnahme. Sie werden zunächst keinem Förderschwerpunkt zugeordnet und haben das Ziel, Behinderungen genauer zu erfassen und ihre Ursachen und Verflechtungen sowie die sich hieraus ergebenden Fördermaßnahmen festzustellen (*Schule und Bildung in Bayern* 2000, 64). Es wird also von Beginn an auf eine Differentialdiagnostik und die daraus folgende Zuschreibung von Lernbehinderung, Sprachbehinderung oder Verhaltensstörung verzichtet. Für diese drei Behinderungen sind nämlich die meisten Sonderpädagogischen Förderzentren zuständig.

Vor allem der Begriff „Lernbehinderung" bereitete schon immer Probleme. *Mand* sieht darin den Ausgangspunkt einer „Fundamentalkritik" (1998, 40). Aus diesem Grunde wird in den neuen gesetzlichen Grundlagen gänzlich auf den Begriff Lernbehinderung verzichtet. Der sehr offene übergeordnete Begriff „sonderpädagogischer Förderbedarf" ist der neue Leitbegriff *(KMK* 1994, 460*)*.

Das sonderpädagogische Konzept „Lernförderung" (*Kanter* 1998, 16) wurde versucht, konsequent umzusetzen. Entscheidend sind dabei nicht Ursachen, im Sinne von Kausalitäten, festzustellen, sondern es ist von einer Vielzahl von hemmenden und fördernden Faktoren auszugehen und davon Fördermöglichkeiten abzuleiten. Die Fördermaßnahmen verstehen sich als Angebote, im konstruktivistischen Sinne als Wahrscheinlichkeiten einer Veränderung.

Historisch betrachtet sind Diagnose- und Förderklassen die Folge einer schweren Krise der Sonderpädagogik und besonders der Schule für Lernbehinderte. Anfang der 80er Jahre waren die Schülerzahlen an den Schulen für Lernbehinderte am Tiefpunkt. 1985 wurden in ganz Bayern 348 Kinder in die 1. Klasse eingeschult (*Bayerischer Landtag* 12/9536, 7). Bei ca. 300 Schulen für Lernbehinderte bedeutet dies im Durchschnitt pro Schule ein Kind in die 1. Klasse. Ein neues Konzept musste also gefunden werden.

Die klassischen Konzepte der Lernbehinderung, welche immer schon umstritten waren, schienen gescheitert. Weder Vererbung, IQ-Orientierung noch soziokulturelle Benachteiligung konnten theoretisch das Phänomen Lernbehinderung erklären. Bereits 1977 prägte *Bleidick* das geflügelte Wort: „Lernbehindert ist, wer die Lernbehindertenschule besucht." Dieser Satz zeigt die Beweisnot der Wissenschaft.

Gleichzeitig trat in der Sonderpädagogik ein neues erfolgversprechendes Konzept auf, das Modell der Teilleistungsschwächen. Über Jahre hinweg hatte das Buch von J. *Ayres* „Bausteine der kindlichen Entwicklung" Bibelcharakter in der schulischen Sonderpädagogik. Das Modell Teilleistungsschwächen legte die theoretischen Grundlagen für die Erklärung von Fördermaßnahmen im basalen Bereich. Die Umsetzung in die Praxis der Förderung wurde erstmals von *Kornmann et al.* 1983 umfassend dargestellt.

Zusammenfassend aus historischer Sicht können wir anfangs der 80er Jahre Krisen in Theorie und Praxis feststellen, gleichzeitig neue Konzepte erkennen.

Erstmals wurden die Diagnose- und Förderklassen in Schulversuchen 1984 an 15 Standorten eingeführt. Die hohe Akzeptanz bei Eltern (Wartelisten nach kurzer Zeit) und Lehrkräften (hohe Bereitschaft zu Weiterbildung) und der offensichtliche Erfolg in der Förderung (Beobachtungen in meiner langjährigen Arbeit als Staatlicher Schulpsychologe für die Förderschulen in ganz Mittelfranken: Rückführung von ca. einem Drittel der Schüler an die Grundschule, ein weiteres Drittel besucht nach drei Jahren den Grundschulzweig des Förderzentrums, Lernbehinderung beim dritten Drittel) führte zu einer flächendeckenden Ausweitung nach wenigen Jahren.

Nach Abschluss des Schulversuches, der als erfolgreich bewertet wurde, erfolgte die gesetzliche Verankerung im Erziehungs- und Unterrichtsgesetz (*BayEUG,* 1994, 16). Im Schuljahr 1999/2000 gab es in Bayern 1.092 Diagnose- und Förderklassen mit 12.890 Schülern *(Schule und Bildung in Bayern* 2000, 64).

Merkmale und Organisationsform der Diagnose- und Förderklassen

- Aufnahme aller Kinder mit allgemeinen Entwicklungsrückständen oder Teilleistungsschwächen. Es genügt, einen „sonderpädagogischen Förderbedarf" festzustellen.
- Ausschluss von Kindern mit sicherer geistiger Behinderung, Körperbehinderung oder überwiegenden Sinnesschäden.
- Klassenfolge: 1, 1A, 2. Das bedeutet, der Lehrplan der Grundschulklassen 1 und 2 (es gibt keinen eigenen Lehrplan für die Diagnose- und Förderklassen) wird auf drei Jahre verteilt.
- Freiwilligkeit des Angebotes: Kein Kind wird zum Besuch der Diagnose- und Förderklasse gezwungen. Jederzeit ist ein Wechsel an die Grundschule möglich (ob es sinnvoll ist, ist dabei nicht entscheidend).
- Neubestimmung der Schullaufbahn nach drei Jahren: Unabhängig von den Feststellungen bei Schulbeginn wird bei jedem Kind die weitere Schullaufbahn am Ende der DFK festgelegt. Ein Teil der Kinder wird an die Grundschule gehen, ein Teil an eine Grundschulklasse des Sonderpädagogischen Förderzentrums (Unterricht nach dem Lehrplan der Grundschule) und ein Teil an den Zweig zur individuellen Lernförderung (früher: Schule für Lernbehinderte) des Sonderpädagogischen Förderzentrums.
- Zur Klassengröße und Lehrerstundenzuweisung: Die Höchstzahl wird auf 14 Schüler festgelegt. In der Regel wird versucht, die Klassengröße auf 12 Schüler zu beschränken. Die Stundentafel ist gleich der Grundschule. Zusätzlich erfolgt eine Lehrerstundenzuweisung (in der Anfangsphase eine halbe Lehrerstelle) von nun ca. 6 Stunden. Diese Stunden werden für Diagnostik, Einzel- oder Gruppenförderung verwendet.

Zusammenfassung: Durch den sehr offenen Begriff des sonderpädagogischen Förderbedarfs werden Auffälligkeiten, Entwicklungsrückstände oder -abweichungen festgestellt. Auf die völlige Freiwilligkeit des Schulbesuchs wird besonders hingewiesen. Erst nach einer intensiven Förderung über den Zeitraum von drei Jahren wird die weitere Schullaufbahn bestimmt.

Besondere Unterrichtsgrundsätze

Nur die zeitliche Verlängerung der ersten beiden Schulbesuchsjahre um ein Jahr wäre zu wenig als sonderpädagogisches Konzept. Historische Grundlage des Konzepts der Diagnose- und Förderklassen bildet das Modell der Teilleistungsstörungen. Als Ausgangspunkt soll ein Zitat von

H. *Rumpf* dienen, einem seit Jahren engagierten Kritiker der Schule bzw. des Schulsystems:

„Was nicht durch das enge Nadelöhr der sprachlich-verbal oder zahlensymbolisch niederzulegenden Fertigkeiten hindurchgeht, hat kaum Chancen ernstgenommen und gefördert zu werden" (1983, 92).

Gerade davon möchte sich der Unterricht in Diagnose- und Förderklassen abheben. Ausgangspunkt des Unterrichts ist eben nicht gleich das Erlernen der Kulturtechniken, sondern die Förderung von Bewegung und Wahrnehmung sowie die Sprachförderung, eingebettet in soziale Erziehung.

– Offenheit: Dieser eher organisatorische Grundsatz ist leitend auch für die inhaltliche Arbeit. „In den sonderpädagogischen Diagnose- und Förderklassen wird eine Schullaufbahnentscheidung zum Zeitpunkt des Schuleintritts eines Kindes noch gar nicht getroffen" (*Huber* 1997, 36).
– Basale Förderung: Im Gegensatz zu Grundschulen, die nach kurzer Zeit bereits an hochkomplexen Anforderungen wie Lesen, Schreiben und Rechnen arbeiten, beginnt die Arbeit in den Diagnose- und Förderklassen an basalen Bereichen. Dabei dient das Entwicklungsmodell von J. *Ayres* als Grundlage. Bevor hochkomplexe schulische Leistungen erzielt werden können, müssen eine Vielzahl von grundlegenden basalen Leistungen erreicht sein. An dieser Stelle soll nicht die veränderte Ansicht über Teilleistungen bzw. Teilleistungsstörungen dargestellt werden und insbesondere die heute kritische Ansicht zum Entwicklungsmodell von *Ayres*. Darüber haben *Breitenbach* (1997) und in neuester Zeit *Biewer* (2001) referiert. Das Konzept ist wissenschaftlich fragwürdig und vor allem die Ableitung von Fördermaßnahmen problematisch.
– Die Förderung der visuellen und auditiven Wahrnehmung, aber auch Übungen zur taktil-kinästhetischen Wahrnehmung, zum Gleichgewicht, zum Körperschema sowie die visuomotorische Förderung stehen im Mittelpunkt des Unterrichts. Dabei wurde aber die frühere Auffassung einer linearen Beziehung von Teilleistungen und Erfolg in den Kulturtechniken durch neuere Untersuchungen (siehe dazu *Laschkowski* 1999, 77 ff.) aufgegeben und stattdessen im Sinne einer „Stabilisierungshypothese" (*Balster* 1998) eine ganzheitliche Förderung angestrebt.
– Bewegung als Prinzip: Bei allen schulischen Tätigkeiten wird versucht, Bewegungselemente einzubauen. Dabei werden Hilfsmittel wie Pedalo, Rollbrett, Sitzkreisel oder Laufdollies verwendet.
– Lernen mit allen Sinnen: Das Prinzip der sensorischen Integration (*Brand et al.* 1985) wird umgesetzt durch eine Verknüpfung von auditiver, visueller, kinästhetischer und propriozeptiver Wahrnehmung in Verbindung mit Motorik. Beispiel: Bei der Einführung eines neuen

Buchstaben wird dieser zuerst aus Knete geformt, in Sand oder auf Rasierschaum in grobmotorischen Bewegungen ausgeführt, an verschiedenen Formen getastet oder an sich selbst auf dem Rücken kinästhetisch wahrgenommen. Die Form wird durch den Lichtstrahl einer Taschenlampe mit den Augen verfolgt. Dabei wird immer dazu der Buchstabenname gesprochen. Erst nach vielen grundlegenden Vorerfahrungen wird das Lesen und Schreiben im schulischen Sinne angegangen.

- Förderdiagnostik: Dies bedeutet, dass von der Eingangsdiagnostik ausgehend über die drei Jahre genaue Beobachtungen gemacht werden, informelle und standardisierte Verfahren durchgeführt werden, um am Ende eine möglichst sichere Schullaufbahnbestimmung vornehmen zu können. Die endgültige Entscheidung aber tragen die Eltern. Es ist auch möglich, dass ein Kind mit der sicheren Empfehlung des Zweiges zur Lernförderung auch auf Wunsch der Eltern an die Grundschule wechseln kann. Ob dies für das Kind sinnvoll ist, stellt eine andere Frage dar.

Empirische Untersuchung

Fragestellungen der Untersuchung

Außer in der Phase des Schulversuches (ab 1984 Schulversuch mit 15 Klassen, dazu exemplarisch *Dietel* 1989; *Frey-Flügge* 1989; *Breitenbach* 1992) wurden in der Folgezeit, vor allem in der Phase der flächendeckenden Verbreitung (ab 1993 gab es mehr als 10.000 Kinder in Diagnose- und Förderklassen in Bayern) keine wissenschaftlichen Untersuchungen unter pädagogischen und psychologischen Fragestellungen durchgeführt. Von der Arbeitsgruppe um *Castell*, einem Kinder- und Jugendpsychiater, wurden Erhebungen an Kindern aus Diagnose- und Förderklassen gemacht, aber unter psychiatrischen Fragestellungen (exemplarisch dazu: *Castell* 1998).

Es ergab sich also die Situation, dass eine große Zahl von Kindern eine quasi neue Schulform besuchte, wobei ihre Voraussetzungen, ihre allgemeine Entwicklung und ihr Verbleib nicht genauer untersucht wurden. Aus dieser Situation heraus ist die Fragestellung und Zielrichtung der folgenden Untersuchung zu betrachten:

1. Wie verläuft ihre generelle Entwicklung? Dabei sind vor allem Intelligenz und Schulleistungen zu betrachten.

2. Unterscheiden sich am Ende der 3 Jahre Schüler und Schülerinnen der Grundschul- und der Förderschulgruppe?
3. Gibt es Frühindikatoren, die Hinweise auf die zukünftige Einteilung in Grundschule und Förderschulgruppe geben?

Design der Untersuchung

Tab. 1:   Design der Untersuchung

Vor Einschulung	Klasse 1	Klasse 1A	Klasse 2
Intelligenz (CFT 1)	Intelligenz (KABC)	Intelligenz (KABC, AID)	Intelligenz (KABC, AID) Schulleistungen (AST 2)
Motorik (SCSIT) Visuomotorik (VSRT) Sprache (informell)	Motorik (SCSIT)		Persönlichkeitsfaktoren (PFK 9-14, DTK, ALS, HAPEF-K)
Elternbefragung			Elternbefragung Lehrerbefragung
	Zeugnis	Zeugnis	Zeugnis

An dieser Stelle sollen die Verfahren nicht einzeln vorgestellt werden. Es handelt sich um gängige und anerkannte Tests.

Stichprobe

Es wurden in einer bayerischen Großstadt alle Kinder von vier Diagnose- und Förderklassen über drei volle Jahre beobachtet und Daten erhoben. Am Ende konnten bei 31 Kindern alle Daten ausgewertet werden. Die Zahl der Kinder, die die vier Klassen besuchten, war natürlich größer. Es sollten jedoch nur vollständige Datensätze verwendet werden.

Ergebnisse

Von den 31 Kindern, über die von der Einschulung über drei Jahre ein vollständiger Datensatz vorlag, besuchten am Ende der drei Jahre 16 Kinder die Grundschule bzw. eine Grundschulklasse des Förderzentrums, 15 Kinder den Zweig zur individuellen Lernförderung. Dies hat sich zufällig als praktisch erwiesen, da nun zwei etwa gleichstarke Gruppen vorlagen.

Als ein Ergebnis im Sinne von Prävention hat sich gezeigt, dass bei allen Kindern zum Zeitpunkt der Einschulung besondere Auffälligkeiten oder Probleme vorlagen. In der neuen Begrifflichkeit wird dies sonderpädagogischer Förderbedarf genannt. Nach drei Jahren konnte mehr als die Hälfte der Kinder einen Bildungsweg nach den Grundschulanforderungen einschlagen.

Tab. 2:   Ausgangslage bei der Einschulung (N = 31)

Allgemeine sprachfreie Intelligenz (CFT 1)	IQ = 85,7; Range 54, 58 - 103
KABC Skala intellektueller Fähig-keiten (SIF)	72
Visuomotorik: Standardwert	92,2
Grobmotorik: SCSIT Untertest IP, T-Wert	46,6
Sprache: Lautbildung	65 % therapie- bzw. förderbedürftig
Wortschatz	45 % auffällig
Syntax	42 % auffällig
Phonologisches Wissen	3,5 von 10 möglichen Punkten in einem informellen Verfahren

Nur in der Überprüfung der Sprache wurde eine informelle Überprüfung vorgenommen. Beim phonologischen Wissen wurden 10 Aufgaben (z. B. Silben klatschen, Laute verbinden, Laute identifizieren) gestellt. Es wurden die Rohwerte festgestellt. In neuester Zeit gibt es ein Testverfahren, das Bielefelder Screening (BISC). Dieses hat hohe prognostische Validität bei der Früherkennung von Lese- und Rechtschreibschwäche (*Marx et al.* 2000).

Im Durchschnitt war bei der Gruppe ein deutlich unterdurchschnittlicher IQ festzustellen. Die Schulleistungen lagen am unteren Durchschnittsbereich. Persönlichkeitsaspekte waren nicht auffallend von den Mittelwerten.

Tab. 3:   Ergebnisse nach drei Jahren

KABC Skala intellektueller Fähigkeiten (SIF)	78
KABC Skala einzelheitliches Denken (SED)	79
KABC Skala Ganzheitliches Denken (SGD)	76
AID IQ	79
AST 2 Wortschatz (T-Werte)	40,6
AST 2 Lesen	41,3
AST 2 Rechtschreiben	36,7
AST 2 Rechnen	40,3
Persönlichkeitsaspekte: (T-Werte)	
Schulunlust (nach AFS)	48,3
Selbstwertprobleme (nach DTK)	52,2
Schulische Selbstwertprobleme (nach ALS)	49,9
Emotional bedingte Lernstörungen (nach HAPEF-K)	55,9
Schulischer Ehrgeiz (nach PFK 9-14)	54,7

Entwicklung über die drei Jahre

Einige Verfahren wurden mehrmals durchgeführt. Es können also grundlegende Entwicklungen beobachtet werden. Bleiben insbesondere Intelligenzwerte stabil, so heißt dies, dass die Entwicklung altersgemäß erfolgt. Veränderungen der Entwicklung zeigen sich über einen Zuwachs oder einen Abbau von Punkten.

KABC SIF (wie IQ):   Zuwachs über drei Jahre von 5,7 Punkten
KABC SED: Zuwachs 9,9 Punkte
KABC SGD: Zuwachs 2,6 Punkte

Die Trennung in die beiden Gruppen erfolgt nahezu ohne Überschneidung. Die Unterschiede vor allem in den Ergebnissen der Schulleistungen (AST 2) ist eindeutig. Durch Clusteranalyse als retrospektive Gruppenbildung, also nur durch Verwendung der Daten, ohne die tatsächliche Schullaufbahn zu berücksichtigen, konnte die Gruppenbildung bestätigt werden.

Tab. 4:   Gruppenunterschiede

	Signifikanz s = signifikant 5 % ss = sehr signifikant 1 % sss = höchst sign. 1/1000	Grundschulgruppe N = 16	Lernbehinderten- gruppe N = 15
KABC SIF (nach 3 Jahren)	sss	82,4	72,9
KABC SED	ss	81,3	71,2
KABC SGD	ss	83,4	74,3
AID IQ	sss	85,7	72,0
AST 2 Rechtschreiben	ss	42,9	30,1
AST 2 Lesen Wörter	sss	45,6	35,1
AST 2 Lesen Texte	sss	48,6	28,8
AST 2 Rechnen	sss	46,8	29,8
Schulunlust	sss	42,7	54,3
Emotional bed. Lernstörung	ss	51,9	60,3
Selbstwertprobleme	n.s.	50,9	53,6
Schulischer Ehrgeiz	n.s.	54,8	54,6

Frühindikatoren

Es wurden alle vor Schulbeginn erhobenen Werte in Verbindung mit der drei Jahre später erfolgten Schullaufbahn gebracht.
Kein Zusammenhang mit der späteren Schullaufbahn bestand bei folgenden Variablen:

– Geschlecht
– Alter bei Einschulung
– Sprachfreie Intelligenz nach CFT 1 (!)
– Visuomotorik (nach VSRT)
– Motorik (nach SCSIT)
– Lautbildung.

Signifikante Zusammenhänge zur Schullaufbahn bestanden bei folgenden Variablen:

– Wortschatz $r = .34$ (p = 006)
– Satzbau, Sprachverständnis $r = .40$ (p = 029)
– Phonologisches Wissen $r = .62$ (p = 000)

Das phonologische Wissen stellt den stärksten Frühindikator dar. Dies ist um so bedeutungsvoller, da die Feststellung ausschließlich durch eine informelle Überprüfung durchgeführt wurde. Zu dieser Zeit gab es noch keine standardisierten Verfahren dazu. Mittlerweile ist im Förderschulwesen das Bielefelder Screening verbreitet (BISC).

Offenbar stellt dieser Faktor eine grundlegende Lernvoraussetzung dar, welche weitreichende Folgen hat für den zukünftigen Erfolg im Hinblick auf die Schulleistungen, vor allem auf das Lesen und Schreiben.

Zusammenfassung und Folgerungen

1. Es bestehen bei den Kindern der Untersuchungsgruppe teilweise sehr deutliche Defizite bei Schulbeginn (Durchschnitts-IQ 72, Sprachauffälligkeiten bei mehr als der Hälfte der Kinder).
2. Nach drei Jahren lassen sich durchschnittliche Leistungen in den schulischen Anforderungen feststellen. Bezogen auf das Niveau 2. Klasse Grundschule liegt der Mittelwert in Lesen und Rechnen im unteren Durchschnittsbereich. Dieses Ergebnis macht die Diagnose- und Förderklassen erfolgreich. Bei einem niedrigen IQ von 72 (Mittelwert) werden erstaunlich hohe Schulleistungen erreicht.
3. Grundschul- und Lernbehindertengruppe trennen sich deutlich voneinander. Die Ergebnisse im AST 2 (Schulleistungen) trennen die beiden Gruppen stärker als die IQ-Werte. Beim IQ wird ein Überlappungsbereich festgestellt, beim AST 2 praktisch kein Überlappungsbereich. Dies wird Folgerungen für die schulische Diagnostik im dritten Jahr der Diagnose- und Förderklasse nach sich ziehen.
4. Die beiden Gruppen trennen sich schon sehr früh. Als Frühindikator erweisen sich die Leistungen im phonologischen Wissen. Bereits vor Schulbeginn unterscheiden sich die nach drei Jahren entstandenen Gruppen. Diesem Faktor wird in Zukunft bei der Diagnostik und der frühen Förderung größere Aufmerksamkeit gewidmet werden.
5. Die sprachfreie Intelligenz hat für die zukünftige Schullaufbahn keine Bedeutung. Möglicherweise ist die durch das Modell des „Bodeneffekts" nach *Marx* (1997) zu erklären.
6. Persönlichkeitsaspekte haben nicht die erwartete Bedeutung. Teilweise bestehen uneinheitliche Ergebnisse. Als Folgerung ist festzustellen, dass möglicherweise die standardisierten Verfahren für diese Zielgruppe nicht adäquat sind. Auch Motorik und Visuomotorik bei Schulbeginn haben für die spätere Schullaufbahn keine Bedeutung. Dies ist um so bedeutender, da Diagnostik und Förderung von Motorik und Wahrnehmung im Kernbereich des Selbstverständnisses von sonderpädagogischen Diagnose- und Förderklassen stehen.
7. Aus allen Daten wurden zwei Cluster gebildet. Diese beiden Gruppen wurden verglichen mit der realen Gruppenbildung in eine Grundschul-

und eine Förderschulgruppe. Die theoretische Clusterbildung aufgrund der vorliegenden Daten und die reale Gruppenbildung (tatsächliche Schullaufbahn nach drei Jahren) haben eine Übereinstimmung von 88%. Die abweichenden Fälle können plausibel erklärt werden (z.B. sehr gute häusliche oder außerschulische Förderung, die in den Datenmengen nicht auftritt).

8. Erfahrungen mit den verschiedenen Testverfahren: Es erweist sich, dass der Einsatz der KABC für die Förderdiagnostik sehr sinnvoll ist. Das theoretische Konzept kann zum großen Teil bestätigt werden, wie bereits an einer anderen Stichprobe (*Laschkowski* 1994). Trotz völlig anderen theoretischen Grundlagen ist auch der AID in den Ergebnissen gleichwertig. Die Problematik des Einsatzes des CFT 1 wird bei dieser Untersuchung erneut bestätigt.

Verwendete Tests

CFT 1 Grundintelligenztest Skala 1. Cattell R. u. a. Göttingen, 1980, 4. Auflage.

KABC Kaufman Assessment Battery for Children. Melchers U., Preuß U., Amsterdam, 1993.

AID Adaptives Intelligenz Diagnosticum. Kubinger K. u. a., Weinheim, 1991, 3. Auflage.

SCSIT Southern California Sensory Integration Test. Ayres J., Western Psychological Services, 1995, 4. Auflage.

VSRT Visuomotorischer Schulreifetest. Esser G. u. a., Göttingen, 1990.

PFK 9-14 Persönlichkeitsfragebogen für Kinder. Seitz W. u. a., Göttingen, 1992, 3. Auflage.

DTK Depressionstest für Kinder. Rossmann P., Bern, 1993.

AFS Angstfragebogen für Schüler. Wieczerkowski W. u. a., Braunschweig, 1979, 4. Auflage.

HAPEF-K Hamburger Persönlichkeitsfragebogen für Kinder. Wagner H., u. a., Braunschweig, 1984.

AST 2 Allgemeiner Schulleistungstest für 2. Klassen. Rieder O., Weinheim, 1991, 2. Auflage.

BISC Bielefelder Screening zur Früherkennung von Lese- und Rechtschreibschwierigkeiten. Göttingen, 1999.

Hans Grietens und Paul Ghesquière

Verhaltensauffälligkeiten 6-12jähriger Kinder mit sonderpädagogischem Förderbedarf im Lernen

Einleitung

Durch *Rutter*s bedeutende Studie auf der Insel Wight (*Rutter et al.* 1970) ist deutlich geworden, dass eine starke Beziehung zwischen Verhaltensauffälligkeiten und Lernschwierigkeiten besteht, welche jedoch bis jetzt noch nicht hinreichend aufgeklärt ist. In der Literatur findet man bislang verschiedene Hypothesen (*Ghesquière et al.* 1998), die in drei Gruppen aufgeteilt werden können:

1. Lernprobleme verursachen Verhaltensprobleme, z.B. Kinder entfalten im Unterricht störendes Verhalten aufgrund ihrer Lernschwierigkeiten oder sie entwickeln eine negative Selbsteinschätzung und werden depressiv.
2. Verhaltensprobleme verursachen Lernprobleme, z.B. interessiert sich ein Kind mit Verhaltensstörungen nicht für schulische Angelegenheiten, wird dadurch von den Mitschülern und den Lehrern abgelehnt und erlangt somit schlechte Noten.
3. Es gibt einen weiteren Faktor, welcher sowohl Verhaltensprobleme als auch Lernprobleme hervorruft. Das aktuelle Abhängigkeitsverhältnis erscheint unecht, d.h. es liegen neurologische Mechanismen oder Störungen in der Entwicklung der Informationsverarbeitungsprozesse vor (*Rourke & Del Dotto* 1994).

Hochentwickelte Forschungsvorhaben und fortgeschrittene statistische Analysen werden genutzt, um die Kausalität zwischen Variablen des Lernens und Verhaltens zu testen (*Gadeyne et al.* 2000).

Wie auch das Abhängigkeitsverhältnis zwischen Verhaltensauffälligkeiten und Lernschwierigkeiten unter dem Aspekt der o.g. Punkte betrachtet wird, wichtig bleibt, dass Sonderschullehrer über die Verhaltensprofile einzelner Gruppen von Kindern, welche als lernbeeinträchtigt diagnostiziert wurden, informiert sind. In der hier vorliegenden Studie werden die Verhaltensprofile von 6- bis 12-jährigen Kindern, welche an Schulen für Kinder mit spezifischem sonderpädagogischen Förderbedarf (Schultyp 8, s.u.) im belgischen Flandern überwiesen wurden, diskutiert. Die Studie wurde in der heilpädagogischen Abteilung der katholischen Universität Löwen von 1997 - 1998 durchgeführt und hatte folgende Ziele:

– Das Erlangen von Daten über die vorherrschenden Verhaltens- und emotionellen Auffälligkeiten bei dieser Gruppe von Kindern,
– die in dieser Gruppe anzutreffenden Verhältnisse mit den Verhältnissen von Kindern aus einer allgemeinen Bevölkerungsstichprobe zu vergleichen,
– Lehrer- und Elternberichte zu vergleichen,
– die sich daraus ergebenden Erkenntnisse zum Wohl und zur Förderung der Kinder an Sonderschulen zu reflektieren.

Sonderpädagogische Förderung in Flandern

Kinder können in Flandern in drei verschiedenen Formen sonderpädagogisch gefördert werden (*Dhondt* 1998).

An Sonderschulen
Seit mehr als einem Jahrhundert gibt es in Belgien professionelle Erziehung für behinderte Kinder. Durch diese kam es zur Entwicklung eines typorientierten, speziellen Erziehungssystems, welches sich vom allgemeinem Erziehungssystem abgrenzt. Dieses System besteht aus Sonderschulen mit besonderer Infrastruktur; diese schließt u. a. auch besondere Teams und Lehrpläne mit ein. Es gibt acht Kategorien bzw. Typen von Sonderschulen (in Klammern die flämische Bezeichnung), welche sich an den Problemen der Kinder ausrichten:

– Schultyp 1 für lernbehinderte (leicht geistig behinderte) Kinder („lichte mentale handicap")
– Schultyp 2 für mäßig bis schwer geistig behinderte Kinder („matige en ernstige mentale handicap")
– Schultyp 3 für Kinder mit schweren Verhaltensstörungen („ernstige gedrags-stoornissen")
– Schultyp 4 für körperlich behinderte Kinder („motorische handicap")

- Schultyp 5 für Kinder, welche länger im Krankenhaus sind („gehospitaliseerde kinderen owv medische problemen")
- Schultyp 6 für sehbehinderte Kinder („visuele handicap: blinden en slechtziienden")
- Schultyp 7 für hörgeschädigte Kinder („auditieve handicap: doven en slechthorenden")
- Schultyp 8 für Kinder mit Lernschwierigkeiten beim Schreiben, Lesen und Rechnen („kinderen met leerproblemen, in lezen, spellen en rekenen")

Der Unterschied zwischen den Kindern, welche auf die Schultypen 1 bzw. 8 überwiesen werden, ist oftmals sehr gering, jedoch ist das Hauptüberweisungskriterium der Intelligenzgrad. Die Kinder des Schultyps 1 sind leicht geistig zurückgeblieben, wohingegen Kinder des Schultyps 8 nicht geistig zurückgeblieben sind. Nichtsdestoweniger zeigen diese Kinder eine deutliche Diskrepanz zwischen ihren potenziellen Fähigkeiten und ihrer aktuell gezeigten schulischen Leistung.

1997 wurden ca. 5,5% aller 6- bis 12-jährigen Kinder im flämischen Landesteil sonderpädagogisch gefördert, davon besuchten 36% die Schule für Kinder mit Lernschwierigkeiten („Schultyp 8").

An allgemeinen Schulen (zusammen mit „normalen Kindern")
Diese Form der Erziehung nennt man „miteinschließende Erziehung" („full inclusion"). Diese beabsichtigt die Kinder so früh wie möglich in das soziale und schulische Leben zu integrieren.

Während der letzten zehn Jahre wuchs die Anzahl der Kinder in der „miteinschließenden Erziehung" beständig (besonders Kinder mit körperlichen Behinderungen oder Sinnesschädigungen wurden auf diese Weise integriert, zuerst versuchsweise, später im größeren Ausmaß).

Sonderpädagogische Erziehung zu Hause
Diese Art sonderpädagogischer Förderung ist für Kinder vorgesehen, denen es nicht möglich ist, die Schule zu besuchen, z.B. aufgrund einer schweren körperlichen Behinderung.

Momentan wird in Flandern über den Nutzen der Generalisierung einer „miteinschließenden Erziehung" für alle Kinder (z.B. auch für Kinder mit Verhaltensstörungen und für Kinder mit mäßigen bis schweren geistigen Behinderungen) und damit auch über den Sinn einer Kategorisierung in verschiedene Typen sonderpädagogischer Förderung debattiert. Der Typologie liegt das medizinische Modell zu Grunde, welches von bestehenden und somit auch unveränderlichen Eigenschaften des Kindes ausgeht. Einige Kinder können nicht einem Typ zugeordnet werden, z.B. das autistische

Kind. Oftmals werden diese Kinder aufgrund äußerer Kriterien überwiesen (z.B. die Erreichbarkeit der Schulen, praktische Begleitumstände).

Ein weiterer Kritikpunkt am sonderpädagogischen Erziehungssystem in Flandern ist, dass den speziellen erzieherischen Bedürfnissen der Kinder keine Aufmerksamkeit gewidmet wird.

Methode der Untersuchung

Es wurden sechs Grundschulen nach dem Zufallsprinzip aus der Gesamtheit der Schulen für Kinder mit Lernschwierigkeiten in Flandern ausgewählt. Die Schulen wurden aus verschiedenen Provinzen selektiert, um so eine gewisse Repräsentanz in Hinsicht auf die geographische Lage zu erlangen. Es wurde den Schulleitern ein Brief zur Erklärung der Vorhaben der Studie zugesandt und um die Bereitschaft zur Teilnahme zu erfragen. Daraufhin wurden Lehrer- und Elternfragebögen (siehe „Instrumente") den Kollegien zugesandt. In jeder Schule bat man einen Lehrer die Datenerhebung zu kontrollieren.

Die Kontrollgruppe bestand aus einer Stichprobe aus der Gesamtheit der 6- bis 12-jährigen Kinder (N = 1120), die einen Teil einer großangelegten Studie zum Vorhandensein von Problemverhalten bei 3-bis 12-jährigen Kindern in Flandern ausmachte (*Hellincks et al.* 1994).

Instrumente

Das Problemverhalten wurde nach den Meinungsbildern der Lehrer- und Elternberichte, beziehungsweise unter Zuhilfenahme der Child Behavior Checklist (CBLC, *Achenbach* 1991a) und der Teacher Report Form (TRF *Achenbach* 1991b) bestimmt. Beide Verfahren enthalten je 118 Items, welche spezielle Verhaltensprobleme beschreiben, und zwei offene Fragen, die eine, um zusätzliche körperliche, jedoch medizinisch noch nicht diagnostizierte Beschwerden nennen zu können, die andere um zusätzliche Verhaltensprobleme aufführen zu können. Jedes Item ist nach einer 3-Punkte-Skala angeordnet: 0 = stimmt nicht, 1 = stimmt etwas oder manchmal, und 2 = stimmt sehr oder oft. 81 allgemeine Items beschreiben acht übergreifende Syndrome: Rückzugsverhalten, somatische Beschwerden, Ängste/Depressionen, soziale Probleme, negative Gedanken, Aufmerksamkeitsprobleme, delinquentes Verhalten und aggressives Verhalten. Die drei erstgenannten Syndrome sind offenkundig internalisierende Verhaltensstörungen, die beiden letztgenannten entsprechen typischen externalisierenden Verhaltensstörungen.

Externalisierendes Problemverhalten ist dadurch gekennzeichnet, dass andere Menschen dieses oftmals am eigenen Leibe erfahren (z.B. durch Streiten oder Ungehorsam). Internalisierendes Problemverhalten hingegen ist gegen die eigene Person gerichtet (z.B. Traurigkeit, Einsamkeitsgefühle). Die Ergebnisse beider Fragebögen sind als dimensional zu betrachten, jedoch sind sie auch klassifizierbar in Kategorien oder Ränge. Kinder mit einer über 90prozentigen Ergebnisverteilung auf alle Probleme, internalisierend oder externalisierend, werden dem klinischen Rang zugeordnet. Laut ihrer Eltern oder dem Lehrer sind bei ihnen schwere Verhaltens- und Emotionsprobleme festzustellen (vgl. dazu auch *Grietens & Ghesquière* 2000, 299 ff.).

Die grundlegenden Daten, welche das Auftreten des von den Eltern berichteten Problemverhaltens in der Gesamtbevölkerung beschreiben, sind denen in den Niederlanden (*Hellinckx et al.* 1994) und denen in 11 anderen Kulturen, verteilt über die ganze Welt, sehr ähnlich (*Crijnem et al.* 1997; 1999).

Rückmeldungsrate und endgültige Stichprobe

In die Untersuchung waren nur 6- bis 12-jährige Kinder eingeschlossen. Insgesamt wurden 318 TRF-Fragebögen (226 Jungen, 92 Mädchen) und 237 CBCL-Fragebögen (164 Jungen, 73 Mädchen) zusammengetragen. Dies entspricht einem Anteil von je 3,8% und 2,8% der Gesamtbevölkerung. Die Rückmeldungsrate war mäßig hoch: je 79,2 % (TRF) und 72,3% (CBCL).

Ergebnisse

Elternberichte

Betrachtet man den Prozentsatz der Ergebnisse im klinischen Bereich (entsprechend dem statistischen Rang) bezogen auf alle Probleme, externalisierende und internalisierende sowie die übergreifenden Syndrome, können folgende Schlüsse gezogen werden:

– Ein hohes Auftreten des Problemverhaltens, welches nach dem Prozentsatz der Ergebnisse (dem klinisch/statistischen Rang) entsprechend auf alle externalisierenden und internalisierenden Veraltensprobleme definiert ist, wurde bei der Gruppe der Kinder mit Lernproblemen, welche Sonderschulen (Typ 8) besuchen, festgestellt (siehe Tab. 1 im Vergleich zu den Grundraten).

- In dieser Gruppe lässt sich das Problemverhalten als sehr heterogen bezeichnen. Eltern berichteten sowohl von externalisierenden als auch von internalisierenden Problemen. Es kann somit nicht davon ausgegangen werden, dass in dieser Gruppe das Problemverhalten eindimensional ist oder ein bestimmtes Syndrom überwiegt.
- In Hinsicht auf die „übergreifenden Syndrome" war das höchste Aufkommen bei Jungen mit Aufmerksamkeitsstörungen (36,0%), mit sozialen Problemen (27,4%), mit Ängsten/Depressionen (21,3%) und mit aggressivem Verhalten (20,15), bei Mädchen mit Aufmerksamkeitsstörungen (21,9%), mit sozialen Problemen (20,5%) und mit Ängsten/Depressionen (13,7%) zu beobachten.

Im Vergleich zu den Grundraten der Stichprobe (Kontrollgruppe) aus der allgemeinen Bevölkerung war die Auftretenshäufigkeit bei der Gruppe der lernbeeinträchtigten Kinder bis zu dreimal höher (alle Probleme: 32,9% gegen ca. 10%; internalisierende Probleme: 27,8% gegen ca. 10%; externalisierende Probleme 24,1% gegen ca. 10%). Die Quoten der einzelnen Syndrome waren bis zu achtzehnmal höher (z.B. Aufmerksamkeitsprobleme bei Jungen: 36,0% gegen ca. 2%). Tabelle 1 bietet hierzu einen genauen Überblick.

Lehrerberichte

Die Lehrerberichte führten im Hinblick auf das Problemverhalten zu ähnlichen Resultaten:

- Ein hohes Auftreten des Problemverhaltens, welches nach dem Prozentsatz der Ergebnisse (dem klinisch/statistischen Rang entsprechend) auf alle externalisierenden und internalisierenden Veraltensprobleme definiert ist, wurde bei der Gruppe der Kinder mit Lernproblemen, welche Sonderschulen besuchen, festgestellt (siehe Tab. 1 im Vergleich zu den Grundraten).
- In dieser Gruppe lässt sich das Problemverhalten als sehr heterogen bezeichnen. Lehrer berichteten sowohl von externalisierenden als auch von internalisierenden Problemen. Es kann also wiederum nicht davon ausgegangen werden, dass in dieser Gruppe das Problemverhalten eindimensional ist oder ein bestimmtes Syndrom überwiegt.
- In Hinsicht auf die „übergreifenden Syndrome" war die höchsten Nennungen bei Jungen mit sozialen Problemen (14,2%), mit Ängsten/Depressionen (11,1%), mit aggressivem Verhalten (11,1%) und Rückzugsverhalten (9,3%), bei Mädchen mit sozialen Problemen (16,3%), mit negativen Gedanken (13,0%), mit Rückzugsverhalten (10,9%), mit Ängsten/Depressionen (10,9%) und aggressivem Verhalten (10,9%) zu beobachten.

Tab. 1: Quoten des berichteten Problemverhaltens

Gradeinteilung	Elternberichte		Lehrerberichte	
	Typ 8	Kontroll-gruppe	Typ 8	Kontroll-gruppe
Alle Probleme				
Jungen	39,0 %	ca. 10 %	13,8 %	ca. 10 %
Mädchen	19,2 %	ca. 10 %	19,6 %	ca. 10 %
Internalisierendes Verhalten				
Jungen	32,3 %	ca. 10 %	16,4 %	ca. 10 %
Mädchen	17,8 %	ca. 10 %	14,1 %	ca. 10 %
Externalisierendes Verhalten				
Jungen	28,7 %	ca. 10 %	12,8 %	ca. 10 %
Mädchen	13,7 %	ca. 10 %	18,5 %	ca. 10 %
Rückzugsverhalten				
Jungen	17,7 %	ca. 2 %	9,3 %	ca. 2 %
Mädchen	6,8 %	ca. 2 %	10,9 %	ca. 2 %
Somatische Beschwerden				
Jungen	12,2 %	ca. 2 %	4,4 %	ca. 2 %
Mädchen	2,7 %	ca. 2 %	1,1 %	ca. 2 %
Ängste/Depressionen				
Jungen	21,3 %	ca. 2 %	11,1 %	ca. 2 %
Mädchen	13,7 %	ca. 2 %	10,9 %	ca. 2 %
Soziale Probleme				
Jungen	27,4 %	ca. 2 %	14,2 %	ca. 2 %
Mädchen	20,5 %	ca. 2 %	16,3 %	ca. 2 %
Negative Probleme				
Jungen	13,4 %	ca. 2 %	6,2 %	ca. 2 %
Mädchen	11,0 %	ca. 2 %	13,0 %	ca. 2 %
Aufmerksamkeitsprobleme				
Jungen	36,0 %	ca. 2 %	4,9 %	ca. 2 %
Mädchen	21,9 %	ca. 2 %	6,5 %	ca. 2 %
Delinquentes Verhalten				
Jungen	17,7 %	ca. 2 %	6,6 %	ca. 2 %
Mädchen	9,6 %	ca. 2 %	4,3 %	ca. 2 %
Aggressives Verhalten				
Jungen	20,1 %	ca. 2 %	11,1 %	ca. 2 %
Mädchen	8,2 %	ca. 2 %	10,9 %	ca. 2 %

Im Vergleich zu den Grundraten (im besonderen bei den niederländischen Normgruppen, siehe *Verhulst et al.* 1996) war die allgemeine Auftretenshäufigkeit bei der Gruppe der Kinder mit Lernproblemen höher, obgleich nicht so hoch, wie von den Eltern berichtet (alle Probleme: 15,1% gegen ca. 10%; internalisierende Probleme: 17,0% gegen ca. 10%; externalisierende Probleme 13,2% gegen ca. 10%). Die Quoten der einzelnen Syndrome waren bis zu achtmal höher (z.B. soziale Probleme bei Mädchen: 16,3% gegen ca. 2%).

In Tabelle 1 werden die vorherrschenden Quoten (aus den Ergebnissen im klinischen Bereich) des von Eltern (CBCL) und Lehrern (TRF) berichteten Problemverhaltens bei Kindern mit Lernproblemen, welche sonderpädagogisch gefördert werden (Typ 8), im Vergleich zu den Quoten bei 6- bis 12-Jährigen in der Allgemeinbevölkerung (Kontrollgruppe) dargestellt.

Vergleich zwischen Lehrer- und Elternberichten

Die Ergebnisse von 219 Kindern aus dem CBCL und dem TRF wurden verglichen, um die Beziehung zwischen den Berichten beider Informationsquellen zu testen. Die Lehrer berichteten durchweg von weniger Problemen als die Eltern. Die Ergebnisse der Eltern waren bezogen auf alle „übergreifenden Syndrome" signifikant höher, außer bei:

– Aufmerksamkeitsproblemen: Lehrer berichteten von deutlich mehr Problemen dieser Art als Eltern;
– sozialen Problemen und negativen Gedanken: Hier gab es in den Aussagen der befragten Gruppen keinen signifikanten Unterschied.

Tab. 2: Pearson-Korrelation zwischen Eltern- (CBCL) und Lehrer- (TRF) berichten bei Kindern mit Lernproblemen (N = 219, * : p < .01)

Gradeinteilung	Pearson- Korrelation
Alle Probleme	0,33*
Internalisierendes Verhalten	0,19*
Externalisierendes Verhalten	0,36*
Rückzugsverhalten	0,38*
Somatische Beschwerden	0,23*
Ängste/Depressionen	0,14*
Soziale Probleme	0,33*
Negative Gedanken	0,05*
Aufmerksamkeitsprobleme	0,47*
Delinquentes Verhalten	0,44*
Aggressives Verhalten	0,32*

Die durchschnittliche Korrelation (r nach Pearson) beider Informationsgruppen betrug 0,29 (signifikant auf dem alpha = 0,01 Niveau). Dieser Durchschnittswert ist der Durchschnittskorrelation von 0,28 zwischen Eltern und Lehrern, von der *Achenbach et al.* (1987) in einer metaanalytischen Studie berichteten, sehr ähnlich. Die höchste Korrelation zwischen Eltern- und Lehrerberichten wurde bei Aufmerksamkeitsproblemen (r = 0,47), bei delinquentem Verhalten (r = 0,44), bei Rückzugsverhalten (r = 0,38), bei externalisierendem Verhalten (r = 0,36) und bei der Betrachtung aller Probleme (r = 0,33) festgestellt (siehe Tab. 2).

Schlussfolgerungen

Betrachtet man das auftretende Problemverhalten bei der Gruppe der Kinder mit Lernproblemen, die sonderpädagogisch begleitet werden, können folgende Schlüsse gezogen werden:

– Kinder mit Lernproblemen an Sonderschulen sind von einer großen Breite problematischer Verhaltensformen, von schweren internalisierenden bis schweren externalisierenden Problemen, betroffen.
– Die Auftrittshäufigkeit ist wesentlich höher als in der Vergleichsgruppe. Die Ergebnisse der Eltern waren bis zu dreimal, die der Lehrer bis zu eineinhalbmal höher im Vergleich zur Kontrollgruppe. Jedoch muss betont werden, dass ein bedeutender Anteil der Lehrer und Eltern (> 20%) die Fragebögen nicht beantworteten. Es sind wenig Informationen von den Kindern erhältlich, bei denen die Eltern- oder Lehrerberichte nicht vollendet wurden (z.B. ist über das Verhalten dieser Kinder keine Information vorhanden). Deshalb kann nicht bestimmt werden, ob die präsentierten Ergebnisse der Untersuchung eine „reale" Einschätzung des Problemverhaltens in dieser Gruppe widerspiegeln oder ob man sie als "Grobeinschätzung" verstehen muss.
– Zwischen den Eltern- und Lehrerberichten wurde eine niedrige Korrelation festgestellt. Dies konnte erwartet werden (siehe *Achenbach et al.* 1987), aber warum beobachteten die Lehrer ein geringeres Ausmaß des Problemverhaltens? Man mag darüber spekulieren, ob diese Feststellung entweder als informantenabhängig (z.B. sind die Sonderschullehrer an die Probleme der Kinder gewöhnt, sie können besser mit den Kindern umgehen und nehmen somit weniger Probleme wahr) oder als kontextabhängig (z.B. zeigen die Kinder zu Hause mehr Problemverhalten, wenn sie sich nicht in ihrer Peer-group befinden bzw. fernab von dem

alltäglichen Ablauf und den strukturierten Aktivitäten der Sonderschule sind) verstanden werden sollte.

Was sind nun die Schlussfolgerungen dieser Studie im Hinblick auf den Umgang mit Kindern, die Lernprobleme haben? Betont werden muss, dass das hohe Auftreten von Verhaltensproblemen bei Kindern mit Lernschwierigkeiten, die sonderpädagogisch gefördert werden, den Umgang mit diesen sehr erschwert. Die bestehende Typologie des sonderpädagogischen Systems in Flandern lässt wenig oder gar keinen Raum für die Überlappung der Verhaltens- und Lernprobleme. Die diagnostische Bezeichnung, nach welcher die Kinder der sonderpädagogischen Förderung nach dem Schultyp 8 (s.o.) zugeordnet werden, heißt „schwere Lernstörung", hingegen werden die Kinder mit gravierenden Verhaltensproblemen dem Schultyp 3 der sonderpädagogischen Förderung zugeordnet. Die Förderung der Sonderschule des Typs 8 bezieht sich in erster Linie auf die spezielle Lernstörung des Kindes. Indirekt wird auch das psychosoziale Wohlbefinden des Kindes ins Auge gefasst (z.B. durch strukturierte Abläufe im Klassenraum, Stressreduktionstechniken und durch die Erziehung in kleinen Gruppen), aber dies geschieht zumeist auf sehr allgemeine Art.

Die Ergebnisse der hier vorliegenden Studie zeigen, dass dem individuellen Verhaltensprofil jedes Kindes mit Lernstörungen, welches diese Schulen besucht, mehr Aufmerksamkeit zugestanden werden sollte und dass die psychosoziale Behandlung den speziellen Bedürfnissen des Kindes so gut wie möglich angepasst sein sollte.

Zum Beispiel könnten Behandlungsprogramme für Kinder mit schweren, manifesten Aufmerksamkeitsproblemen entwickelt werden, Gefühlsregulation könnte im Blickpunkt bei der Behandlung aggressiver Kinder stehen, Selbstachtungssteigerung bei ängstlichen Kindern usw. Eine umfassende heilpädagogische Rahmenarbeit, welche sowohl die Behandlung der Lernprobleme als auch die der Verhaltensprobleme fokussiert, kann für das professionelle Arbeiten an diesen Schulen hilfreich sein.

Die letzte Frage beschäftigt sich mit der Miteinbeziehung der Kinder mit Lernproblemen in die allgemeine Schule. In der Tat ist die Integration des Kindes in die allgemeine Schule, welche „so bald als möglich" vonstatten gehen sollte, eines der Ziele dieses Typs der sonderpädagogischen Förderung. Betrachtet man nun die Schullaufbahn dieser Schüler, ist zu bemerken, dass die meisten der Kinder (mehr als 80%) an der besonderen Schule verbleiben, bis sie 12 oder 13 Jahre alt sind (*Dhondt* 1998).

Es erhebt sich die Frage, ob es möglich ist, Kinder mit Lern- und Verhaltensproblemen in allgemeine Schulen mit einzubeziehen, und wie diese Form der Integration realisiert werden sollte. Welche Bedingungen sind für die Integration in die Schule oder Klasse notwendig und wie können diese

optimiert werden? Im Vergleich zu den Kindern anderer Typen sonderpädagogischer Förderung zeigen Kinder mit Lernproblemen keine äußerlich
erkennbaren geistigen oder körperlichen Behinderungen.

Einerseits mag das Nichtvorhandensein einer sichtbaren Behinderung
einer Integration förderlich sein, andererseits könnte die Integration gerade
durch die Absenz einer sichtbaren Behinderung gehemmt werden. Tatsächlich erwartet man von einem Kind mit Lernproblemen, dass es sich verhält
wie andere Kinder, aber dies tut es nicht.

Bevor eine Integration in die allgemeine Schule angedacht wird, so
glauben wir, sollten die Familie, die Schule und die Professionellen, welche
die Integration begleiten, ausführliche Information über die Stärken und
Schwächen des Kindes erhalten.

Das Verhaltensprofil des Kindes mag als eines der Hauptelemente in
dem Entscheidungsprozeß dienen.

Uwe Tänzer

Fördermöglichkeiten bei Kindern mit Lernstörungen

Das im Folgenden dargestellte Programm eignet sich zum Einsatz bei lerngestörten Kindern, die eine Aneignungsbeeinträchtigung aufweisen. Dabei sollen nicht vordringlich Wissensanteile vermittelt werden, sondern die Kindern werden unterwiesen, wie bestimmte Aufgabenklassen zu lösen sind, d.h. es soll eine Förderung allgemeiner Lernkompetenzen erfolgen.

Explikation von Lernen und Lernstörung

Lernen ist eine grundlegende Fähigkeit des Menschen, die sich der direkten Beobachtung entzieht. Die verschiedenen Formen des Lernens lassen sich aus heutiger Sicht unter dem Begriff der Informationsverarbeitung zusammenfassen. Neue Informationen, die sich dem Menschen durch Erfahrungen darbieten, aktivieren (physiologische) Lernprozesse, die zukünftige physiologische Reaktionen, das Denken, die Emotionen und Handlungen beeinflussen (vgl. auch *Ehlers* 2000).

Schulisches Lernen stellt eine anspruchsvolle Handlung dar, deren Aktivitäten auf ein Lernziel hin ausgerichtet sind und nach *Lauth* (2000) auf drei Ebenen beschrieben werden können:

1. Ebene der Handlungsorganisation (Planung): Der Verlauf des Lernens wird strukturiert und vorausgeplant, bei komplexeren Aufgaben werden verschiedene Teilschritte eingeplant.
2. Ebene der Handlungssteuerung (Überwachung): Die eigene Tätigkeit wird kritisch überwacht und es werden Rückmeldungen über die Fortschritte in der Realisierung der einzelnen Planungsschritte eingeholt. Diese selbstbeobachtenden und selbstkontrollierenden Prozesse werden von *Brown & Palincsar* (1987) unter dem Begriff „exekutive Kontrolle" zusammengefasst.

3. Ebene der Verhaltensfertigkeiten (Ausführung): Konkrete Tätigkeiten wie Lesen oder Schreiben, die der Kontrolle der ersten beiden Ebenen unterliegen.

Diese Lernprozesse können in zwei Bereichen beeinträchtigt sein. Bei Lernstörungen werden daher von *Lauth* (1990) die Formen der Aneignungsbeeinträchtigung und individuell abnorme Lernvoraussetzungen unterschieden.

Bei der Aneignungsbeeinträchtigung werden gewünschte Handlungsweisen (Planung und Steuerung) und Verhaltensfertigkeiten (Ausführung) sowie notwendige Wissensanteile nicht in ausreichender Qualität und Sicherheit erlernt. Für den schulischen Bereich kann beispielsweise die schrittweise Planung zur Lösung einer mathematischen Aufgabe beeinträchtigt sein. Als weiteres Beispiel kann die Überwachung genannt werden, mittels derer kontrolliert werden kann, ob aus einem Text die bedeutenden und nicht die unwichtigen Informationen entnommen werden.

Im Fall der individuell abnormen Lernvoraussetzungen sind Detailprozesse im Lernen derart beschaffen, dass sie zu Anpassungs- und Orientierungsschwierigkeiten im emotionalen oder sozialen Bereich führen können. So kann beispielsweise die Umgebung durch einen Schüler derart wahrgenommen werden, dass „Signale", wie bestimmte Wörter oder Gesten der Lehrkraft, selektiv beachtet und als „Bedrohung" interpretiert werden. Als Folge könnte der Schüler Ängste vor eben dieser „Bedrohung" entwickelt.

Komorbidität von Lern- und Verhaltensstörungen

Bei Aneignungsbeeinträchtigungen können Verhaltensstörungen mit den Erscheinungsformen der Aggressivität, der sozialen Isolierung oder eingeschränkten sozialen Kompetenzen auftreten. Dieser Problematik kann mit den weiter unten beschriebenen pädagogischen Methoden begegnet werden.

Bei individuell abnormen Lernvoraussetzungen besteht die Möglichkeit, dass sich verschiedene Ängste, Depressionen sowie Aufmerksamkeitsstörungen entwickeln (*Lauth* 1990). Hierbei wäre insbesondere eine psychotherapeutische Interventionen indiziert.

Epidemiologische Aspekte

Nach *Lauth* (2000) lassen sich bei Lernstörungen, die auf Aneignungsbeeinträchtigungen zurückzuführen sind, folgende Erklärungsmomente zur Entstehung nennen:

1. In der Regel ist die Entfaltung von Lernaktivitäten mit Anstrengungen verbunden. Die Bereitschaft lerngestörter Kinder hierzu ist häufig eingeschränkt, was auf vorhergehende Misserfolge zurückzuführen ist.
2. Als Voraussetzungen für schulisches Lernen sind umfangreiche und vernetzte Wissensanteile zu nennen. Bei lerngestörten Kindern sind oft weitreichende Wissensdefizite festzustellen, die dazu führen, dass schulische Aufgaben nur mit großer Mühe oder gar nicht gelöst werden können. Hieraus resultieren wiederum Misserfolgserlebnisse.
3. Handlungsnotwendige Ausführungsfertigkeiten (z.B. visuelle Diskrimination) werden nur unzureichend oder nicht sicher beherrscht, was dazu führt, dass die gesamte Lernhandlung scheitert oder es nur zu einem mäßigen Lernerfolg kommt.
4. Die Handlungsorganisation ist beeinträchtigt. Die Lösung komplexer Aufgaben erfordert eine strukturierte Planung mit verschiedenen, aufeinander aufbauenden Teilaktivitäten. Lerngestörte Kinder entwickeln oft nur eine lückenhafte Vorausplanung oder notwendige Teilschritte werden in ungünstiger Reihenfolge ausgeführt.
5. Bei der Umsetzung der oben genannten Aktivitäten findet nur eine mangelnde Handlungsüberwachung statt. Zum Beispiel werden auch sehr unwahrscheinliche Lösungen (Handlungsziel) als richtig angenommen bzw. es wird keine Korrektur vorgenommen, wie bei der Aufgabe $55 + 5 = \,„6000“$.

Allgemeine Ziele

In dem Training sollen aufgrund der epidemiologischen Überlegungen Lernkompetenzen vermittelt werden, die es den lerngestörten Kindern im Weiteren ermöglichen, selbstständig ihr Lernen zu optimieren, d.h. den Schülern wird eine Hilfe zur Selbsthilfe dargeboten.

Als Trainingsziele sollen zu den folgenden Bereichen Herangehensweisen vermittelt werden:

1. Der aktive Umgang mit Lernmaterialien; z.B. Notizen machen, Assoziationen in Bezug auf das Lernmaterial aktivieren.

2. Strategien zur Informationsentnahme entwickeln; beispielsweise welche Informationen sind in einer Aufgabe gegeben, welche Informationen fehlen und wie sind diese zu ermitteln (z.B. unbekannte Begriffe nachschlagen).
3. Gedächtnisstrategien optimieren; beispielsweise das Abrufen und Speichern von Wissen.
4. Strategien zur Lernorganisation; z.B. Ausgangspunkt der Lernhandlung, Bestimmung der Lernziele, Planungen zum Erreichen des Lernzieles entwickeln.
5. Verbale Handlungsanleitung und -kontrolle; zunächst sollen die Kinder ihre Handlung selbst laut anleiten und damit kontrollieren, später erfolgt die verbale Anleitung in Gedanken.
6. Aufgabenspezifische Problemlösestrategien; z.B. Aufgabenverständnis und planhaftes Vorgehen bei Textaufgaben.
7. Umgang mit Lernschwierigkeiten; wenn beispielsweise nicht sofort die Aufgabenlösung gelingt, sollen sich die Kinder verbal selbst Mut zusprechen und hinderliche Gedanken ausblenden.

Indikationsstellung

Die Indikation für das Training ist bei Vorliegen einer Lernstörung nach dem DSM-IV (*Saß et al.* 1998) gegeben. Hierunter fallen die Lesestörung, die Rechenstörung, die Störung des Schriftlichen Ausdrucks sowie die nicht näher bezeichnete Lernstörung (Kombination der ersten drei Störungen).

Grundlegend ist bei Lernstörungen ein wesentlicher Unterschied zwischen den spezifischen Leistungen im Lesen, Rechnen oder schriftlichen Ausdruck und den aufgrund der allgemeinen Entwicklung zu erwartenden Leistungen. Die schulischen Fertigkeiten können über standardisierte Testverfahren ermittelt werden, z.B. mit dem Züricher Lesetest (*Linder & Grissemann* 1996). Der allgemeine Entwicklungsstand kann in Abhängigkeit des Alters, der Intelligenz und der Schulbildung (Schullaufbahn) unter anderem ebenfalls über standardisierte Testverfahren erhoben werden, z.B. mit dem Snijders-Oomen Non-verbalen Intelligenztest (SON-R 5½-17; *Snijders et al.* 1997). Bei Verwendung standardisierter Testverfahren sollte der Unterschied zwischen der spezifischen schulischen Testleistung und der ermittelten intellektuellen Leistung mehr als zwei Standardabweichungen betragen.

In der Differentialdiagnose sind normale Schwankungen der schulischen Leistungen, Seh- oder Hörstörungen, Geistige Behinderung, eine Tiefgreifende Entwicklungsstörung und Kommunikationsstörungen auszuschließen.

Das Training mit lerngestörten Kindern

Orientiert an den obengenannten Zielen sollen in den jeweiligen Übungseinheiten über drei Schritte 9-12jährigen Schülerinnen und Schülern Lernkompetenzen vermittelt werden. Diese Kompetenzen sollen einerseits individuellen Charakter aufweisen, also den Erfahrungshintergrund und den Entwicklungsstand der einzelnen Kinder berücksichtigen, andererseits dem Handlungsprozess übergeordnet sein, damit die Kinder lernen zu lernen.

Im ersten Schritt sollen die Kinder verschiedene Lernstrategien erfahren. Im zweiten Schritt soll die für die/den jeweilige/n Schülerin oder Schüler geeignete Strategie eingeübt werden. Die Übertragung auf den Unterricht (Transfer) stellt den dritten und letzten Schritt dar. Die einzelnen Trainingsstunden umfassen 60 Minuten.

Das Training ist für die Durchführung in einer Kleingruppe mit bis zu fünf Kindern konzipiert. Die ersten 15 der insgesamt 18 Trainingseinheiten lassen sich aber auch ohne großen Aufwand derart modifizieren, dass sie in einer Klasse einzusetzen sind.

Der Aufbau der einzelnen Trainingsstunden ist identisch, um Unsicherheiten bei den Kindern vorzubeugen. In der ersten Stunde lernen die Kinder diesen Aufbau kennen: Im Training wird für die Kinder zunächst erläutert (1), welchen Inhalt die Stunde hat (Transparenz). Nach diesen Erläuterungen erfolgt die Demonstration einer Vorgehensweise (2) durch die/den Trainer/in. Mit den Kindern werden anschließend verschiedene weitere Herangehensweisen (3) erarbeitet. Nachdem für jedes Kind eine individuelle Handlungsweise gefunden wurde, üben die Kinder (4) mit dem gleichen Material ihr Vorgehen. Die Transferphase (5) beinhaltet Überlegungen, wie die Kinder ihr Vorgehen auf schulische Aufgaben übertragen können. Zu einer verabredeten Übertragung sollen von den Kindern Notizen angefertigt werden, die in der folgenden Sitzung in der ersten Phase besprochen werden. Den Abschluss der Stunde bildet ein spielerischer Ausklang (6), der an den Inhalten der Stunde orientiert ist und somit eine Vertiefung der erlernten Vorgehensweise ermöglicht.

Für die/den Trainer/in wird das angestrebte Ziel der Trainingseinheit benannt. Erst wenn dieses Ziel von den Kindern erreicht wurde, erfolgt der Übergang in die nächste Trainingseinheit, d.h., eine Trainingseinheit kann aus mehreren Stunden bestehen.

Methodisches Vorgehen

Das methodische Vorgehen orientiert sich am kognitiven Modellieren von *Meichenbaum & Goodman* (1971): Die/der Trainer/in demonstriert (von den Kindern direkt zu beobachtende) Vorgehensweisen und verbalisiert laut die von ihr/ihm befolgten Regeln und Strategien. Durch diese Selbstanweisungen und die Demonstration erfahren die Kinder sowohl (sonst verdeckte) kognitive als auch offene Bewältigungsfertigkeiten.

Die verbalisierten Selbstanweisungen können beispielsweise folgendermaßen aussehen:

„Was ist meine Aufgabe? Worum geht es hier? (Problembestimmung).

Ja, ich weiß, ich soll... (Annäherung an das Problem) ...zwei Bilder finden, die genau gleich sind.

Wie gehe ich vor? Ich gehe ganz bedacht vor und sehe mir die Bilder einzeln ganz genau an; ich beschreibe, was ich sehe! (Planung des Vorgehens) ...“ (nach *Lauth & Schlottke* 1999, 50).

Dabei ist jedoch zu beachten, dass eine bestimmte Vorgehensweise nicht für alle Personen optimal ist. Daher werden im nächsten Schritt die Vorgehensweisen der Kinder ergründet und mit jedem Kind eine individuelle Herangehensweise gesucht.

Das Training im Überblick

In der ersten Trainingseinheit sollen die Kinder eigene Stärken und Schwächen reflektieren. Dabei sollen die Kinder einerseits erkennen, welche individuellen Probleme bei der Bearbeitung von schulischen Aufgaben auftreten können und welche Folgen (z.B. schlechte Leistungen in der Schule, Probleme mit den Eltern) daraus entstehen können. Andererseits ist es von großer Bedeutung anhand der Stärken der Kinder zu erarbeiten, dass die eigenen Handlungen, zumindest in bestimmten Bereichen, wirksam sind. Anhand der Metaphern „Spielball" und „Verursachen" sollen die Kinder Selbstvertrauen entwickeln, dass sie auch im schulischen Bereich, in dem Schwierigkeiten aufgetreten sind, wirksames Handeln erlernen können.

Das Training ist nach der einführenden Einheit in drei methodische Blöcke gegliedert. Im ersten Block (Trainingseinheiten 2 – 10) soll der aktive Umgang mit Lernmaterialen vermittelt werden. Die Strukturierung des Materials erfolgt durch die Bildung von Begriffen, Kategorien und Begriffssystemen (d.h. das Verständnis von Begriffen wird geschult bzw. präzisiert). Im zweiten Block (Trainingseinheiten 11 - 15) erlernen und üben die Kinder die gezielte Anwendung bei schulischen Aufgaben. Hier werden spezifische Strategien zur Organisation und Steuerung von Lernhandlungen ermittelt. Im letzten Block (Trainingseinheiten 16 - 18) wird der zuvor angebahnte Transfer der erlernten Lernhandlungen in den Unterricht durch die/den Trainer/in aktiv unterstützt.

1. Block – Begriffe, Kategorien und Begriffssysteme (Begriffsverständnis)

In den Trainingseinheiten 2 bis 10 werden die Kinder sukzessiv an die aktive Strukturierung von Material herangeführt. Sie erlernen, Begriffe zuzuordnen, Kategorien zu bilden und mit Begriffssystemen umzugehen. Durch dem Umgang mit den Begriffen erfahren sie mögliche Ordnungsfunktion.

Beispielhaft werden die zweite und neunte Trainingseinheit verkürzt in den zentralen Bestandteilen dargestellt.

2. Trainingseinheit – Begriffe bilden

Ziel: Erlernen der Zuordnung von zusammenfassenden Begriffen nach Ordnungsgesichtspunkten. Den Kindern soll der Stellenwert von Begriffen, die Differenziertheit von Begriffssystemen sowie die Vernetzung von Begriffen verdeutlicht werden.

Demonstration des Vorgehens und Übung der Kinder:

Das in dieser Trainingseinheit verwendete Material besteht aus 120 Bild- und Begriffskarten. Diese Karten bzw. Begriffe sind vier Begriffssystemen (Tiere, Lebensmittel, Hausgegenstände und Fortbewegungsmittel) zugeordnet. Innerhalb dieser Systeme gibt es sechs untergeordnete Systeme (z.B. „Wasserfahrzeuge"; siehe Abb. 1) mit jeweils vier Karten.

Den Kindern werden ungeordnet 40 Bildkarten vorgelegt. Diese sollen durch die Benennung von übergeordneten Begriffen wie in einem Quartett in Gruppen mit vier Karten sortiert werden. Die/der Trainer/in beginnt damit, die Karten übersichtlich hinzulegen. Anschließend benennt sie/er einen Begriff und zählt die verschiedenen Merkmale auf. In dem Beispiel handelt es sich um „Wasserfahrzeuge": Mit ihnen kann sich ein Mensch auf dem Wasser fortbewegen. Sie bestehen allerdings aus unterschiedlichen Materialien und werden auch unterschiedlich angetrieben. Die vier Karten könnten somit nochmals unterteilt werden, und zwar in Fahrzeuge mit Maschinenantrieb und mit „Muskelantrieb".

Abb. 1: „Wasserfahrzeuge"

Im Weiteren werden mit prozessorientierten Hilfen (Ressourcen der Kinder werden aufgegriffen und unterstützt) die Karten von den Kindern gruppiert. Dabei sind alle logischen Begriffszuordnungen möglich. Gelingt die Bearbeitung sicher und sind die Ziele der Einheit erreicht, folgt die Transferphase. Bei auftretenden Schwierigkeiten können weitere Karten zur Anwendung kommen, bis die Zuordnung sicher gelingt.
Übertragung auf den Unterricht:
Es werden mit den Kindern Anwendungsmöglichkeiten für den Unterricht erörtert, beispielsweise:

- Die Verbesserung von Gedächtnisleistungen, weil „Suchbegriffe im Kopf existieren".
- Die Möglichkeit, zunächst ungeordnetes Material zu sortieren und begreifbar zu machen.

9. Trainingseinheit – Ausbildung von Textverständnis
Ziel: Aktive Bearbeitung eines Textes und ermitteln einer Strategie zur Informationsentnahme.
Demonstration des Vorgehens und Übung der Kinder:
Bei der Bearbeitung eines (schulischen) Textes wird zunächst folgendes Vorgehen demonstriert:

1. Zunächst nur die Überschrift aufnehmen;
2. Erwartungen zur Überschrift anstellen;
3. Notizen zum Text anfertigen oder Textpassagen in unterschiedlichen Farben markieren;

4. Vernetzung einzelner Passagen vornehmen und sich hiervon ein eigenes Bild (Visualisierung) machen, eventuell auch eine Zeichnung anfertigen;
5. Den Text mittels der relevanten Informationen wiedergeben.

Im nächsten Schritt wird mit den Kindern zusammen erarbeitet, welche weiteren Vorgehensweisen denkbar sind. Die individuelle Strategie wird notiert und die Kinder bearbeiten anhand „ihrer" Planung einen Text.

Übertragung auf den Unterricht:

Mit den Kindern wird erörtert, welche Vorteile ein planvolles Vorgehen mit sich bringt, beispielsweise:

- Der Text lässt sich leichter erschließen.
- Es lassen sich auch Einzelheiten merken.
- Auch Details sind von Bedeutung.

Im Weiteren wird mit den Kindern besprochen, wie sie „ihre" Strategie im Unterricht konkret umsetzen können.

2. Block - Spezifische Strategien zur Organisation und Steuerung

Die Kinder sollen die bisher erarbeiteten, individuellen Herangehensweisen auf schulische Aufgaben übertragen. Das allgemeine Vorgehen in Lernsituationen soll in Bezug auf einzelne Lernfächer (Lesen, Rechnen, Schreiben) spezifiziert werden. Zur Veranschaulichung des zweiten methodischen Blocks wird die 15. Trainingseinheit verkürzt wiedergegeben.

15. Trainingseinheit – Textaufgaben analysieren und bearbeiten
Ziel: Komplexe und oft auch „verwirrende" Aufgaben lassen sich mit einer Schritt-für-Schritt-Abfolge bewältigen. Eine sequentielle Analyse- und Bearbeitungsstrategie soll erarbeitet und bei Aufgaben eingehalten werden.
Demonstration des Vorgehens und Übung der Kinder:

Anhand einer Textaufgabe wird das Beispiel für eine Analyse- und Bearbeitungsstrategie demonstriert. Die Strategie könnte nach *Montague & Bos* (1986) wie folgt aussehen:

- Lautes Lesen
- Lautes Beschreiben
- Visualisierung

- Formulierung des Problems
- Hypothesen über den Lösungsweg
- Abschätzung der richtigen Lösung
- Berechnung der Lösung
- Selbstkontrolle (Überprüfung)

An einer zweiten Aufgabe wird mit den Kindern ihr individuelles Vorgehen erarbeitet. Die erstellte individuelle Strategie könnte folgenden Ablauf aufweisen:

- Aufgabe lesen und Aufgabenstellung „rot" unterstreichen.
- Alle gegebenen Informationen „grün" unterstreichen und herausschreiben.
- Überlegen, welche Schritte zur Aufgabenlösung benötigt werden und diese in der richtigen Reihenfolgen untereinander schreiben.
- Überprüfen, ob alle Informationen vorhanden sind oder möglicherweise über weitere Schritte abgeleitet werden müssen.
- Plan schrittweise umsetzen.
- Kontrolle der Lösung, ob sie überhaupt möglich sein kann.

Übertragung auf den Unterricht:
Gemeinsam mit den Kindern werden Überlegungen angestellt, auf welche Art und Weise die verschiedenen Strategien auf veränderte Aufgabenstellungen in der Schule mit wenig Zeitaufwand anzugleichen sind. Es ist wichtig zu verdeutlichen, dass die „eigentliche" Strategie darin besteht, eine komplexe Aufgabe Schritt für Schritt zu bearbeiten.

3. Block – Aktive Unterstützung der Übertragung auf den Unterricht (Transfer)

Zu jeder Einheit werden mit den Kindern Überlegungen durchgesprochen, wie die erfahrenen Herangehensweisen auf die schulische Situation übertragen werden können (Transfer). In den abschließenden drei Einheiten sollen die Kinder eine aktive Unterstützung erhalten, die individuellen Strategien (auch) im Unterricht anzuwenden. Zur Veranschaulichung wird verkürzt die 17. Trainingseinheit wiedergegeben.

17. Trainingseinheit – Beobachtung des Kindes im Unterricht
Ziel: Die vereinbarten, verabredeten Vorgehensweisen und Strategien sollen im Unterricht umgesetzt werden und durch die/den Trainer/in beobachtet werden. Hieran schließt sich eine Rückmeldung für die Kinder an.

Dabei kommt es nicht auf das starre Befolgen von erarbeiteten Strategien an, sondern auf eine (bewusste) Handlungssteuerung und Handlungskontrolle.

Umsetzung:

Mit dem Kind werden zwei bis drei Strategien verabredet, die im Unterricht umgesetzt werden sollen. Die/der Trainer/in beobachtet das Kind im Unterricht und notiert, wie die Umsetzung der Strategien gelingt. In der Pause oder nach dem Unterricht wird mit dem Kind zunächst über die eigenen Erfahrungen gesprochen. Anschließend werden die berichteten Erfahrungen mit den Notizen verglichen. Erfolge sollen hervorgehoben werden. Aufgetretene Schwierigkeiten werden aber ebenfalls angesprochen und gemeinsam Überlegungen angestellt, wie diese Schwierigkeiten in Zukunft vermieden werden können.

Evaluation

Das Training wurde bisher an verschiedenen Grund- und Orientierungsschulen in Oldenburg und Köln durchgeführt. Die erste Effektkontrolle wurde mittels Einzelfallforschung vorgenommen. Von den Lehrerinnen und Lehrern, den Eltern und den Kindern wurden parallelisierte Fragebögen mit zehn Items trainingsbegleitend zweimal wöchentlich ausgefüllt. Die Beantwortung erfolgte auf einer zehn-stufigen Rating-Skala.

Beispielhaft sind im Folgenden zwei Items wiedergegeben:

• Die gestellte (schulische) Aufgabe wurde bearbeitet.
• Die Bearbeitung der zu erfüllenden Aufgabe wurde vollständig erledigt.

Bei dieser ersten Evaluation konnte zwar ein Anstieg der Leistung festgestellt werden, dieser unterlag jedoch starken Schwankungen. Beispielhaft ist in der Abbildung 2 die Auswertung von zwei Items bei dem Kind „Franziska" (Name geändert) wiedergegeben:

Im Rahmen der Einzelfallanalyse sind neben den Fragebögen als Testverfahren der CFT 20 (*Weiß* 1997), der Allgemeine Schulleistungstest (*Fippinger* 1992) sowie der Persönlichkeitsfragebogen für Kinder (*Seitz & Rausche* 1992) zum Einsatz gekommen.

Aufgrund der bisherigen Evaluationsergebnisse erfolgt derzeit eine Modifizierung der ersten Trainingskonzeption. Die weitere Evaluationsplanung umfasst neben der Einzelfallanalyse notwendigerweise auch eine Gruppenstudie.

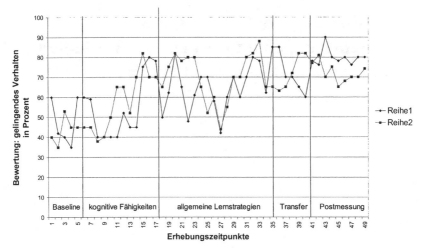

Reihe 1: Bei den Hausaufgaben erkennen, worum es geht (Mutter)
Reihe 2: Sich beim Lernen einen Überblick verschaffen (Franziska)

Abb. 2:   Graphische Darstellung von zwei Items der Einzelfallstudie

Heinrich Ricking, Gisela Schulze und Manfred Wittrock

Die Gefährdung von Schülern mit Beeinträchtigungen im Lernen und Verhalten durch unterrichtsmeidende Verhaltensmuster

Einleitung

Im vorliegenden Beitrag wollen wir den Versuch unternehmen, das vielschichtige Bedingungs- und Wirkungsgeflecht an Variablen zu verdeutlichen, die angefangen von partiellen unterrichtsmeidenden Verhaltensmustern bis hin zum Phänomen des manifesten Schulschwänzens führen können. Dabei berücksichtigen wir besonders die Zielgruppe der Kinder und Jugendlichen mit Beeinträchtigungen im Lernen *und* Verhalten. Anhand von unterrichtsmeidenden Verhaltensmustern, speziell am Beispiel der Absentismusform „Schulschwänzen", werden Tendenzen und Perspektiven bei der Entwicklung von praxisrelevanten Interventionsstrategien aufgezeigt.

Der Zusammenhang von Schulleistungsversagen und Verhaltensstörung fand in den letzten Jahren in der Fachliteratur zunehmend Beachtung. In Untersuchungen zum Bereich der „besonderen Lernstörungen" oder „Teilleistungsstörungen" wurde Lernbeeinträchtigungen eine hohe Bedeutung für die Entstehung und Verfestigung von Schulleistungsproblemen und Verhaltensstörungen zugeschrieben (vgl. *Esser* 1994, 187). Verschiedene Forschungsergebnisse weisen auf die Überschneidungen von Lern- und Verhaltensstörungen hin. Unter anderem bringt *Opp* diesen Zusammenhang in seinem bewusst gewählten Kombinationsbegriff „Lern- und Verhaltensstörung" direkt zum Ausdruck (*Opp* 1995, 520). Verschiedene Studien verdeutlichen das Zusammenwirken unterschiedlicher Risikopositionen, welches zu einer signifikant schlechteren Entwicklungsprognose für die betroffenen Heranwachsenden führen kann. In diesem Kontext gilt es die „Multiproblemkonstellationen in der psychischen, physischen und kognitiven Entwicklung von heranwachsenden Kindern und Jugendlichen in Abhängigkeit von ihren sozioökonomischen und kulturellen Sozialisationsbedingungen" (*Warzecha* 1997, 486) zu berücksichtigen. Die qualitativen Veränderungen innerhalb der kindlichen Lebenswelten werden in den soziokulturellen Veränderungsprozessen im familialen System (z.B. Alleinerziehende, „Patchworkfamilien"), im Peergroup-System (z.B. Jugendrandgruppen, Konsum von gewaltverherrlichenden Medien) deutlich und gehen häufig mit steigenden Armutsrisiken einher. Besonders erschwerend wirken sich die kumulativen Entwicklungsrisiken auf die Zielgruppe der Kinder und Jugendlichen mit Beeinträchtigungen im Lernverhalten sowie im psychosozialen Bereich aus und erfordern eine komplexe multiprofessionelle Vorgehensweise.

Das Fernbleiben von Schülern und Schülerinnen aus der Schule, angefangen vom stundenweisen Fehlen bis hin zum Langzeitschwänzen hat sich dabei zu einem schulartübergreifenden hochaktuellen Thema entwickelt. Veröffentlichungen in der Presse mit Beiträgen wie „Schul-Schwänzen: Wer nicht hören will, muss zahlen" (*Peters*, in Rheinische Post vom 1. Juli 2000) und dem CDU Papier „Null Toleranz bei Rechtsbruch", in dem Jugendlichen bei wiederholtem Schulschwänzen als sogenannte „Ultima Ratio" die Einweisung ins Heim (*Rayk*, in TAZ vom 4. Juli 2000) angedroht wird, verdeutlichen die allgemeine Unsicherheit in Bezug auf geeignete Interventionsmaßnahmen.

Die Zunahme von Schülerinnen und Schülern mit Beeinträchtigungen im Lernen und Verhalten, die aus den vorhandenen pädagogischen Rahmenbedingungen herauszufallen drohen und/oder bei denen soziale und schulische Ausgrenzungsprozesse bereits begonnen haben, sind für uns Anlass zur Suche nach neuen schulischen Fördermöglichkeiten und Konzeptentwicklungen, um dem Problem Schulschwänzen pädagogisch entgegen zu wirken.

Entsprechend den aktuellen Empfehlungen der Kultusministerkonferenz zum Förderschwerpunkt Lernen (*KMK* 1999, Beschluss vom 01.10.1999) und den Empfehlungen zum Förderschwerpunkt emotionale und soziale Entwicklung (*KMK* 2000, Beschluss vom 10.03.2000) sowie den neuen Richtlinien der Weltgesundheitsorganisation zur Klassifizierung von Behinderungen (*WHO* 1999, ICIDH 2), unter Berücksichtigung des Partizipationsgedankens, werden wir für die Zielgruppe in diesem Beitrag den Begriff „Kinder und Jugendliche mit Beeinträchtigungen im Lernen und Verhalten" verwenden.

Bestimmung der Zielgruppe

1. Schülerinnen und Schüler mit Beeinträchtigungen im Lernen und Verhalten

Um die Wechselwirkungen von Unterrichtsmeidung, Verhaltensstörungen und Lernbeeinträchtigungen aufzeigen zu können, ist es notwendig, die Zielgruppe der Schülerinnen und Schüler mit Beeinträchtigungen im Lernen und in der sozialen und emotionalen Entwicklung aufzuzeigen und im Anschluss diese Population unter dem diagnostischen Aspekt der unterrichtsmeidenden Verhaltensmuster, speziell in Form des Schulschwänzens, näher zu beschreiben. Aus rein pragmatischen Gründen verwenden wir an dieser Stelle aus der Vielzahl von Definitionen und Beschreibungen die entsprechende Beschreibung der pädagogischen Ausgangslage der *KMK* (Empfehlungen von 1999 und 2000) für Kinder und Jugendliche mit Beeinträchtigungen im Lernen und in der emotionalen und sozialen Entwicklung, in denen auch die Überlappung der beiden Beeinträchtigungsformen deutlich zum Ausdruck kommt.

Kinder und Jugendliche mit Beeinträchtigungen des Lern- und Leistungsverhaltens haben vielfach zusätzliche Beeinträchtigungen der motorischen, sensorischen, kognitiven, sprachlichen sowie sozialen und emotionalen Fähigkeiten. Der spezifische individuelle Förderbedarf richtet sich bei ihnen u.a. nach der Ausprägung der Lernbeeinträchtigung, den Bedingungen im sozialen Umfeld sowie den Auffälligkeiten im Verhaltensbereich (*KMK* 1999, 3ff). Die schulische Leistungsfähigkeit von Schülerinnen und Schülern mit Beeinträchtigungen in der sozialen und emotionalen Entwicklung ist oft durch einen zusätzlichen Förderbedarf, insbesondere in den Bereichen Lernen und Sprache, gekennzeichnet (*KMK* 2000, 7). Die Schnittgruppe mit kombinierten Beeinträchtigungen im Lernen und Verhalten weist zusätzliche massive Einschränkungen in ihrer Kommunikationsfähigkeit auf, durch welche familiale und schulische Beziehungs- und Motivationsprozesse entscheidend mit beeinflusst werden.

Sie leiden häufig nicht nur unter einer additiven Zusammensetzung ihrer spezifischen Entwicklungsprobleme, sondern unter verschiedensten Problemkonstellationen mit negativen Synergieeffekten, die zu Teufelskreisen von Versagen, Angst und Vermeidung führen können und die schulische Leistungsfähigkeit deutlich mindern (vgl. *Bandura* 1979).

2. Schülerinnen und Schüler mit unterrichtsmeidenden Verhaltensmustern

Die Mitte der 90er Jahre neu angeregte Diskussion zum Schulabsentismus (*Ricking & Neukäter* 1997) führte in den letzten Jahren zu einer Anzahl von Forschungsaktivitäten u.a. im Bereich der begrifflichen Klärung der vielfältigen Formen der physischen und psychischen Abwesenheit von Schülerinnen und Schülern aus dem Bereich Schule. In unserer weiteren Betrachtungsweise gehen wir vom Oberbegriff der *Unterrichtsmeidung* aus. Im Rahmen von unterrichtsmeidendem Verhalten (ohne/mit schulaversiven Anteilen) werden die empirisch feststellbaren Muster in die Formen *Schulabsentismus, Unterrichtsabsentismus* und *Unterrichtsverweigerung* systematisiert und ermöglichen eine Standortbestimmung des Phänomens Schulschwänzen (vgl. *Ricking* 1999; *Schulze et al.* 2000).

Formen unterrichtsmeidender Verhaltensweisen

In einem von *Schulze & Wittrock* (2000; 2001) durchgeführten Forschungsprojekt zu unterrichtsmeidenden Verhaltensweisen (ohne/mit schulaversiven Anteilen) wurden ausgehend von der Bestandsaufnahme (sonderpädagogisches Fachwissen, Literaturanalyse zum Forschungsgegenstand) Lehrerbefragungen und Befragungen von Schulsozialarbeitern durchgeführt und in Expertendiskussionen ausgewertet. Im Verlauf der zweijährigen Projektdauer (1998-2000) entstand auf der Basis der Vorarbeiten von *Neukäter & Ricking* (1997; 1998) eine kategoriale Systematik der verschiedenen unterrichtsmeidenden Verhaltensmuster, wobei mit diesem hierarchisch gegliederten Modell keine Schüler(-typen) kategorisiert werden, vielmehr geht es um die Veranschaulichung möglicher Verhaltensweisen von Kindern und Jugendlichen mit Unterrichtsmeidungsverhalten. Die nachfolgende Darstellung stellt somit das Ergebnis eines planvollen Theorie-Praxis-Austausches dar.

Es wurde eine Kategorisierung in drei übergeordnete Verhaltensphänomene vorgenommen, welche nach dem operationalisierbaren Kriterium des Aufenthaltsorts erfolgte:

1. Kategorie: Schulabsentismus (nicht in der Schule anwesend)
2. Kategorie: Unterrichtsabsentismus (in der Schule, jedoch (partiell) nicht im Unterricht anwesend)
3. Kategorie: Unterrichtsverweigerung (im Unterricht anwesend, aber nicht- bzw. nur eingeschränkt-partizipierend).

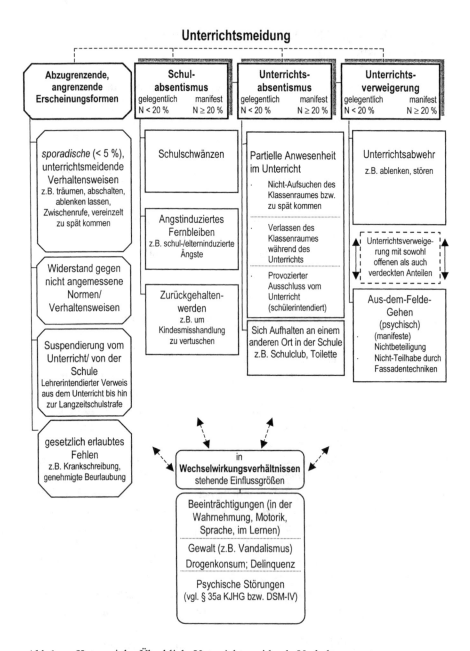

Abb.1 :   Kategorialer Überblick: Unterrichtsmeidende Verhaltensmuster

1. Kategorie: Schulabsentismus

In der englischsprachigen Literatur wird neben „truancy", „attendance problems" und „non-attendance" häufig der Begriff „school absenteeism" verwendet, ein Begriff der sich in den letzten Jahren zunehmend auch in der deutschen Erziehungswissenschaft durchsetzt. Die klassifikatorische Kategorie des Schulabsentismus umfasst Schülerinnen und Schüler, die sich während der Unterrichtszeit weder im Klassenraum noch in der Schule aufhalten, sondern zeitgleich alternative Räume bevorzugen. Sie ist klar charakterisiert durch die physische Abwesenheit aus dem Wirkbereich Schule. Bezugnehmend auf die von *Ricking & Neukäter* (1998) ausgewiesenen Absentismusformen Schulschwänzen, Schulverweigerung und Zurückgehaltenwerden, u.a. in Anlehnung an *Preuss* (1978), *Mattejat* (1981) und *Bools et al.* (1990), unterscheiden wir in der Kategorienwahl zwischen Fernbleiben vom Unterricht in Form einzelner Schulstunden (Unterrichtsabsentismus) und Fernbleiben von ganzen Schultagen bis hin zum Totalausstieg aus dem schulischen Raum (Schulabsentismus). In der Literatur werden Schulschwänzen, Schulverweigerung und Zurückgehaltenwerden als deutlich voneinander abzugrenzende Komplexe aufgeführt (*Ricking & Neukäter* 1997; vgl. auch *Schulze et al.* 2000).

Schulschwänzen

Schulschwänzen als Schulabsentismusform ist aus subjektzentrierter Sicht eine soziale Fehlanpassung und wird häufig als dissoziale, externalisierende Störung interpretiert. Das Phänomen Schulschwänzen kennzeichnet diejenigen Schulversäumnisse, die auf das Betreiben des Schülers zurückgehen und von denen die Erziehungsberechtigten häufig keine Kenntnisse haben. Schülerinnen und Schüler, die Schule schwänzen, gehen während der Unterrichtszeit häufig für sie attraktiveren Beschäftigungen nach, meist außerhalb der elterlichen Wohnung. Schulschwänzen nimmt mit dem Alter zu und steht in engem Zusammenhang mit schulischen Versagenserlebnissen, schlechten Zensuren und Klassenwiederholungen (*Ricking* 1999).

Angstinduziertes Fernbleiben

Die Gründe für angstinduziertes Fernbleiben von der Schule sind manifeste Ängste. Dabei muss eine differentialdiagnostische Unterscheidung zwischen schulinduzierten Ängsten (z.B. Schul- und Leistungsangst) und elterninduzierten Ängsten (Trennungs- und Ablösungsangst) vorgenommen werden.

Zurückgehaltenwerden

Es gibt eine Reihe schulabsenter Kinder und Jugendlicher, deren Fehlen nicht auf eigener Initiative beruht, sondern die vom Schulbesuch zurückgehalten werden. Zurückgehaltenwerden (bzw. ‚Zurückhalten', wie es häufig in der Fachliteratur bezeichnet wird) stellt die dritte Subkategorie von Schulabsentismus dar. Die Erkenntnis, dass es sich dabei um keine einheitliche Kategorie handelt, sondern um eine lose Sammelkategorie, d.h. dass völlig unterschiedliche Sachverhalte einen Hintergrund von Zurückgehaltenwerden darstellen können, soll durch folgende Beispiele untermauert werden:

– *Kindesmisshandlung in der Familie*: Um zu verhindern, dass die sichtbaren Folgen einer Kindesmisshandlung (z.B. Hämatome etc.) die familiale Gewalt aufdecken könnten, werden die Kinder nach den tätlichen Übergriffen (oft in deren Einvernehmen) krank gemeldet. Den Tätern ist daran gelegen, ihre Taten zu vertuschen, um sich selbst zu schützen.

– *Kulturelle, ethische, weltanschauliche Gründe*: Aufgrund einer anderen kulturellen Tradition, anderen Werten und Normvorstellungen erachten Eltern die Institution Schule nicht als einen geeigneten Lern-, Sozialisations- und Aufenthaltsort für ihre Kinder und halten diese daher von der Schule fern. Nicht nur Kinder ausländischer Familien sind betroffen, sondern ebenso Kinder, deren Eltern z.B. speziellen Sekten angehören. Des weiteren gibt es Eltern, die aus vielfältigen Gründen selbst „schulaversiv" sind und die Ablehnung durch Nichtrespektierung der Schulpflicht zum Ausdruck bringen.

– *Wirtschaftliche Gründe*: Es handelt sich um Kinder, die zum Lebensunterhalt der Familie beitragen und ganztägig zum Arbeiten angehalten werden. Eine besonders prekäre Situation stellt sich für eine Gruppe der Kinder dar, die von kriminellen Banden ausgenutzt werden.

– *Familienstrukturelle Gründe:* Kinder, insbesondere Mädchen, werden dazu angehalten, auch vormittags Aufgaben in der Familie zu übernehmen. Dazu zählen z.B. die Betreuung kleinerer Geschwister, die Hilfe im Haushalt und die Sorge um erkrankte Familienangehörige.

– *Zurückhalten durch Arbeitgeber/Betriebe:* Zunehmend berichten Berufsschullehrer von dem Phänomen, dass berufsschulpflichtige Jugendliche von ihren Arbeitgebern zurückgehalten werden.

Zurückgehaltenwerden kann in unterschiedlichen Formen auftreten, dabei im Einvernehmen mit dem Kinde oder aber gegen den Willen des Kindes. Oftmals ist es schwer abzugrenzen, auf wessen Initiative das „Nicht-zur-Schule-Gehen" erfolgt. Häufig werden den Kindern, die vom Schulbesuch zurückgehalten werden, Bildungschancen verbaut.

Die Absentismusform des systematischen und planvollen Zurückhaltens von Heranwachsenden, ausgehend von Eltern, aber auch von Betrieben, ist im Ansteigen begriffen und wird immer häufiger von der Gesellschaft akzeptiert. Das Recht auf Bildung, das u.a. in den Schulgesetzen der jeweiligen Bundesländer (z.B. Schulgesetz Mecklenburg-Vorpommern § 1 Abs. 1) sowie in der UN-Kinderrechtskonvention (Artikel 28) verankert wurde, gerät somit zunehmend in Gefahr, nicht mehr voll verwirklicht zu werden.

2. Kategorie: Unterrichtsabsentismus

Unterrichtsabsentismus bezeichnet Verhaltensmuster von Heranwachsenden mit selektiven Versäumnissen einzelner Unterrichtsstunden, von Schülerinnen und Schülern, die häufig bewusst zu spät kommen und die während des Unterrichts den Klassenraum verlassen bzw. den Ausschluss vom Unterricht durch den Lehrer provozieren. Die Hintergründe unterrichtsabsenter Verhaltensweisen können aversiver oder nicht aversiver Art, z.B. angstinduziert, sein. Diese Schüler sind im Unterricht teilweise nicht anwesend, weil sie z.B. folgende Verhaltensweisen zeigen:

- Geplantes (intendiertes) Zuspätkommen
- Verlassen des Klassenraums während des Unterrichts für eine gewisses Zeitintervall („Aus-Zeit", Raucherpause, ...), entweder unerlaubt oder mit einer vorgeschobenen Begründung (z.B. „Toilettengang")
- Vorzeitiges Verlassen des Unterrichts ohne Wiederkehr
- Provozierter (schülerintendierter) Ausschluss vom Unterricht (durch Stören, Provokationen, ...).

Andererseits sind es Schüler, die von vornherein während einzelner ganzer Stunden nicht im Unterricht, aber im schulischen Raum an anderem Ort, z.B. im Schülerclub, aufzufinden sind (vgl. *Schulze & Wittrock* 2000; 2001*).* Für sie spielt Schule als sozialer Kontaktraum zur Kommunikation mit Gleichaltrigen weiterhin eine entscheidende Rolle, wobei sie als Bildungs- und Erziehungsinstitution anscheinend ihre Anziehungskraft verloren hat.

3. Kategorie: Unterrichtsverweigerung

Als Unterrichtsverweigerung bezeichnen wir Verhaltensweisen von Schülerinnen und Schülern, die bei physischer Anwesenheit die Teilnahme am Unterricht verwehren bzw. psychisch „Aus-dem-Felde-gehen". In beiden Fällen verschließen sie sich gegenüber Lernprozessen. In früheren Forschungsarbeiten (vgl. *Nissen*, 1977) wurde dieses Phänomen u.a. mit dem Begriff „Lernprotest" bezeichnet. Mit der Formulierung „Unterrichtsverweigerung" wurde intendiert, eine eher beschreibende und weniger wertende Begrifflichkeit zu finden.

Das „Sich-gegen-den-Unterricht-Stellen" kann sowohl offene als auch verdeckte Anteile aufweisen (vgl. auch *Ziehe* 1987). Dabei sind die Übergänge zwischen „offener Verweigerung" und „verdeckter Verweigerung" fließend.

Besonders die Gruppe mit aktivem Störverhalten bereitet Pädagogen Probleme, da sie das Erreichen der Lernziele für sich und ihre Mitschüler mitunter stark gefährdet und das pädagogische Vermögen ihrer Lehrkräfte oft in den Bereich von Grenzerfahrungen bringt.

Unterrichtsabwehr

Im Falle einer Abwehrhaltung gegen den Unterricht lassen sich Schüler durch äußere Einflüsse vom Lerngeschehen ablenken bzw. lenken Mitschüler durch ihr Verhalten ab und stören. Unter anderem äußert sich das durch lautes Dazwischenrufen, Herumlaufen im Klassenraum, Aggression und Gewalt gegen Lehrer und Mitschüler, Provozieren durch „geräuschvolle" Beschäftigungen, so dass das Lernen für die ganze Lerngruppe verunmöglicht wird. Das Verhalten ist darauf angelegt, den Unterrichtsprozess nachhaltig zu stören, wie auch *Ziehe* (1987) dies mit dem Begriff der ‚intentionalen Störungen' nahe legt.

Unterrichtsverweigerung mit sowohl offenen als auch verdeckten Anteilen

Unterrichtsverweigerung mit sowohl offenen als auch verdeckten Anteilen stellt keine feste Kategorie dar, sondern kennzeichnet einen Übergangsbereich.

Die Schüler provozieren den Lehrer durch intendiertes „Vergessen" der Hausaufgaben, Fehlen der Arbeitsmaterialien, Verweigerung der Kommunikation und Verweigerung der Teilnahme am Unterrichtsgeschehen. Eine Unterrichtsverweigerung mit sowohl offenen als auch verdeckten Anteilen erfolgt auch, wenn Schüler demonstrativ einer Beschäftigung mit anderen Dingen während des Unterrichts nachgehen, zum Beispiel durch Walkman Hören, Gameboy Spielen, Telefonieren mit dem Handy, lautes Reden mit dem Banknachbarn, und demonstratives Zeitunglesen.

Es ist nicht immer klar ersichtlich, ob diese Verhaltensweisen darauf angelegt sind, den Unterrichtsprozess zu stören (Dominanz „offener" Anteile), oder ob der sich verweigernde Schüler dies nicht (primär) intendiert („verdeckte" Anteile).

Aus-dem-Felde-Gehen (psychisch)

Diese Subkategorie beschreibt ein Verhalten von Schülern, die sich bei physischer Anwesenheit im Unterricht geistig „verabsentieren". Sie beteiligen sich nicht am Unterrichtsgeschehen, zeigen keinerlei Initiative. Verhaltensweisen wie stille Beschäftigung mit anderen Dingen (z.B. Malen, Herumkritzeln), „Nichtstun", Tagträumen, Abschalten, Einschlafen, mutistisches Verhalten, aber auch die Nicht-Teilhabe am Unterricht durch Fassadentechniken.

Da Lehrer sich durch die hier genannten Verhaltensweisen meist nicht (explizit) gestört fühlen, wird die Gefahr des psychischen „Aus-dem-Felde-Gehens" nicht bzw. zu spät erkannt. Das Verhalten der Schüler, die psychisch „Aus-dem-Felde-gehen" zieht oft einen Leistungsabfall und/oder einen sozialen Ausgrenzungsprozess nach sich und stellt somit nicht nur ein Risiko für die schulische, sondern auch für die gesamte psychosoziale Entwicklung dar.

4. Abzugrenzende angrenzende Erscheinungsformen:

Von den drei Hauptkategorien (Unterrichtsverweigerung, Unterrichtsabsentismus, Schulabsentismus) sind in der Praxis vorkommende weitere Erscheinungsformen abzugrenzen, bei denen Schüler ebenfalls dem Unterricht fernbleiben bzw. ihn meiden.

Sporadische unterrichtsmeidende Verhaltensweisen z.B. in Form von kurzzeitigem Abschalten und Träumen kennt jeder aus der eigenen Schulzeit und soll an dieser Stelle erwähnt, aber auch deutlich von den ausgeprägten und langandauernden unterrichtsmeidenden Verhaltensmustern abgegrenzt werden.

Weiterhin halten wir es für wichtig, Schulversäumnisse und/oder Unterrichtsverweigerungen von Formen des Widerstandes gegen nicht angemessene Normen und Verhaltensweisen, z.B. schüleraversive Lehrer mit erniedrigenden Verhaltensweisen gegenüber Schülern, aber auch schlechte materielle/strukturelle Bedingungen an der Schule vor Ort, abzugrenzen.

Hochproblematisch ist die Suspendierung vom Unterricht/von der Schule von Schülern mit Problemverhaltensweisen zu sehen. Durch die in den meisten Schulgesetzen verankerte vermeintliche Ordnungs- und Erziehungsmaßnahme (u.a. *SchulG MV* 1996, § 60, Abs. 3 Nr. 6) werden Kinder und Jugendliche, die größtenteils ohnehin schon der Schule ablehnend gegenüber stehen, rechtlich legal aus dem schulischen Feld befördert. Suspendierungen umfassen sowohl Verweise aus einzelnen Unterrichtsstunden als auch Langzeitschulstrafen bis zu einem vierteljährlichen Unterrichtsausschluss. Der Schritt zum Schulschwänzen ist besonders bei Langzeitverweisen recht klein und viele Schüler mit schulabsenten Verhaltensweisen haben auf diesem Weg ihre Unterrichts-/Schulmeidungskarriere begonnen.

Im Bereich des gesetzlich erlaubten Fehlens zeigen die Krankschreibungen von Schülern, wie fließend der Übergang vom gestattetem krankheitsbedingten Fehlen zum illegitimen Versäumnis ist, bzw. wie schrittweise aus einer abzugrenzenden Erscheinungsform eine Variante des unterrichtsmeidenden Verhaltens werden kann. Niemand wird von einem kranken Schüler erwarten, dass er die Schule besucht. Inwieweit wirklich eine Erkrankung vorliegt oder aber die Krankschreibung genutzt wird, um nicht in die Schule gehen zu müssen, bzw. um einzelne Unterrichtsfächer durch Arztbesuche zu meiden, kann von Seiten der Schule nicht beurteilt werden. Um für häufig erkrankte Schüler, speziell auch für schulängstliche Schüler, geeignete Fördermaßnahmen einleiten zu können, muss eine kollegiale Zusammenarbeit von Pädagogen, (Schul-)Psychologen und Medizinern erreicht werden.

Des Weiteren wird in diesem Bereich in den letzten Jahren deutlich, dass eine zunehmende Anzahl von Eltern ihre Kinder unmittelbar vor und nach den Ferien zum Zwecke der kostengünstigen Urlaubsreiseplanung (z.B. verbilligte Flugreiseangebote) tageweise von der Schule mit Genehmigung der Klassenlehrer, Schulleiter bzw. auch Schulräte nehmen. Die Gefahr, dass sich Schüler durch unregelmäßigen Schulbesuch und versäumten Unterrichtsstoff zu schulabsenten entwickeln können, wird dabei oft verkannt.

5. In Wechselwirkungsverhältnissen stehende Einflussgrößen

In Abbildung 1 wird angedeutet, dass unterrichtsmeidende bzw. schulaversive Verhaltensweisen mit folgenden Phänomenen einhergehen können:

- Beeinträchtigungen (in der Motorik, in der Sprache, im Lernen),
- Gewalt (z.B. Vandalismus) in der Schule,
- Drogenkonsum,
- Delinquenz,
- psychischen Störungen.

Es handelt sich hierbei um Einflussgrößen, welche im Sinne von „Coocurrence" oder „Co-morbidity" bzw. im Sinne von „(Mit)Verursachung", „Begleiterscheinung" oder „Folgeerscheinung" auftreten können.

Wirkungsgeflecht bei der Entwicklung von unterrichtsmeidenden Verhaltensmustern

Anhand eines ausgewählten theoretischen Bezugsrahmens, der Feldtheorie nach *Lewin* (1963), wird in diesem Abschnitt ein Erklärungsansatz für unterrichtsmeidende Verhaltensweisen vorgestellt.

Ausgehend vom ganzheitlichen Charakter der Feldtheorie, eines der ersten ökologischen Ansätze innerhalb der Sozialwissenschaften, werden verschiedene Wirkgrößen räumlich als Felder dargestellt. Innerhalb der Felder herrscht eine vielfältige Dynamik, in der Personen abhängig von ihren Interessen/Zielen und ihrer sozialen Umwelt in ausgeglichenen oder auch unausgeglichenen Relationen existieren. Der Mensch mit seiner individuellen physischen und psychischen Ausstattung fühlt sich von bestimmten Regionen seines Lebensraumes angezogen bzw. abgestoßen. Faktoren wie Attraktion und Bindung bzw. Aversion und Isolation spielen bei der Herausbildung von Wirkvalenzen zwischen den Handlungsräumen eine nicht unbedeutende Rolle.

Stellen wir Schülerinnen und Schüler in den Mittelpunkt des feldtheoretischen Systems, können wir anhand des Rasters für jeden Heranwachsenden die sehr vielschichtigen komplizierten Bindungs- und Isolationsfaktoren zu den vier Wirkungsräumen (Familie, Schule, Bezugsgruppe, Alternativer Raum) in Abhängigkeit von der Gesellschaft und dem situativen „Setting" aufzeigen. Besonders kompliziert wird es dann, wenn zu der ohnehin komplex wirkenden individuellen physischen/psychischen Ausstattung Beeinträchtigungen, u.a. im Lernen und Verhalten, erschwerend hinzutreten.

Im Verlauf der Herausbildung von unterrichtsmeidenden Verhaltensmustern sind dabei mehrere Verschiebungen möglich, in denen der Schüler langsam aus dem schulischen Wirkungsraum herausgleitet und sich zunehmend z.B. zu einem alternativen Wirkungsraum hingezogen fühlt. Aus feldtheoretischer Sicht ist Schulschwänzen ein Schülerverhalten, dem nicht überwundene Lernbarrieren (Widerstände gegen Problemlösungen) sowie Misserfolg und Frustration vorausgehen und das mit „Aus-dem-Felde-gehen" umschrieben werden kann (*Ricking & Neukäter* 1998, 22; vgl. auch *Schulze & Wittrock 2001*).

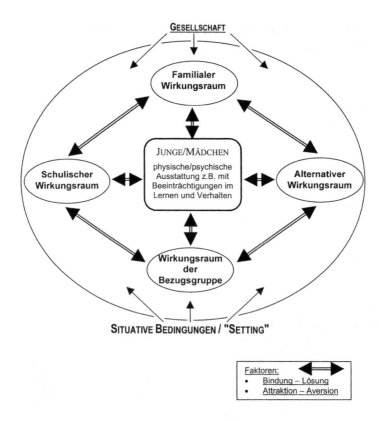

Abb.2:   Wirkungsgeflecht bei der Entwicklung von unterrichtsmeidenden Verhal-
         tensmustern (nach *Wittrock & Schulze* 2000)

Schülerinnen und Schüler, die die Schule schwänzen, unter besonderer Berücksichtigung der Gruppe mit Beeinträchtigungen im Lernen und Verhalten

Die schulische Leistungsfähigkeit und somit auch das Schulversagen sind in unserer Gesellschaft zu zwei der strukturell wichtigsten Faktoren für biographische Gestaltungsprozesse in der Lebensphase Jugend geworden (*Hurrelmann* 1988, 327). Es ist bekannt, dass besonders Kinder und Jugendliche mit Beeinträchtigungen im Lernen und Verhalten in der Gefahr stehen, auf die steigenden sozialen Belastungen mit absentem Verhalten zu reagieren und somit aus dem schulischen Rahmen und im weiteren aus dem sozialen Netz zu gleiten (vgl. *Ricking & Neukäter* 1997). Bei der Verbindung von Lern- und Verhaltensbeeinträchtigungen und Schulschwänzen setzen wir als empirische Größe voraus, dass Schwänzer sich häufig als Schulversager erleben. Sie verdichten ihre meist langjährigen negativen Erfahrungen im Bereich des Schulversagens mit aversiven Erwartungshaltungen gegenüber schulischen Anforderungen. Diese Erwartungen bilden die motivationalen Voraussetzungen für ihr gegenwärtiges Handeln. Durch diese Aussage wird deutlich, dass die Herausbildung von Schulschwänzen in Reaktion auf Schulversagen ein temporärer differenzierter Entwicklungsprozess ist, bei dem beide Bereiche auf unterschiedliche Weise interagieren. Schulschwänzen ist somit eine Folge von Schulunlust/-müdigkeit bzw. schulischem Desinteresse, das sich infolge häufiger Misserfolge, Überforderungs-, Frustrations- und Angsterfahrungen eingestellt hat (*Hildeschmidt et al.* 1979). Dabei kann das Merkmal Schulversagen und die damit einhergehende Schulunzufriedenheit als ein wesentlicher Risikofaktor für Schulschwänzen angesehen werden. Während Schulleistungsversagen in der Schule in der Folge Schulschwänzen begünstigt, zieht die Abwesenheit vom Unterricht weiteren Misserfolg nach sich. Meist können entstandene Defizite durch Fehlzeiten im Unterrichtsstoff nicht aufgeholt werden und verursachen bei Leistungskontrollen schlechte Noten. Zum anderen ist es durch die Gesetzgebung in vielen Bundesländern schulrechtlich gestattet, nicht erbrachte Leistungen mit mangelhaft zu bewerten (vgl. *SchulG M-V* 1996, § 62, Abs. 6).

Wir können davon ausgehen, dass schulische Misserfolge als wesentliche Wirkgröße bei der Herausbildung von sogenannten Schulschwänzerkarrieren anzutreffen sind, wobei sich die Ergebnisvektoren potenzieren und die Problemlagen fortwährend negativ verstärken.

In Schülerinterviews zum Themenbereich schulaversives Verhalten werden von vielen Heranwachsenden die engen Zusammenhänge von schulischen Lernbeeinträchtigungen und dem schrittweisen, sich meist über mehrere Jahre hinwegziehenden Herausgleiten aus dem schulischen Regelsystem beschrieben.

Im Beispiel eines Schülers mit einer ausgeprägten „Rechenschwäche" wird das schrittweise Abdriften aus dem Schulalltag sehr deutlich. Besonders benachteiligend für diesen Schüler war, dass es trotz seiner in einer Kinderpsychiatrischen Einrichtung diagnostizierten „Dyskalkulie" während seiner Grundschulzeit für diesen Formenkreis der Beeinträchtigung des Lernens in Mecklenburg-Vorpommern keine Möglichkeit der „offiziellen" Feststellung des sonderpädagogischen Förderbedarfs gab/gibt und somit keine spezielle (sonder-)pädagogische Förderung erfolgen konnte und auch eine zeitweise Aussetzung der Zensierung nicht möglich war (wie z.B. in Brandenburg). Die im Gutachten aufgezeigten individuellen pädagogischen Hinweise konnten weder durch die Lehrer der Heimatschule noch durch das Elternhaus umgesetzt werden. Bei befriedigenden bis guten Leistungen in allen anderen Fächern durchlief der Junge bis zum 5. Schuljahr eine wahre „Schulodyssee". Bedingt durch seine spezifischen Beeinträchtigungen und das daraus folgende Schulleistungsversagen, begann er auf seine Problemlage im Fach Mathematik mit massiven externalen Stören zu reagieren. Durch lautstarke verbale Äußerungen im Unterricht kompensierte er sein verletztes Selbstwertgefühl und entwickelte sich schrittweise zum Klassenclown mit der gefährlichen Konsequenz, diese Rolle auch in anderen Unterrichtsfächern weiterspielen zu müssen. Durch sein auffälliges Verhalten kam es immer häufiger zum von ihm provozierten Ausschluss vom Unterricht in verschiedensten Fächern. Ab der 5. Klasse wurde er aufgrund seiner ungenügenden Leistungen im Fach Mathematik, seiner Schulleistungsdefizite durch Fehlzeiten und seines auffälligen Verhaltens mit stark aggressiv gefärbten Tendenzen in eine allgemeine Förderschule umgeschult. Die jahrelang eingeschliffenen Verhaltensmuster in Form von aktiven Unterrichtsverweigerungen und Unterrichtsabsentismus konnten auch im neuen schulischen Kontext nicht gemindert werden. Im Gegenteil, erst hier wurde dem Schüler die große Diskrepanz innerhalb seines Leistungsvermögens deutlich. Fühlte er sich aufgrund seiner „normalen" Leistungsfähigkeit in den meisten Fächern an der Förderschule oft unterfordert, konnte er im Fach Mathematik auch mit sonderpädagogischer Förderung nur schwer kleinere Lernerfolge erzielen. Mit seinen Problemen im mathematischen Bereich wuchsen seine Auffälligkeiten im Verhaltensbereich. Zunehmend wurde er aufgrund seines massiv störenden Verhaltens für einzelne Unterrichtsstunden bis hin zu ganzen Schultagen suspendiert. Bald schon begann er, eigenständig den vermutlich drohenden Suspendierungen vorzubeugen, indem er einzelnen Fächern bei bestimmten Lehrern fernblieb. Schrittweise zog er sich durch Schwänzen von ganzen Tagen, Wochen und Monaten aus dem schulischen Bereich zurück, verlor im Verlauf der 6. und 7. Klasse den Kontakt zu Lehrern und Mitschülern.

Im Rahmen eines kooperativen alternativen Bildungs- und Erziehungsangebotes („Schulstation") an einem sonderpädagogischen Förderzentrum, in dem Sonderpädagogen/Förderschullehrer und Sozialpädagogen für eine kleine Gruppe von Jugendlichen mit massiven unterrichtsmeidenden Verhaltensmustern spezielle ganzheitliche Förderangebote entsprechend seines individuellen Förderplanes unterbreiteten, konnte dieser Schüler wieder Lernerfolge erzielen und sein Sozialverhalten im positiven Sinn stabilisieren. Er kommt seit der 8. Klasse regelmäßig zur Schulstation und lernt schrittweise seine schulischen Defizite u.a. durch umstrukturierte Kognitionsprozesse zu kompensieren. Gegenwärtig wird er auf eine berufsvorbereitende Maßnahme vorbereitet.

Ausgewählte schulbezogene Interventionsstrategien bei Schulschwänzen unter besonderer Berücksichtigung der Schülergruppe mit Beeinträchtigungen im Lernen und Verhalten

Die gegenwärtige bildungspolitische Diskussion in Deutschland wird bestimmt von den gesellschaftlichen Strukturveränderungen. Allgemeinbildende Schulen sollen den Heranwachsenden ermöglichen, jene Selbst- und Sozial- und Fachkompetenz auszubilden, die sie sowohl für eine möglichst selbstbestimmte und aktive Daseinsentfaltung als auch für eine sozialintegrative und partizipative Lebensgestaltung benötigen. Vielfältige Lern- und Erfahrungsmöglichkeiten, eine stärkere Verbindung von schulischen Lerninhalten und Alltagsleben und eine Wahrnehmung der veränderten Lebenslagen sollten die zentralen Leitlinien für die Schulentwicklung bilden, zu einem aktiv gestalterischen Schulklima führen und in einem Schulkonzept/ -profil münden. Dabei sollte berücksichtigt werden, dass der kumulative Effekt verschiedener Dimensionen für das Schulklima erheblich wichtiger ist als der Einfluss von einzelnen Faktoren. Schule wird primär geprägt durch die Menschen, die in ihr arbeiten und lernen. *Holtappels* zeigt verschiedene empirische Zugangsmöglichkeiten zur Entwicklung einer spezifischen Schulkonzeption auf, insbesondere zum Aufbau einer differenzierten Lernorganisation, zur psychosozialen Entwicklungsförderung, zur Entwicklung des professionellen Handelns und teamartiger Arbeitsstrukturen, zu Möglichkeiten jahrgangsübergreifender Ansätze, zur Wirksamkeit von Öffnung von Schule und zum Einfluss räumlicher Faktoren auf den schulischen Lernbereich, um nur eine Auswahl zu nennen (*Holtappels* 1995, 285). Unter dem Aspekt der Qualitätsentwicklung und -sicherung werden Schulen in den kommenden Jahren spezifische Profile entwickeln müssen, in denen auch Handlungskonzepte im Umgang mit schulabsenten Schülerinnen und Schülern ihren Platz finden werden. Um Schülerinnen und Schüler mit Beeinträchtigungen im Lernen und Verhalten, die Schule schwänzen, durch schulbezogene Interventionsstrategien in Form eines speziellen Handlungskonzeptes erreichen zu können, gilt es im Vorfeld zwei allgemeine Bedingungen zu erfüllen:

- Alle am Bildungs- und Erziehungsprozess Beteiligten (Lehrer, Eltern, Schüler u.a.) müssen das Ausmaß der Problematik Schulschwänzen und die spezifische Zusammensetzung der Zielgruppe an „ihrer Schule" kennen.

- Die Erwachsenen müssen beschließen, sich ernsthaft und konsequent für eine Änderung der Situation einzusetzen und in diesen Prozess auch die Heranwachsenden mit einbinden (vgl. *Olweus* 1999, 71).

Es geht bei allen Beteiligten um die Schaffung eines Problembewusstseins und eines Betroffenseins. Bei der Entwicklung von entsprechenden Interventionsprogrammen ist es günstig, wenn die Handlungsstrategien einen „pro-aktiven" Charakter (vgl. *Brophy & Good* 1976) tragen, d.h. sie an der Schule implementiert werden, wenn aktuell nichts Negatives vorgefallen ist. Erfahrungen, z.B. aus dem Bereich der Gewaltprävention, zeigen, dass Interventionsprogramme sich nach einem multimodalen Baukastenprinzip aus verschiedenen Maßnahmeformen zusammensetzen lassen und somit den charakteristischen Anforderungen der jeweiligen Einrichtung am besten Rechnung tragen können.

Zur Illustration unserer Vorstellungen soll das folgende Überblicksraster zur Entwicklung eines schulbezogenen Handlungskonzeptes mit einigen ausgewählten Interventionsstrategien dienen:

Kindzentrierte Interventionen:

- Aufklärung und Beratung über/bei schulmeidenden Verhaltensweisen
- Schnelle Kontaktaufnahme, Rückmeldung bei Fehlzeiten
- Förderung von sozialen Bindungen (Lehrer-Schüler, Schüler-Schüler)
- Leistungsanforderung entsprechend des individuellen Leistungsvermögens gestalten und Erfolgserlebnisse schaffen
- Problemlösetraining, soziales Kompetenztraining, Selbstmanagementtraining

Familienzentrierte Interventionen:

- Aufklärung und Beratung
- Kontakttelefon/Hausbesuche
- Zusammenarbeit Klassenelternbeirat – Lehrkräfte
- Zusammenarbeit von Elternhaus, Jugendamt, Schule

Schulzentrierte Interventionen:
Maßnahmen auf Schulebene:

- Erhebung der Problemlage an der Schule
- Aufklärung und Beratung
- Erstellung eines schulinternen Regel- und Maßnahmenkataloges (Schul-/Hausordnung)
- Kooperation Lehrkräfte – Eltern, ggf. Elternbeiräte

Maßnahmen auf Klassenebene:

- Aufklärung und Beratung:
  Entwicklung eines sozialen Klassenmilieus
  Gemeinsames Aufstellen von Regeln: positive Verstärkung – Sanktionen
  Kooperatives Lernen
- Gemeinsame positive Klassenaktivitäten

(vgl. *Döpfner et al.* 1997; *Ricking* 1999; *Olweus* 1999; *Schulze & Wittrock* 2001).

Auch wenn es unter den derzeitigen gesellschaftlichen und bildungspolitischen Bedingungen (leider) immer Schülerinnen und Schüler geben wird, die bedingt durch besondere individuelle Problemlagen von den allgemeinen Schulen nicht mehr erreicht werden und spezielle Hilfen benötigen, lohnt es sich, für jede einzelne Schule entsprechende Handlungskonzepte in Kooperation mit Elternhaus und Jugendhilfe zu etablieren.

Bei einer entsprechenden Zusammenarbeit der Beteiligten können sich dabei *unsere* Schulen auch für Heranwachsende mit Beeinträchtigungen im Lernen und Verhalten zu einem Ort des (Lern-) Erfolges entwickeln und für alle eine entscheidende Lebensorientierung bieten.

Ute Angerhoefer und Bernd Heilmann

Kinder und Jugendliche mit Lern-, Gefühls- und Verhaltensproblemen –
(Sonder-)pädagogische Konsequenzen für die Bildungsprozesse im Übergang von Schule zu Beruf und eigenständiger Lebensführung

Gedanken zur Zielgruppe

Die Zahl der Kinder und Jugendlichen mit relevantem sonderpädagogischen Förderbedarf in den jeweiligen Schwerpunkten Lernen und Verhalten scheint – so vor allem die Wahrnehmung in der Schulwirklichkeit – stetig und bedrohlich anzusteigen.

Als besonders problematisch erleben die Sonderpädagoginnen und Sonderpädagogen die Kinder und Jugendlichen, bei denen sich Verhaltens-, Gefühls- und Lernprobleme aufs Engste und mit scheinbar gleicher Intensität verbünden. Die bewährten Angebote sonderpädagogischer Förderung bleiben zunehmend ohne den erhofften Erfolg, und so paaren sich Unzufriedenheit, Aufbegehren, oft auch Resignation und eine gewisse Flucht in irreale Ursachenforschung mit wachsendem Handlungsdruck. Solche Reaktionen sind sowohl in der sonderpädagogischen Praxis als auch im Handlungsfeld ihrer wissenschaftlich-theoretischen Abbildung anzutreffen.

Es ist legitim und in der Sonderpädagogik wissenschaftlich tradiert, bei der dringend gebotenen Suche nach Lösungen und pädagogischen Konsequenzen in dieser Situation, nach Reformen des Bestehenden und nach gänzlich neuen Wegen das Erkenntnisinteresse zunächst prüfend auf die Zielgruppe zu richten. Beeinträchtigungen im Lern-, Leistungs- und Sozialverhalten sind – soweit gegenwärtig überschaubar und nachgewiesen – in ihren verschiedenen stringenten und relationalen Kombinationen von Schädigungen, Benachteiligungen und Belastungen im Wesentlichen bekannt.

190

Darüber hinaus erweisen sie sich in ihren Bestimmungskriterien als so individuell, heterogen und dynamisch, dass ihre klare Definition und Klassifikation, ihre Abgrenzung und Legitimation bis in die Gegenwart hinein nur ungenau oder widersprüchlich gelingen. *Opp*, der sich mit den Schwierigkeiten der fachbegrifflichen Abbildungen in der Pädagogik bei Verhaltensstörungen auseinandersetzt, stellt – auch mit Blick auf eine praxisnahe Begriffsbestimmung – fest: „Notwendigerweise muss eine begriffliche Fassung von Verhaltensstörungen gewisse Spielräume zulassen. Definitorische Eindeutigkeit ist in dieser Frage nicht erreichbar" (1996, 490). Diesem Gedanken kann sich die Pädagogik bei „Lern- und Entwicklungsschwierigkeiten" (*Kanter* 1998, 9ff) nur anschließen. Bei aller Notwendigkeit, Behinderungen und Störungen im Lernen hinreichend exakt abzubilden, müssen Spielräume bleiben. Sie sind notwendig, um die mitbedingenden Faktoren in den individuellen Lern- und Lebensbiographien, in den konkreten Lernsituationen beachten zu können, aber auch die „Overlaps", die komplexen Beeinträchtigungen, für die wir zunehmend einer flexiblen, mehrdimensionalen (sonder-)pädagogischen Förderung bedürfen.

Deswegen erscheint uns eine weitere Untergliederung dieser Gruppe von Ausdrucksformen, wie sie sich in den Beeinträchtigungen im Lernen und/oder Verhalten zeigen, in neue Behinderungskategorien eher als pseudowissenschaftliche Leistung; natürlich wäre es möglich, wieder – quasi künstlich – neue gedankliche Konstruktionen zu schaffen. Für die Lösung der schulpraktischen Probleme bliebe das letztlich aber wenig produktiv und hilfreich. In letzter Instanz bleibt es in der Verantwortung der praktisch tätigen Sonderpädagoginnen und Sonderpädagogen, jeweils aktuell und in Abhängigkeit vom sich situativ-konkret darstellenden sonderpädagogischen Förderbedarf ihrer Schüler die erforderlichen individuellen Förderstrategien zu antizipieren und bedürfnisgerecht zu verändern. Sie werden dabei gerade auf die jeweils erkennbaren Leistungsmöglichkeiten oder/und dominanten Beeinträchtigungen abzustimmen sein, also auf die Störungen und Lernbehinderungen des Lernens oder auf die Verhaltensprobleme. Dass sich die Kombinationen von Lern-, Gefühls- und Verhaltensproblemen heute in anderen Ausprägungen, in anderen Intensitäten und in anderer Dynamik zeigen, weil sich auch die dafür verantwortlichen Ursachen und Bedingungen verändert haben, sollte nicht mit neuen Klassifikationen, sondern mit entsprechend „passenden" (sonder)pädagogischen Interventionen beantwortet werden.

Die Anregungen dafür aber finden die Sonderpädagogen im Erfahrungsschatz der betreffenden Fachwissenschaft bzw. der jeweiligen Schulpraxis. Entsprechende Konzepte und Therapien – auch ihre erfolgversprechende Kombination – liegen in reicher Vielfalt vor. Häufig in breitangelegten Modellversuchen erprobt, sind sie allgemein bekannt und durch entsprechende Fachliteratur zugänglich; an ihrer jeweils aktuellen Weiterentwicklung und Ergänzung wird permanent gearbeitet. Zu beklagen bleibt oft, dass ihre flächendeckende Umsetzung nicht immer gelingt. Über die vielfältigen Ursachen dafür nachzudenken, das Erkenntnisinteresse darauf zu lenken, das erschiene uns notwendiger, denn neue Behinderungskategorien zu schaffen. In diesem Sinn sollen auch die nun folgenden Vorschläge zu verstehen sein. Ihr Focus ist auf Maßnahmen und Interventionen „in Übergängen" gerichtet. Einerseits orientieren sie auf eine noch konsequentere Durchdringung von Förderschule und Lebenswelt der Schüler als bisher (Punkt 1; vgl. auch *Angerhoefer* 2000). Andererseits und auf das Engste damit verbunden geht es um die effektivere, bedürfnisorientierte Gestaltung des „Overlaps" zwischen Förderschule und Maßnahmen zur sozialen und beruflichen Eingliederung der Mädchen und Jungen (Punkt 2 und 3; vgl. auch *Heilmann* 2000).

1. Zu pädagogischen Konsequenzen für einen Umbau der Oberstufe

Zunächst vier Vorbemerkungen:

– Die nachfolgenden Schlussfolgerungen beschränken sich auf eine Auswahl und widerspiegeln zugleich eine stärkere Verankerung in der Lernbehindertenpädagogik.
– Die Empfehlungen für mögliche, auch erforderliche Veränderungen von Schule und den durch sie gestalteten Bildungsprozessen, speziell mit Blick auf eine wirksamere Berufs- und Lebensvorbereitung der Jugendlichen, sind keineswegs neu. Sie reichen in ihren Grundideen viele Jahrzehnte zurück (siehe *Pestalozzi* und sein Wirken, siehe die Vielfalt reformpädagogischer Konzepte sowie ihre Aufnahme und Modifizierung durch Sonderpädagogen bis in die Gegenwart hinein!).
– Ergebnisse aus Längsschnittuntersuchungen von *Hiller* (1994), *Friedemann & Schroeder* (2000), *Burgert* (1998), *Stein* (1999) u.a. über den Zeitraum der letzten fünfzehn Jahre zeigen: Der Übergang von Schule zu Beruf und eigenständiger Lebensführung erweist sich für benachteiligte Jugendliche, in der Regel beeinträchtigt im Lern-, Leistungs- und Sozialverhalten, als ein besonders gefährdeter biografischer Einschnitt. Die Vorschläge zum Umbau der Oberstufe beziehen sich im Wesentlichen auf die Ergebnisse dieser Untersuchungen.
– Die Ansprüche an den Umbau der Oberstufe – sie sind stark verkürzt formuliert und umfassen u.a. auch Anregungen bzw. Wünsche aus der

Schulpraxis selbst – beziehen sich vordergründig auf die Förderung von Jugendlichen in besonderen (separativen) oder kooperativen Einrichtungen.

Erstens:

Die Schule ist – wie Untersuchungen zeigen – auch oder gerade für viele lernbeeinträchtigte und verhaltensgestörte Jugendliche ein bedeutsamer Lebensort. Sie bedürfen seiner! Schüler und Schülerinnen der Klassen 7–9 einer Förderschule lassen in einer Befragung erkennen, dass sie sehr wohl um den Stellenwert von Schule für ihre Lebensperspektive wissen, Schule auch als wesentlichen Ort der Kommunikation erleben (siehe *Angerhoefer* 1997, 160 ff.). Für sie muss „Schule" deswegen, insbesondere in den oberen Klassen, mehr als bisher *sozialer Erfahrungsraum*, also primär Lebens- und in diesem Kontext auch Lernort sein (siehe auch *KMK* 1999, 5).

In ihm erhalten die Jugendlichen die Gelegenheit, ihre biografisch geprägten Erfahrungen, Daseinstechniken und Belastungen zum Ausgangspunkt und Gegenstand ihres Lernens zu machen, letztlich zum Feld ihrer Bewährung im Leben.

Schule hat hier die Aufgabe, mit dem Blick auf die Zukunft der Kinder und Jugendlichen sinnvolle Angebote zu machen, die vorhandenen Erfahrungen der Jungen und Mädchen aufzugreifen und zu sichten, sie zu systematisieren und zu erweitern, dabei zu helfen, Belastendes zu verarbeiten: Es gilt primär, die Heranwachsenden fit zu machen für ihre Entwicklungsaufgaben. In diesem Sinn halten wir auch Akzentverschiebungen im Tätigkeitsprofil und in der Ausbildung von Sonderpädagogen für notwendig; u.a. wird die sozialpädagogisch orientierte Begleitung der benachteiligten Kinder und Jugendlichen zu verstärken sein.

Zweitens:

Für die Schüler der Oberstufe, die auf Lernen unter den Bedingungen eines tradierten Unterrichts „keinen Bock" mehr haben, muss Schule ganztägig *unterschiedliche Lebens- und Lernorte* anbieten, innerhalb und außerhalb des Schulgebäudes. Sie ermöglichen bedürfnisgerecht den Wechsel von Lernen und Spiel, von Entspannung und Arbeit, von Kommunikation, Kooperation und individueller Aneignung. Lernort kann – flexibel organisiert – die Werkstatt, die Schulstation, der Klassenraum, der Betrieb oder der Sportverein sein. Die regionalen und lokalen Bedingungen prägen entsprechend vielfältige Lösungen.

Vor allem im Rahmen ganztätiger Angebote von verschiedenen Lernorten in und außerhalb von Schule kann der Versuch gelingen, die sozialen und kulturellen Benachteiligungen – soweit individuell möglich – auszugleichen, inselhafte Begabungen zu erkennen und zu entwickeln. Jede Schule mit Anspruch, ob das Eton-College in England oder die elitären schulischen Einrichtungen in Frankreich, ob Schulpforta in Thüringen oder die Schulen des Christlichen Jugendwerks Deutschlands, sie alle beanspruchen als wesentliche Voraussetzung für die Persönlichkeitsentwicklung ihrer Schüler die Ganztagesschule. Warum ist ihre Einführung für die wirklich Bedürftigen unserer Gesellschaft z.T. mit so viel Widerständen und Zweifeln verbunden?

Drittens:

Im Kontext von Schule als „Lern- und Handlungsraum" (*KMK* 1999, 5) erhält die *curriculare Umstrukturierung der Oberstufe* einen zentralen Stellenwert.

Sie ergibt sich zwingend aus der verantwortungsvollen Aufgabe, die benachteiligten Jugendlichen mit relevanten Lern-, Gefühls- und Verhaltensstörungen früher und wirksamer auf ihre Eingliederung in die moderne Vielfalt des Erwerbslebens oder auf Zeiten der Arbeitslosigkeit, auf ein gelingendes ziviles Leben vorzubereiten, sie auf diesem Weg zu begleiten und zu unterstützen.

Dabei wären wenigstens fünf Positionen ein wirksamer Wegweiser:

1. Der aktuelle Lebensbezug ist nicht nur durch entsprechende Lerninhalte und Lernmethoden zu gewährleisten, sondern auch immanent auf Realitätsnähe zu prüfen sowie auf aktuelle Trends in Wirtschaft und Gesellschaft (zu Schlüsselqualifikationen und Schlüsselproblemen siehe auch *Angerhoefer* 1998).

   In diesem Zusammenhang ist an geschlechtsspezifische Angebote für Jungen und Mädchen zu denken oder an die Vermittlung von Englisch (Alltags- bzw. Überlebensenglisch) auf dem jeweils möglichen Niveau u.a.m. Es wäre verantwortungslos, die jetzt schon benachteiligten jungen Leute auf dem Weg ins „Euroland" und die damit verbundenen Ansprüche an Mehrsprachigkeit und Interkulturalismus allein und damit noch weiter an den Rand der Gesellschaft abdriften zu lassen.

2. Für die Vermittlung von entsprechenden Sach-, Verfahrens-, Sozial- und Selbstkompetenzen ist als Erfolgskriterium deren Anwendbarkeit zu sichern. Es geht letztlich darum, die Jugendlichen auf dem ihnen möglichen Niveau als eigenverantwortlich und selbständig handelnde junge Menschen zu entlassen.

   „Für diese Jugendlichen sind ab dem siebten/achten Schuljahr Bildungs- und Ausbildungseinrichtungen erforderlich, die in genauer Kenntnis der Mehrfachbelastungen der Betroffenen – sei es im Privatleben oder in der Schulkarriere – *kontextgebundene Alltagskompetenzen* ... vermitteln" (*Zukunftskommission Gesellschaft* 2000, 107 ff.). Zeitmanagement, Umgang mit Geld und mit für sie wichtigen staatlichen Institutionen, Basiskompetenzen, die den jungen Erwachsenen dabei helfen, sich immer wieder in andere Jobs und befristete Beschäftigungen einarbeiten zu können, das alles kann (muss!) in „Schule als Lebens- und Lernort" angelegt sein. Entsprechende curriculare Veränderungen sollten in diese Richtungen gehen (siehe auch *Hiller* 1994; *Baur* 1995; *Hiller & Friedemann* 1997; *Friedemann & Schroeder* 2000; *Angerhoefer* 1998; *Stein* 1999 u.a.).

3. Eine aktuelle und dringliche Aufgabe besteht darin, die Schüler dazu zu befähigen, mit der jeweils modernen Informations- und Kommunikationstechnik umgehen zu können, eingeschlossen die Beratung der Jugendlichen und der Eltern beim Kauf von entsprechenden Geräten und deren Aufrüstung. Beratung und Begleitung im IT-Bereich kann sich dabei nicht auf den PC beschränken, sondern schließt das Handy ebenso ein wie den Gameboy oder andere Geräte auf dem jeweils aktuellen elektronischen Markt.

4. Es sind Räume für individuelle und vielfältige, die Jugendlichen ganzheitlich beanspruchende Lerntätigkeit bereitzustellen, die handelndes und praktisches Lernen (in Projekten, in Werkstätten oder in lebensbedeutsamen Ernstsituationen) ebenso einschließen wie rezeptivproduktives Lernen mit klarer und strukturierter Anleitung durch die Pädagogen (Aufgaben- und Problemlösen, entsprechend planvolles und reflektierendes Vorgehen, Aneignung von Lernstrategien u.a.m.). Immer deutlicher zeichnet sich ab, dass das Leben in der modernen Gesellschaft hohe Ansprüche an das eigenständige Orientierungsvermögen und lebenslanges Lernen stellt. Entsprechende Fähigkeiten, Lernstrategien und Grundfertigkeiten sind in der Schule zu vermitteln, auch eine diesbezügliche „Haltung" auszubilden.

5. Zum curricularen Umbau der Oberstufe gehört auch eine entsprechend veränderte Organisation des Unterrichts. Die konventionellen Fächer sollten weitgehend abgelöst werden durch fächerübergreifendes und themenbezogenes, vor allem aber realitätsnahes curriculares Vorgehen (siehe auch *Friedemann & Schroeder* 2000). Bei zunehmender Orientierung auf die frühe individuelle und regionale soziale Eingliederung der Jugendlichen wäre an modularisierte Bildungs- und Ausbildungsangebote zu denken (vgl. auch *Zukunftskommission Gesellschaft* 2000). Verkehrserziehung, wie sie sich beispielsweise in den bisherigen Rahmenplänen für die Oberstufe an Förderschulen gestaltet, wäre konsequent zu reformieren. Sie sollte zu einem modernen Aspekt der Mobilitätserziehung generieren. Erziehung zur Mobilität ist dabei in einem sehr umfassenden Sinn zu verstehen, als soziale, kulturelle, geografische und an-

thropologische Mobilität. Mobilitätserziehung und Verkehrserziehung wären sowohl fächerübergreifend als auch fächerverbindend anzulegen, aber auch in modularisierten Formen zu vermitteln; beispielsweise als kooperative Vorhaben von Schulen, Fahrschulen und anderen an der „Verkehrserziehung" beteiligten Organisationen und Institutionen.

Viertens:

Soziale Integration, „Identitätsbildung und Persönlichkeitsentfaltung" – nicht mehr eingleisig an die Erwerbstätigkeit und an bisherige Lebensmodelle (*Hiller* 1994a; 1994b) gebunden – sind für die Jugendlichen der Oberstufe als ein zentraler Aspekt mit existenzieller Bedeutung für ihre Lebensperspektive zu behandeln.

Die Ganztagsschule als Lebens- und Lernort (auch im Sinne von Community-Education) bietet dafür förderliche Voraussetzungen. Das gilt insbesondere, wenn sie sich öffnet, ins gesellschaftliche Umfeld hinein diffundiert und die Umwelt in die Schule holt. So könnten u.a. Vertreter aus den verschiedensten Lebensbereichen in der Schule mit den Jugendlichen arbeiten, lernen, gestalten (Vertreter aus dem Arbeitsamt, Juristen, Künstler, Ausbilder, Trainer usw.), andererseits könnten sich Bildungsprozesse in lebenswichtigen Bereichen der Realität praktisch-handelnd vollziehen. Über diese und andere Möglichkeiten kann „Schule" die Jugendlichen beim Übergang in die neue Lebensphase „in der Tat" begleiten, kann beratend wirksam werden und dabei helfen, die für die jungen Leute lebensnotwendigen sozialen Netze zu knüpfen sowie die praktischen Anteile in Unterricht und Erziehung der Oberstufe schrittweise ausweiten (siehe auch *Weiblen & Risch* 1998).

Vor allem die offensiv geführte Öffnung zur bürgernahen, bürgerschaftlichen Schule schafft die erforderlichen Voraussetzungen für die Aneignung von Schlüsselproblemen und -qualifikationen, für die unmittelbare Teilhabe der Jugendlichen am schulischen Leben selbst und dem gesellschaftlichen Leben in ihrem Umfeld. So kann soziale Identität wachsen, die als eine wesentliche Voraussetzung für die selbstbestimmte, selbstverantwortliche Lebensgestaltung in den Bedingungen der jeweils gegebenen sozialen Lage angesehen werden kann.

Fünftens:

Kinder und Jugendliche mit nachhaltigen Lern-, Gefühls- und Verhaltensstörungen bedürfen besonderer heilpädagogisch wirksamer Rahmenbedingungen. Bewährt haben sich zur physischen und psychischen Stabilisierung: die Orientierung auf die Leistungsmöglichkeiten und Stärken der Jugendlichen, eine effektive Zeitstruktur, die entsprechende Gewohnheiten und Bedürfnisse (für einen selbstbestimmten Lebensstil!) entwickeln hilft, eine regelmäßige und gesunde Ernährung, sozial förderliche Regeln, die gemeinsam entwickelt und konsequent eingehalten werden, Traditionen und Rituale, ein ästhetisch und ethisch ansprechendes Klima (von den Schülern mitgestaltet und akzeptiert) in allen Lern- und Lebensbereichen, letztlich ein Kollegium, das sich gemeinsam diesem Auftrag verpflichtet fühlt und ein einheitliches pädagogisch-therapeutisches Handeln erreicht. Auch in diesem Zusammenhang wären für die Ausbildung von Sonder- und Sozialpädagogen entsprechende Konsequenzen zu ziehen.

Zwei Gedanken zur Diskussion:

1. Die pädagogischen Schlussfolgerungen für einen Umbau der Oberstufe sind zunächst nur in Abhängigkeit von den lokalen bzw. regionalen Bedingungen realisierbar. Oft genügen (als erste Schritte) Modifikationen von bestehenden Strukturen. Neue Wege weisen dagegen Modellversuche wie sie sich beispielsweise in der Sekundar- bzw. Jugendschule (*Hiller* 1999; *Friedemann & Schroeder* 2000) der Werkschule (*Weiblen & Risch* 1998) finden oder in Einrichtungen, die dem reformpädagogischen Prinzip einer „community education" folgen. In diesem Sinn sind auch die „continuation high schools" in den USA wirksam, die dem theoretischen Konzept W. *Glasser*s folgen. Ihre Aufgabe ist es, „gestrandete" Jugendliche – in der Regel aus schwieriger sozialer Lage – immer wieder aufzufangen, ihnen Bildung und Erziehung zu ermöglichen und so behilflich zu sein bei ihrer sozialen Integration (siehe auch *Kurth* 1999). In solchen Schulkonzepten finden sich neben Merkmalen der inneren auch solche einer äußeren Schulreform. Auf diesem Hintergrund ergeben sich günstigere Bedingungen für die (sonder-)pädagogische Gestaltung des risikoreichen Übergangs, den die benachteiligten Jugendlichen ins eigenständige zivile Leben und in die Erwerbstätigkeit zu bewältigen haben. Es werden eine bessere Verzahnung von Bildung und Ausbildung möglich, auch differenzierte Bildungs- und Ausbildungswege oder individuell zugeschnittene Zugänge ins Erwerbsleben.

2. Sonderpädagoginnen und Sonderpädagogen in der Schulpraxis und in der Wissenschaft geraten aber bei all ihren (schon reich erdachten!) Vorschlägen für Reformen zunehmend in den Bereich von Illusionen. Wenn es wirklicher politischer Wille wäre, die benachteiligten Kinder und Jugendlichen unseres Landes nachhaltig und flächendeckend zu fördern, müssten – über Analysen und Konzeptentwicklungen hinausgehend – endlich entsprechende Entscheidungen getroffen und Ressourcen bereitgestellt werden (z.B. für Ganztagsschulen, für die Ausstattung aller Förderschulen mit Sozialpädagogen für modularisierte Bildungs- und Ausbildungsgänge). Zur Zeit kann in vielen Bundesländern nur das

Gegenteil beobachtet werden. Die große Bereitschaft vieler Sonderpädagogen zu weitgehenden pädagogischen Innovationen kann wirklich nicht alle „Sparzwänge" ausgleichen.

2. Zur Situation der beruflichen Eingliederung Behinderter

Das Ziel der sonderpädagogischen Förderung Behinderter orientiert auf ihre berufliche und soziale Eingliederung. Diese Forderung der *KMK* aus dem Jahre 1994 bzw. 1999 steht derzeit im Spannungsfeld zu den realen Möglichkeiten, dass Jugendliche mit Lern- und Verhaltensproblemen einen Beruf erlernen und eine Erwerbstätigkeit ausüben können. An der ersten Schwelle reiben sich die meist über Jahre geführten Prozesse der sonderpädagogischen Förderung dieser Jugendlichen mit der lokalen und regionalen Arbeitsmarktsituation und den damit verbundenen Ausbildungs- und Vermittlungschancen auf dem ersten Arbeitsmarkt.

Die aktuelle Situation der beruflichen Eingliederung behinderter Menschen ist gegenwärtig durch folgende Problembereiche bestimmt:

1. Die Leistungen zur Förderung der beruflichen Eingliederung Behinderter sind seit 1996 Kann-Leistungen. Die gesetzlichen Rahmenbedingungen zur Vorbereitung von Behinderten auf die berufliche Tätigkeit haben sich verschlechtert.
2. Es gibt eine Schwerpunktbildung niederer Qualifikationen, wobei die für Behinderte konzipierten Ausbildungsplätze auch von Hauptschülern mit beansprucht werden. Diese Verdrängungstendenz betrifft nicht nur den Prozess der Berufsausbildung, sondern auch den der Arbeitsvermittlung.
   „In den meisten Berufsbereichen überwiegt der Anteil der Auszubildenden in Berufen, die ein niedriges Qualifikationsniveau aufweisen und eigens für Behinderte mit erheblichen Lernschwächen entwickelt worden sind (§ 48 BBiG/ § 42 b HWO ..." (*Bundesministerium für Arbeit und Sozialordnung* 1998, 55f.)
3. Die Berufswahlmöglichkeiten für lernbehinderte Jugendliche sind erheblich begrenzt und reduzieren sich aufgrund der lokalen Angebote meist auf acht Berufe nach § 48 BBiG/§ 42 HwO.
   „Es gibt für Jugendliche mit Lernbehinderung zu wenig Ausbildungsberufe und vor allem solche, die auch im Jahre 2010 noch Bestand haben werden. Ganz besonders gilt diese Aussage für weibliche Jugendliche. Für sie ist oftmals die hauswirtschaftliche Helferin das einzige Angebot" (*Zelfel* 1999, 212).

4. Die infrastrukturellen Bedingungen beeinflussen das Berufswahlverhalten maßgeblich. *Du Bois-Reymond & Oechsle* (1990) und *Pollmann* (1993, 252-255) bestätigen in empirischen Studien zu Alltagswelten von Jugendlichen, dass die Basisstruktur von Alltagswelten, zu denen auch die berufliche Ausbildung gehört, im erheblichen Maße von den lokalen und regionalen Rahmenbedingungen geprägt wird.

Die Erwerbslosenquote verdeutlicht die inhomogene Situation auf dem Arbeitsmarkt und die auch damit im Zusammenhang stehenden Einflussgrößen auf Orientierungs- und Entscheidungsprozesse der Jugendlichen an der ersten Schwelle. Diese Rahmenbedingungen werden sich in den kommenden Jahren erheblich ändern und die aufgezeigten Problembereiche für diese Jugendlichen auf dem Arbeitsmarkt aufgrund des Strukturwandels der Erwerbstätigkeit noch weiter verschärfen.

Gegenwärtig und insbesondere in den kommenden Jahren wird ein Strukturwandel der Erwerbstätigkeit erwartet (*Wilke* 1998, 77f.), der durch folgende Trends charakterisiert werden kann:

– Wandel der Beschäftigungsstruktur
– Wandel der Tätigkeiten und der Arbeitsorganisation
– Wandel der Arbeitszeiten und der Beschäftigungsformen.

Hinsichtlich des Strukturwandels der Erwerbstätigkeit ist zu konstatieren, dass die aktuelle und vermutlich künftige Situation der beruflichen und sozialen Eingliederung von Jugendlichen mit Problemen im Lernen und Verhalten durch folgende Entwicklungen gekennzeichnet sein wird:

1. Es gibt einen zunehmenden Widerspruch hinsichtlich der gesellschaftlichen Forderung nach beruflicher Qualifikation und dem gesellschaftlichen Bedarf an behinderten Menschen, die im unteren Qualifikationsbereich „benötigt" werden.

2. Zwingend ist eine systematische Ausbildung von Schlüsselqualifikationen (*Angerhoefer* 1998, 97f.) im Rahmen der Förderschule und der berufsvorbereitenden Maßnahmen bei diesen Jugendlichen. Dazu gehören u.a. die Teamfähigkeit, die Anpassung an veränderte Arbeitszeiten und an neue Beschäftigungsformen, die aufgrund der Besonderheiten der Betroffenen oft nur begrenzt ausgeprägt werden können. Mit dem Grad der Entwicklung von Schlüsselqualifikationen erhöhten bzw. verringerten sich bei den Jugendlichen die Vermittlungschancen auf dem Arbeitsmarkt.

3. Die im Bundesgebiet sehr differierende lokale und regionale Arbeitsmarktsituation bestimmt die Chancen und Grenzen der beruflichen Ausbildung und Integration auf dem ersten Arbeitsmarkt.

3. Zur Entwicklung von Erwerbs- und Lebensdispositionen an der ersten Schwelle

Im schulischen Bereich gibt es für Jugendliche mit Problemen des Lernens und des Verhaltens eine Reihe von Bemühungen, den Übergang zur Berufsausbildung neu zu gestalten (*Hiller & Friedemann* 1997; *Weiblen & Risch* 1999; *Lindmeier* 1999; *Stein* 1999; *Friedemann & Schroeder* 2000). Diese veränderten Formen bemühen sich,

– schulische Bildung in der Oberstufe und berufliche Bildung zu vernetzen und
– diese Jugendlichen durch spezifische Elemente zur Lebensbewältigung zu befähigen, ein integriertes Leben unter schwierigen Bedingungen zu führen. Das betrifft Probleme, die u.a. bei Arbeitslosigkeit von der Sinnfrage des Lebens bis hin zur Bewältigung von Formalia reichen, die erforderlich sind, um soziale Bezüge von den öffentlichen Stellen zu erhalten. Hier scheint es einen lokal geprägten Wandel des Denkens und der sonderpädagogischen Förderung bei Lehrern zu geben, von dem zu hoffen ist, dass er alle Lehrer an diesen Förderschulen erfassen möge.

Für die Mehrzahl der Jugendlichen mit Problemen im Lernen und im Verhalten beginnen diese Prozesse mit den berufsvorbereitenden Maßnahmen, weil ihre Berufsausbildungsfähigkeit erst noch entwickelt werden muss.

In zwei Beispielen sollen Probleme und Chancen Jugendlicher aus einer Schule für Erziehungsschwierige in BBE-Lehrgängen (Lehrgang zur Verbesserung der beruflichen Bildungs- und Eingliederungschancen) dargestellt werden. Gleichartige Aussagen sind vom Wesen her auch für Jugendliche mit Beeinträchtigungen im Lernen und sozialen Benachteiligungen zutreffend.

Beispiel 1: Schwierige berufliche Prognose

Ein Jugendlicher mit Verhaltensproblemen wird in einem BBE-Lehrgang gefördert. Diese Maßnahme zielt darauf ab, ihn hinsichtlich seiner Lernmotivation und Gruppenfähigkeit zu stabilisieren und damit Voraussetzungen dafür zu schaffen, dass er eine Berufsausbildung aufnehmen kann. Nach zwei Monaten erscheint er zunächst unpünktlich, fehlt wiederholt für einige Tage, bis er diese Maßnahme abbricht. Im Gespräch mit der Ausbildungsleiterin und der Reha-Beraterin wird deutlich, dass eine unzureichende Lernmotivation vorliegt. Gegenwärtig wird er in einem Projekt der Jugendberufshilfe gefördert. Durch die verstärkte sozialpädagogische Zuwendung und die Spezifika der derzeit interessengeleiteten Angebote ordnet er sich ein und erscheint bisher regelmäßig.

Derzeit ist keine Prognose hinsichtlich seiner beruflichen Ausbildung und seiner künftigen Lebensbewältigung möglich.

Beispiel 2: Derzeit optimistische berufliche Prognose

Ein anderer Jugendlicher mit Verhaltensproblemen wird ebenfalls in einem BBE-Lehrgang gefördert. Weil er „Zoff" mit einer Gruppe Jugendlicher am Wohn- und Ausbildungsort hat, bricht er diesen Lehrgang ab. Nach mehrfachen Gesprächen mit der Reha-Beraterin entschließt er sich, an einem anderen Ort an einem solchen Lehrgang teilzunehmen. Ab sofort meidet er es, mit den Jugendlichen zusammenzutreffen, mit denen er am ersten Ausbildungsort „Zoff" hatte.

In der neuen Maßnahme ordnete er sich in die Ausbildungsgruppe ein, erfüllte die an ihn gestellten Ausbildungsanforderungen. Das waren günstige Voraussetzungen, seinem Wunsch zu entsprechen, eine Malerausbildung aufzunehmen. Derzeit befindet er sich in der gleichen Ausbildungsstätte in einer solchen Ausbildung. Sein Meister bescheinigt ihm, dass er alle handwerklich-praktischen Anforderungen erfüllt und sich gut in das Team eingefügt hat – oder wie der Meister es formuliert: „Er läuft jetzt einwandfrei. Aus dem wird was."

Die Beispiele aus verschiedenen berufsfördernden Maßnahmen im Raum Rostock zeigen, wie im Rahmen von berufsvorbereitenden Maßnahmen die multifaktoriellen Ursachen- und Bedingungsvariablen für die Verhaltensdispositionen zu erheblichen Einschränkungen der beruflichen Möglichkeiten führen bzw. sich realistisch-optimistische Chancen auf dem ersten Arbeitsmarkt ergeben können.

Im Zusammenhang damit stehen die Probleme der Lebensbewältigung außerhalb des Bereiches der beruflichen Ausbildung.

In ihren Untersuchungen weisen *Hiller, Baur, Burgert, Friedemann* und *Schroeder* auf Probleme der Lebensbewältigung von lernbehinderten Jugendlichen hin, indem sie nachschulische Lebensrealitäten aus der Sicht verschiedener Teilkarrieren betrachten.

Unter dem Schwerpunkt der Teilkarriere Ausbildung und Beschäftigung kennzeichnet *Hiller* Karrieremuster junger Männer mit geringem Schulerfolg in den ersten sechs Jahren nach ihrer Entlassung aus allgemeinbildenden Schulen (*Hiller* 1999).

Es werden sechs Jahre nach der Entlassung aus einer allgemeinbildenden Schule vier Grundtypen von Verlaufskarrieren dargestellt, die durch eine Reihe von Unterkarrieren weiter konkretisiert werden können. Zu diesen Grundtypen gehören Ausbildungskarrieren, Jobberkarrieren, Maßnahmekarrieren und Arbeitslosigkeitskarrieren.

Hiller betont nachdrücklich, „dass – zugespitzt formuliert – keiner dieser vier ein wertvolles Unterpfand für gelingendes Leben darstellt und umgekehrt keiner dieser vier Grundtypen a priori in der Katastrophe endet (...)

Die Teilkarriere im Bereich Ausbildung und Beschäftigung, auf die der einzelne (durch Fremdselektion) hingedrückt wird, und die er dann (durch Selbstselektion) mitgestaltet, ist aufs engste verwoben mit den anderen sieben Teilkarrieren. (...) Und sie wird durch die Personen und Güter, die Glückserlebnisse und Katastrophen, die Gewinne und Verluste in diesen und anderen Bereichen entscheidend mitgeprägt. Insofern ist jedwedes vorrangige, gar ausschließliche Interesse an Ausbildungs- und Beschäftigungsverläufen als höchst problematisch zu begreifen; wer es isoliert bedient, leistet unaufgeklärten, fundamentalistischen Auffassungen vom richtigen Leben, und was man zu tun habe, um es zu erlangen, leichtfertig Vorschub" (*Hiller* 1999, 131).

Es ist daher zwingend erforderlich, eine Erweiterung der beruflichen Perspektiven der Jugendlichen mit Problemen im Lernen und Verhalten vorzunehmen. Das impliziert eine Umstrukturierung der bisherigen beruflichen Ausbildung, wie sie schon vielfach gefordert wurde.

Künftige Orientierungen auf die Erwerbstätigkeit sollten für die gekennzeichneten Jugendlichen an der ersten Schwelle Wahlmöglichkeiten bieten und nicht einseitig auf tradierte Berufsausbildung fixiert sein. So u.a.:

1. *Vorbereitung auf eine Jobbertätigkeit*

Eine realistische Diagnosemöglichkeit, ob Jugendliche auf eine Jobbertätigkeit vorzubereiten sind, bietet im Rahmen der berufsvorbereitenden Maßnahmen für diese Jugendlichen auch der tip-Lehrgang. Im Anschluss daran sollten Jugendliche, für die eine Jobberkarriere eine reale Erwerbsmöglichkeit darstellt, eine weiterführende Jobbermaßnahme besuchen. Die Erfahrungen, die *Friedemann & Schroeder* (2000, 157) in der Oberstufe der Lernbehindertenschule gesammelt haben, könnten hier im Sinne einer für diese Jugendlichen realistischen künftigen Erwerbstätigkeit fortgeführt werden. Schwerpunkte dabei wären die Stabilisierung der personalen und psychosozialen Kompetenz der Jugendlichen (*Schopf* 1998), welche sichern würde, dass sie in ihrem Leben verschiedene Jobs ausüben könnten. Das impliziert zugleich eine Weiterführung der sonderpädagogischen Förderprozesse, welche unmittelbar zur Bewältigung der Lebenssituationen/Karrieren für diese Jugendlichen erforderlich wären. Das betrifft ein Training im Bewältigen von Anforderungen im bürokratisch-rechtlichen Bereich öffentlicher und privater Institutionen, Bewältigung der Situationen mit finanziellen Angelegenheiten, Situationen des Wohnens, der Gesundheit sowie akuter Krisensituationen.

2. *Nachweise über erlangte Tätigkeits- und Fähigkeitsprofile*
Nachweise über erlangte Tätigkeits- und Fähigkeitsprofile sollen in einem Berufsausbildungspass („Qualipass") festgehalten und in diesem Zusammnhang zielgruppengerechte Module zum Erwerb ausgewählter berufstypischer Tätigkeiten entwickelt werden.
Diese Varianten werden derzeit in der Fachliteratur diskutiert und in Modellprojekten (z.B. Bundesprojekt „Schule, Wirtschaft, Arbeitsleben, SWA": www.swa-programm.de) erprobt.

Literatur

AACAP Official Action (1998): Practice parameters for the assessment and treatment of children and adolescents with language and learning disorders. Journal of the American Academy of Child and Adolescent Psychiatry 37, Supplement, 465-625.

Aber, J.L. & Allen, J.P. (1987): Effects of maltreatment on young children's socioemotional development: an attachment theory perspective. Developmental Psychology 23, 406-414.

Achenbach, T.M. (1991a): Manual for the Child Behavior Checklist/4-18 and 1991 profile. Burlington, VT: University of Vermont, Department of Psychiatry.

Achenbach, T.M. (1991b): Manual for the Teacher's Report Form and 1991 profile. Burlington, VT: University of Vermont, Department of Psychiatry.

Achenbach, T.M., McConaughy, S.H. & Howell, C.T. (1987): Child/adolescent behavioral and emotional problems: Implications of cross-informant correlations for situational specificity. Psychological Bulletin 101, 213-222.

Ainsworth, M.D.S., Blehar, M.C., Waters, E. & Walls, S. (1978): Patterns of attachment. Hillsdale: Erlbaum.

Albrecht, H.T. & Rost, D.H. (1983): Über den Zusammenhang von Hochbegabung und Wohnqualität. Psychologie in Erziehung und Unterricht 30, 281-289.

Amthauer, R. (1970): I-S-T, Intelligenz-Struktur-Test. 3. Auflage. Göttingen: Hogrefe.

Anderson, J.R. (1983): The architecture of cognition. Cambridge/Mass.: Harvard University Press.

Angerhoefer, U. (1997): Begleitung von der Schule ins Berufs- und Erwachsenenleben. In: *Hasemann, K. & Meschenmoser, H.* (Hrsg.): Sonderpädagogische Förderzentren. Hohengehren: Schneider Verlag, 151-167.

Angerhoefer, U. (1998): Zur Entwicklung von Schlüsselqualifikationen im Kontext einer veränderten allgemeinen Grundbildung in der Förderschule. In: *Angerhoefer, U. & Dittmann, W.* (Hrsg.): Lernbehindertenpädagogik: Eine institutionalisierte Pädagogik im Wandel, Neuwied, Berlin: Luchterhand, 97-115.

Angerhoefer, U. (2000). Kinder und Jugendliche mit Lern-, Gefühls- und Verhaltensproblemen – Konsequenzen für Bildungsprozesse in Übergängen. In: *Rolus-Borgward, S., Tänzer, U. & Wittrock, M.* (Hrsg.): Beeinträchtigung des Lernens oder des Verhaltens – unterschiedliche

Ausdrucksformen für ein gemeinsames Problem. Oldenburg: DiZ, 221-228.

Ash, M.G. (1985): Ein Institut und eine Zeitschrift. Zur Geschichte des Berliner Psychologischen Instituts und der Zeitschrift „Psychologische Forschung" vor und nach 1933. In: *Graumann, C.F.* (Hrsg.): Psychologie im Nationalsozialismus. Berlin & Heidelberg: Springer, 113-137.

Aufruf zur Gründung eines Verbandes der Hilfsschulen Deutschlands (1898). Zeitschrift für Heilpädagogik 1998, 49 (Nachdruck).

August, G.J., Realmuto, G.M., MacDonald III, A.W., Nugent, S.M. & Crosby, R., (1996): Prevalence of ADHD and comorbid disorders among elementary school children screened for disruptive behavior. Journal of Abnormal Child Psychology 24 (http://web3.searchbank.com/infotrac).

Ayres, J. (1984): Baustein der kindlichen Entwicklung. Berlin: Springer.

Bach, H. (1976): Unterrichtslehre L. 3. Auflage. Berlin: Marhold.

Bach, H. (1989): Verhaltensstörungen und ihr Umfeld. In: *Goetze, H. & Neukäter, H.* (Hrsg.): Handbuch der Sonderpädagogik – Band 6. Pädagogik bei Verhaltensstörungen. Berlin: Marhold, 3-35.

Bach, H. (1999): Grundlagen der Sonderpädagogik. Bern: Haupt.

Balster, K. (1998): Kinder mit mangelnden Bewegungserfahrungen, Bd. 1. Duisburg: Landessportbund Nordrhein-Westfalen.

Bandura, A. (1979): Aggression. Eine sozial-lerntheoretische Analyse. Stuttgart: Klett-Cotta.

Bateson, G. (1985): Ökologie des Geistes. Anthropologische, psychologische, biologische und epistemologische Perspektiven. Frankfurt/M.: Suhrkamp.

Bateson, G. (1992): Geist und Natur. Frankfurt/M.: Suhrkamp.

Baumeister, A.A., Kupstas, F. & Klindworth, L.M. (1990): New morbidity: Implications for prevention of children's disabilities. Exceptionality 1, 1-16.

Baumgaertel, A., Mark L., Wolraich, M.D. & Dietrich M. (1995): Comparison of diagnostic criteria for attention deficit disorders in a German Elementary school sample. Journal of the American Academy of Child and Adolescent Psychiatry 34, 629-638.

Baur, W. (1995): Förderschule und danach? Erfahrungen aus der Alltagsbegleitung benachteiligter junger Menschen. Zeitschrift für Heilpädagogik 46, 220-226.

Bayerisches Erziehungs- und Unterrichtsgesetz (1994). Fassung vom 1.8.1994.

Bayerisches Staatsministerium für Unterricht und Kultus (2000): Schule und Bildung in Bayern 2000. Reihe A, Bildungsstatistik Heft 39.

Begemann, E. (1970): Die Erziehung der sozio-kulturell benachteiligten Schüler. Hannover: Schroedel.

Berg, H.C. & Steffens, U. (1991): Schulqualität und Schulvielfalt. Das Saarbrücker Schulgütesymposium `88. Hessisches Institut für Bildungsplanung und Schulentwicklung, Heft 5.

Bergius, R. (1963): Zum 75. Geburtstag von Adhémar Gelb. Psychologische Beiträge 7, 360-369.

Betz, D. & Breuninger, H. (1993): Teufelskreis Lernstörungen: Theoretische Grundlegung und Standardprogramm. 3. Auflage. Weinheim: Psychologie VerlagsUnion.

Betz, D. & Breuninger, H. (1996). Teufelskreis Lernstörungen. Theoretische Grundlegung und Standardprogramm. 4. Auflage. Weinheim: Beltz.

Biederman, J., Faraone, St.V., Taylor, A., Sienna, M., Williamson, S. & Fine, C. (1998): Diagnostic continuity between child and adolescent ADHD: Findings from a longitudinal clinical sample. Journal of the American Academy of Child and Adolescent Psychiatry 37 (http://web3.searchbank.com/infotrac).

Biewer, G. (2001): Diagnose- und Förderklassen als Alternativmodell im Eingangsbereich heilpädagogischer Schulen. Eine kritische Bilanz der bisherigen Entwicklung in Bayern. Zeitschrift für Heilpädagogik 52, 152–158.

Billhardt, J. (1996): Hochbegabte – Die verkannte Minderheit. Würzburg: Lexikaverlag Krick.

Bleidick, U. (1968): Über Lernbehinderung. Begriffliche und psychodiagnostische Überlegungen. Zeitschrift für Heilpädagogik 19, 449-464.

Bongartz, K., Kaißer, K. & Kluge, K.J. (1985): Die verborgene Kraft. Hochbegabung – Talentierung – Kreativität. München: Minerva.

Bools, C., Foster, J., Brown, I. & Berg, I. (1990): The identification of psychiatric disorders in children who fail to attend school: a cluster analysis of a non-clinical population. Psychological Medicine 20, 171-181.

Borkowski, J.G. & Burke, J. (1996): Trends in the development of theories, models, and measurement of executive functioning: Views from an information processing perspective. In: Lyon, G.R. & Krasnegor, N.A. (Eds.): Attention, memory and executive functioning. Baltimore: P.H. Brookes, 235-262.

Borkowski, J.G., Carr, M., Rellinger, L. & Pressley, M. (1990): Self-regulated cognition: Interdependence of metacognition, attributions and self-esteem. In: Jones, B. & Idol, L. (Eds.): Dimensions of thinking and cognitive instruction. Vol. 1. Hillsdale, NJ: Erlbaum, 53-92.

Borkowski, J.G. & Turner, L.A. (1990): Transsituational characteristics of metacognition. In: Schneider, W. & Weinert, F.E. (Eds.): Interactions among aptitudes, strategies, and knowledge in cognitive performance. New York: Springer, 159-176.

Bowlby, J. (1982): Das Glück und die Trauer. Herstellung und Lösung affektiver Bindungen. Stuttgart: Klett-Cotta.

Bowlby, J. (1995): Elternbindung und Persönlichkeitsentwicklung. Heidelberg: Dexter.

Brand, I., Breitenbach, E., Maisel, V. (1985): Integrationsstörungen. Würzburg: Bentheim.

Brandenburg, N.A., Friedman, R.M. & Starr, E.S. (1989): The epidemiology of childhood psychiatric disorders: Prevalence findings from recent studies. Journal of the American Academy of Child und Adolescent Psychiatry 29, 76-83.

Breitenbach, E. (1992): Unterricht in Diagnose- und Förderklassen – Neuropsychologische Aspekte schulischen Lernens. Bad Heilbrunn: Klinkhardt.

Breitenbach, E. (1997): Diagnose- und Förderklassen – Eine pädagogische Idee und die ernüchternden Erfahrungen bei der Umsetzung in die Praxis. Behindertenpädagogik in Bayern 40, 165–181.

Bronfenbrenner, U. & Ceci, S.J. (1994): Nature-nurture reconceptualized in developmental perspective; a bio-ecological model. Psychological Review 101, 568-586.

Brophy, J.E. & Good, T.L. (1976): Die Lehrer-Schüler-Interaktion. München: Urban und Schwarzenberg.

Brown, A.L. (1978): Knowing when, where, and how to remember: A problem of metacognition. In: *Glaser, R.* (Ed.): Advances in instructional psychology. Hillsdale, NJ: Erlbaum, 77-165.

Brown, A.L. (1980): Metacognitive development and reading. In: *Spiro, R.J., Bruce, B. & Brewer, W.F.* (Eds.): Theoretical issues in reading comprehension. Hillsdale, NJ: Erlbaum, 453-482.

Brown, A.L. & Palincsar, A.S. (1987): Reciprocal teaching of comprehension strategies: A natural history of one program for enhancing learning. In: *Day, J.D. & Borkowski, J.G.* (Eds.): Intelligence and exceptionality: New directions for theory, assessment, instructional practices. Norwood, New Jersey: Ablex, 81-132.

Bryan, T. (1998): Social competence of students with learning disabilities. In: *Wong, B.Y.L.* (Ed.): Learning about learning disabilities. 2. ed. San Diego: Academic Press, 237-275.

Bühler, Ch. (1928): Kindheit und Jugend. Leipzig: Hirzel.

Bundesministerium für Arbeit und Sozialordnung (1998): Vierter Bericht der Bundesregierung über die Lage der Behinderten und die Entwicklung der Rehabilitation. Bonn, 55-64.

Burgert, M. (1998): Trotz Berufsausbildung chancenlos? Berufliche Ausbildungs- und Beschäftigungsperspektiven benachteiligter Jugendlicher. In: *Angerhoefer, U. & Dittmann, W.* (Hrsg.): Lernbehindertenpädagogik: Eine institutionalisierte Pädagogik im Wandel. Neuwied, Berlin: Luchterhand, 146-172.

Castell, R. (1998:): Intensive Förderung von Kindern in Schule und Heim. Würzburg: Bentheim.

Costello, E.J. (1989): Developments in child psychiatric epidemiology. The American Academy of Child and Adolescent Psychiatry 28, 836-841.

Coster, F.W. (2001): Behavioral problems in children with specific language impairments. Groningen: Kinderstudies.

Covington, M. & Beery, R. (1976): Self-worth and school learning. New York: Holt, Rinehart & Winston.

Covington, M. & Omelich, C.L. (1979): The double-edged sword in school achievement. Journal of Educational Psychology 71, 169-182.

Crijnen, A.A.M., Achenbach, T.M. & Verhulst, F.C. (1997): Comparisons of problems reported by parents of children in 12 cultures: Total problems, externalizing, and internalizing. Journal of the American Academy of Child and Adolescent Psychiatry 36, 1269-1277.

Crijnen, A.A.M., Achenbach, T.M. & Verhulst, F.C. (1999): Problems reported by parents of children in multiple cultures: The Child Behavior Checklist syndrome constructs. American Journal of Psychiatry 156, 569-574.

Crockett, J.B. & Kauffman, J.M. (1998): Classrooms for students with learning disabilities: Realities, dilemmas, and recommendations for service delivery. In: *Wong, B.Y.L.* (Ed.): Learning about learning disabilities 2. ed. San Diego: Academic Press, 489-525.

Cropley, A., Mcleod, J. & Dehn, D. (1988): Begabung und Begabungsförderung. Entfaltungschancen für alle Kinder. Heidelberg: Angewandte Psychologie.

Davis, G.A. & Rimm, S.B. (1997): Education of the gifted and talented. Englewood Cliffs: Prentice Hall.

De Shazer, S. (1985): Keys to solution in brief therapy. New York: W. W. Norton.

Dhondt, M. (1998): Gedrags- en emotionele problemen bij kinderen met leerproblemen. Empirisch onderzoek in het buitengewoon onderwijs type 8. Master thesis. [Behavioral and emotional problems in children with learning problems. Empirical research in special education - type 8.]. Katholieke Universiteit Leuven : Afdeling Orthopedagogiek.

Diagnostisches und Statistisches Manual Psychischer Störungen – DSM-IV: siehe *Saß, H. et al.*

Diener, C.I. & Dweck, C.S. (1978): An analysis of learned helplessness: Continous changes in performance, strategy, and achievement cognitions following failure. Journal of Personality and Social Psychology 36, 451-462.

Dietel, B. (1989): Besondere Schüler aus der Sicht des Teilleistungsmodells. In: *Andreas, R.* (Hrsg.): Förderung besonderer Schülergruppen in Bayern. München: Ehrenwirth. 69–110.

Dinges, E. (in Vorber.): Systematische Beurteilung und Förderung schulischer Leistungen am Beispiel des Schülerfolgesystems. Dissertation. Giessen: Justus-Liebig-Universität.

Dodge, K.A. (1993): Social-cognitive mechanisms in the development of conduct disorder and depression. Annual Review of Psychology 44, 559–584.

Dokumentation – Kongress Hochbegabtenförderung (1998): 15./16. Juli 1998 in München.

Döpfner, M., Schürmann, S. & Frölich, J. (1997): Therapieprogramm für Kinder mit hyperkinetischem und oppositionellem Problemverhalten. Weinheim: Psychologie Verlags Union.

Drawe, W., Rumpler, F. & Wachtel, P. (Hrsg.) (2000): Empfehlungen zur sonderpädagogischen Förderung. Allgemeine Grundlagen und Förderschwerpunkte (KMK). Würzburg: Bentheim.

du Bois, R. (1999): Zur Unterscheidung von Regression und Retardation. OPD-KJ, Operationalisierte Psychodynamische Diagnostik bei Kindern und Jugendlichen. Praxis der Kinderpsychologie und Kinderpsychiatrie 48, 571-579.

Du Bois-Reymond, M. & Oechsle, M. (Hrsg.) (1990): Neue Jugendbiographie. Zum Strukturwandel der Jugendphase. Opladen: Leske+Budrich, 121-122

Dweck, C.S. (1975): The role of expectations and attributions in the alleviation of learned helplessness. Journal of Personality and Social Psychology 31, 674-685.

Eberwein, H. & Knauer, S. (1998): Handbuch Lernprozesse verstehen. Weinheim: Beltz.

Eder, F. & Mayr, J. (2000): Linzer Fragebogen zum Schul- und Klassenklima für die 4.-8. Klassenstufe (LSFK 4-8). Göttingen: Hogrefe.

Ehlers, A. (2000): Psychologische Grundlagen der Verhaltenstherapie. In: *Margraf, J.* (Hrsg.): Lehrbuch der Verhaltenstherapie. Berlin: Springer, 69-87.

Elbing, E. & Heller K.A. (1996): Beratungsanlässe in der Hochbegabtenberatung. Psychologie in Erziehung und Unterricht 43, 57-69.

Esser, G. (1991): Was wird aus Kindern mit Teilleistungsschwächen? Stuttgart: Enke.

Esser, G. (1992): Der langfristige Verlauf von Teilleistungsschwächen. In: *Steinhausen, H.-Ch.* (Hrsg.): Hirnfunktionsstörungen und Teilleistungsschwächen. Berlin: Springer, 187-211.

Esser, G. (1994): Die Bedeutung organischer und psychosozialer Risiken für die Entstehung von Teilleistungsschwächen. Frühförderung interdisziplinär 13, 49-60.

Esser, G. & Gerhold, M. (1998): Entwicklungspsychopathologie. In: *Keller, H.* (Hrsg.): Lehrbuch Entwicklungspsychologie. Bern: Huber, 615-646.

Esser, G. & Schmidt, M. (1993): Die langfristige Entwicklung von Kindern mit Lese-Rechtschreibschwäche. Zeitschrift für klinische Psychologie 22, 100-116.

Eysenck, H.J. (1982): Personality genetics and behaviour. New York: Praeger.

Feger, B. & Prado, T.M. (1998): Hochbegabung. Die normalste Sache der Welt. Darmstadt: Primus.

Fegert, J.M. (1996): Verhaltensdimensionen und Verhaltensprobleme bei zweieinhalbjährigen Kindern. Praxis der Kinderpsychologie und Kinderpsychiatrie 45, 83-94.

Fegert, J.M. (1999): Kinder in Scheidungsverfahren nach der Kindschaftsreform. Neuwied: Luchterhand.

Fend, H. (1998): Qualität im Bildungswesen. Weinheim: Juventa.

Fippinger, F. (1992): Allgemeiner Schulleistungstest für 4. Klassen (AST 4). Göttingen: Hogrefe.

Flavell, J.H. & Wellman, H.M. (1977): Metamemory. In: *Kail, R.V. & Hagen, J.W.* (Eds.): Perspectives on the development of memory and cognition. Hillsdale, NJ: Erlbaum, 3-33.

Flavell, J.H. (1971): First discussant's comments: What is memory development the development of? Human Development 14, 272-278.

Forness, S.R., Kavale, A. & Lopez, M. (1993): Conduct in school: Special education eligibility and comorbidity. Journal of Emotional and Behavioral Disorders 1, 101-108.

Förster, H.v. (1985): Das Konstruieren einer Wirklichkeit. In: *Watzlawik, P.* (Hrsg.): Die erfundene Wirklichkeit. München: Pieper, 39-60.

Franklin, B.M. (1987): From brain injury to learning disability: Alfred Strauss, Heinz Werner, and the historical development of the learning disabilities field. In: *Franklin, B.M.* (Ed.): Learning disability – Dissenting essays. London: Falmer Press, 29-46.

Freeman, J. & Urban, K. (1983): Über Probleme des Identifizierens und Etikettierens von hochbegabten Kindern. Psychologie in Erziehung und Unterricht 30, 67-73.

Freitag, M. (1998): Was ist eine gesunde Schule? Einflüsse des Schulklimas auf Schüler- und Lehrergesundheit. Weinheim und München: Juventa.

Frey-Flügge, E. & Fries, A. (1989): Kinder mit Teilleistungsschwächen in der Schule für Sprachbehinderte – Modellversuch Diagnose- Förderklassen. München: Ehrenwirth.

Friedemann, H.-J. & Schroeder, J. (2000): Von der Schule ins Abseits? Untersuchungen zur beruflichen Eingliederung benachteiligter Jugendlicher – Wege aus der Ausbildungskrise. Langenau-Ulm: Armin Vaas Verlag.

Fuchs, P. (1993): Moderne Kommunikation. Frankfurt: Suhrkamp.

Gaddes, W.H. (1991): Lernstörungen und Hirnfunktion – Eine neuropsychologische Betrachtung. Berlin: Springer.

Gadeyne, E., Ghesquière, P. & Onghena, P. (2000): The relationship between academic achievement and psychosocial functioning in preschool and primary school children. In: *Rolus-Borgward, S., Tänzer, U. & Wittrock, M.* (Hrsg.): Beeinträchtigung des Lernens und/oder des Verhaltens – Unterschiedliche Ausdrucksformen für ein gemeinsames Problem. Oldenburg: DiZ, 287-296.

Ghesquière, P., Grietens, H. & Hellinckx, W. (1998): Prevalence of problem behavior in a general population sample of children with learning problems. International Journal of Child & Family Welfare 3, 26-42.

Glasersfeld, E. v. (1987): Wissen, Sprache und Wirklichkeit. Braunschweig: Vieweg.

Gluß, H. & Urban K. (1982): Hochbegabte Kinder. In: *Wieczerkowski, W. & zur Deveste, H.* (Hrsg.): Lehrbuch der Entwicklungspsychologie. Band 3, Düsseldorf: Schwann, 85-110.

Goetze, H. (1996). Einführung in die Pädagogik bei Verhaltensstörungen, Teil I. Potsdamer Studientexte – Sonderpädagogik - 2. Auflage. Potsdam: Universität.

Göppel, R. (1998): Eltern, Kinder und Konflikte. Stuttgart: Kohlhammer.

Graumann, C.F. (Hrsg.) (1985): Psychologie im Nationalsozialismus. Berlin & Heidelberg: Springer.

Gresham, F.M., Lane, K.L. & Lambros, K.M. (2000): Comorbidity of conduct problems and ADHD: Identification of „Fledgling Psychopaths". Journal of Emotional and Behavioral Disorders 2, 83-93.

Grietens, H. & Ghesquière, P. (2000): Problem behavior in 6 to 12 year old children with learning problems attending special education. In: *Rolus-Borgward, S., Tänzer, U. & Wittrock, M.* (Hrsg.): Beeinträchtigung des Lernens oder des Verhaltens – unterschiedliche Ausdrucksformen für ein gemeinsames Problem. Oldenburg: DiZ, 297-306.

Grissemann, H. (1993): Unterrichts-, Förder- und Therapiematerialien in der Pädagogik bei Verhaltensstörungen. In: *Goetze, H. & Neukäter, H.* (Hrsg.): Pädagogik bei Verhaltensstörungen. Berlin: Marhold, 492-519.

Groos, K. (1901): The play of man. New York: Appleton.

Groos, K. (1922): Der Lebenswert des Spiels. In: Das Spiel, zwei Vorträge. Jena: Gustav Fischer.

Grossmann, G. et al. (1984): Rehabilitationspädagogik Verhaltengeschädigter. Berlin: Verlag Volk und Gesundheit.

Grossmann, K.E. & Grossmann, K. (1991): Attachment quality as an organizer of emotional and behavioral responses in a longitudinal perspective. In: *Parkes, C.M., Stevenson-Hinde, J. & Marris, P.* (Eds.): Attachment across the life cycle. London: Tavistock/Routledge, 93-114.

Grossmann, K.E. & Grossmann, K. (2000): Die Bedeutung sprachlicher Diskurse für die Entwicklung internaler Arbeitsmodelle von Bindung. In: *Gloger-Tippelt, G.* (Hrsg.): Bindung im Erwachsenenalter. Bern: Huber, 75-101.

Haggerty, R.J., Ronghmann, K.J. & Pless, I.B. (1975): The concept of new morbidity. New York : Child health and the Community.

Hallahan, D.P. & Cruickshank, W.M. (1979): Lernstörungen bzw. Lernbehinderung – Pädagogisch-psychologische Grundlagen. München und Basel: Reinhardt.

Hallahan, D.P. & Kauffman, J.M. (1976): Introduction to learning disabilities – A psycho-behavioral approach. Engelwood Cliffs: Prentice-Hall.

Hallahan, D.P. & Kauffman, J.M. (1986): Exceptional children. 3. ed. Englewood Cliffs: Prentice Hall. 91-141.

Handwerk, M.L. & Marshall, R.M. (1998): Behavioral and emotional problems of students with learning disabilities, serious emotional disturbance, or both conditions. Journal of Learning Disabilities 31, 327-338.

Hanses, P. & Rost, D.H. (1998): Das „Drama" der hochbegabten Underachiever – „gewöhnliche" oder „außergewöhnliche" Underachiever? Zeitschrift für Pädagogische Psychologie 12, 53-71.

Hany, E.A. & Nickel, H. (Hrsg.) (1992): Begabung und Hochbegabung. Theoretische Konzepte, empirische Befunde, praktische Konsequenzen. Bern: Huber.

Hartke, B. (1998): Schulische Erziehungshilfe durch regionale sonderpädagogische Förderzentren in Schleswig-Holstein. Hamburg: Kovac.

Heckhausen, H. (1987): Intentionsgeleitetes Handeln und seine Fehler. In: *Heckhausen, H., Gollwitzer, P.M. & Weinert, F.E.* (Hrsg.): Jenseits des Rubikon. Der Wille in den Humanwissenschaften. Berlin: Springer. 143-175.

Heckhausen, H. (1989): Motivation und Handeln. 2. Auflage. Berlin: Springer.

Heckhausen, H., Schmalt, H.-D. & Schneider, K. (1985): Achievement Motivation in Perspective. Orlando: Academic Press.

Hegner, C. (1998): Das Spiel bei verhaltensauffälligen Kindern. Unveröff. Diplomarbeit Universität Frankfurt/M.

Heilmann, B. (2000): Kinder und Jugendliche mit Lern-, Gefühls- und Verhaltensproblemen Konsequenzen für Ausbildungsprozesse im Übergang von Schule und Beruf und eigenständiger Lebensführung. In: *Rolus-Borgward, S., Tänzer, U. & Wittrock, M.* (Hrsg.): Beeinträchtigung des Lernens und/oder des Verhaltens – Unterschiedliche Ausdrucksformen für ein gemeinsames Problem. Oldenburg: DiZ, 229-235.

Heinbokel, A. (1996): Hochbegabte. Erkennen, Probleme, Lösungswege. Münster: LIT Verlag Hopf.

Heller, K. (1992): Hochbegabung im Kindes- und Jugendalter. Göttingen: Hogrefe.

Heller, K. (1995): Begabungsdefinition, Begabungserkennung und Begabungsförderung im Schulalter. In: *Wagner, H.* (Hrsg.): Begabung und Leistung in der Schule. Modelle der Begabtenförderung in Theorie und Praxis. Bad Honnef, 6-36.

Heller, K., Mönks, F.J. & Passow, A.H. (1993): International Handbook of Research and Development of Giftedness and Talent. Oxford, New York: Pergamon Press.

Hellinckx, W., Grietens, H. & Verhulst, F.C. (1994): Competence and behavioral problems in 6- to 12-year-old children in Flanders (Belgium) and Holland : A cross-national comparison. Journal of Emotional and Behavioral Disorders 2, 130-142.

Hensle, U. & Vernooij, M.A. (2000): Einführung in die Arbeit mit behinderten Menschen. 6. Auflage. Wiebelsheim: Quelle & Meyer.

Hesse, H. (1970): Unterm Rad. Frankfurt/M.: Suhrkamp.

Heuser, C., Schütte, M. & Werning, R. (1997): Kooperative Lernbegleitung von Kindern und Jugendlichen mit besonderem Förderbedarf in heterogenen Gruppen. In: *Heimlich, U.* (Hrsg.): Zwischen Aussonderung und Integration. Neuwied: Luchterhand, 102-118.

Hildeschmidt, A., Meister, H. & Schorr, E. (1979): Unregelmäßiger Schulbesuch. Weinheim: Beltz.

Hiller, G.G. (1994a): Ausbruch aus dem Bildungskeller. Pädagogische Konzeptionen. Langenau-Ulm: Armin Vaas Verlag.

Hiller, G.G. (1994b): Jugendtauglich. Konzept für eine Sekundarschule. Langenau-Ulm: Armin Vaas Verlag.

Hiller, G.G. (1999): Karrieremuster junger Männer mit geringem Schulerfolg im Bereich Ausbildung und Beschäftigung in den ersten sechs Jahren nach ihrer Entlassung aus allgemeinbildenden Schulen. In: *Hofsäss, Th.* (Hrsg.): Jugend-Arbeit-Bildung. Berlin: Verlag für Wissenschaft und Bildung, 113-148.

Hiller, G.G. & Friedemann, H.-J. (1996): Berufsvorbereitung und berufliche Schule für benachteiligte Jugendliche: Ein viel zu schmales Angebot? Die neue Sonderschule 41, 250-261.

Holborow, P. & Berry, P. (1986): A multinational, cross-cultural perspective on hyperactivity. American Journal of Orthopsychiatry 56, 320-322.

Holling, H. & Kanning, U.P. (1999): Hochbegabung. Forschungsergebnisse und Fördermöglichkeiten. Göttingen u.a.: Hogrefe.

Holtappels, H.G. (1995): Entwicklung von Schulkultur. Ansätze und Wege schulischer Erneuerung. Weinheim/ München: Juventa.

Holtz, K.L. & Kretschmann, R. (1989): Psychologische Grundlagen der Pädagogik bei Verhaltensstörungen. In: *Goetze, H. & Neukäter, H.* (Hrsg.): Handbuch der Sonderpädagogik – Band 6. Pädagogik bei Verhaltensstörungen. Berlin: Marhold, 908-966.

Huber, F. et al. (1997): Förderzentrum und Integration – Illusion oder Realität ? Donauwörth: Auer.

Hurrelmann, K. (1988): Schulversagen aus soziologischer Perspektive. Vierteljahresschrift für Heilpädagogik und ihre Nachbargebiete (VHN) 57, 327-334.

Husslein, E. (1983): Schule und Unterricht für Kinder und Jugendliche mit Verhaltensstörungen. Würzburg: Königshausen und Neumann.

Internationale Klassifikation psychischer Störungen (ICD-10): siehe WHO.

Jacobsen, T., Edelstein, W. & Hofmann, V. (1994): A longitudinal study of the relation between representations of attachment in childhood and cognitive functioning in childhood and adolescence. Developmental Psychology 30, 112-124.

Jantzen, W. (1977): Konstitutionsprobleme materialistischer Behindertenpädagogik. Lollar: Achenbach.

Johnson, D. & Myklebust, H.R. (1971): Lernschwächen. Stuttgart: Hippokrates.

Kanter, G. (1974): Lernbehinderungen, Lernbehinderte, deren Erziehung und Rehabilitation. In: *Deutscher Bildungsrat* (Hrsg.): Gutachten und Studien der Bildungskommission 34, Sonderpädagogik 3. Stuttgart: Klett, 117-234.

Kanter, G.O. (1977): Lernbehinderungen und die Personengruppe der Lernbehinderten. In: *Kanter, G.O. & Speck, O.* (Hrsg.): Pädagogik der Lernbehinderten. Handbuch der Sonderpädagogik, Band 4. Berlin: Marhold, 34-64.

Kanter, G.,O. (1998): Von den generalisierenden Prinzipien der Hilfsschuldidaktik/-methodik zur konzeptgebundenen Lernförderung. In: *Greisbach, M., Kullik, U. & Souvignier, E.* (Hrsg.): Von der Lernbehindertenpädagogik zur Praxis schulischer Förderung. Lengerich: Pabst, 9-22.

Kauffman, J.M. (1989): Characteristics of emotional and behavioral disorders of children and youth. 5th ed., New York: Macmillan (Hardcover).

Kauffman, J.M. (1993): Characteristics of Emotional and Behavioral Disorders of Children and Youth, 5th ed., Columbus: Merill (Paperback).

Kauffman, J.M., Cullinan, D. & Epstein, H. (1987): Characteristics of students placed in special programs for the seriously emotionally disturbed. Behavioral Disorders 76, 542-546.

Kavale, K.A. & Forness, S.R. (2000): What definitions of learning disability say and don`t say. A critical analysis. Journal of Learning Disabilities 3, 239-256.

Keeney, B.P. (1987): Konstruieren therapeutischer Wirklichkeiten. Dortmund: Borgmann.

Keller, G. (1990): Aufgaben der Bildungsberatung bei der Förderung hochbegabter Schüler. Psychologie in Erziehung und Unterricht 37, 54-57.

Keller, G. (1992): Schulpsychologische Hochbegabtenberatung – Ergebnisse einer Beratungsstudie. Psychologie in Erziehung und Unterricht 39, 125-132.

Kephart, N.C. (1977): Das lernbehinderte Kind im Unterricht. München: Reinhardt.

Klauer, K.J. (1975): Lernbehindertenpädagogik. 4. Auflage. Berlin: Marhold.

Kleber, E.W. & Stein, R. (2001): Lernkultur am Ausgang der Moderne. Baltmannsweiler: Schneider.

Klein, G. (1973): Die soziale Benachteiligung von Lernbehinderten im Vergleich zu den Hauptschülern. In: *Heese, G. & Reinartz, A.* (Hrsg.): Aktuelle Probleme der Lernbehindertenpädagogik. Berlin: Marhold, 7-21.

Klein, G. (2001): Sozialer Hintergrund und Schullaufbahn. Zeitschrift für Heilpädagogik 52, 51-61.

Kluge, K.J. (1981): Hochintelligente Schüler verhaltensauffällig gemacht? München: Minerva.

KMK: siehe Kultusministerkonferenz.

KMK (2000): Sekretariat der Ständigen Konferenz der Kultusminister der Länder in der Bundesrepublik Deutschland. Empfehlungen zum Förderschwerpunkt emotionale und soziale Entwicklung. Beschluss der Kultusministerkonferenz vom 10.03.2000.

Kooij, R. van der (1979): Dimensionen der allgemeinen Sonderpädagogik. Zeitschrift für Heilpädagogik 30, 67-75.

Kooij, R. van der (1983): Empirische Spielforschung. In: *Kreuzer, K.J.* (Hrsg.): Handbuch der Spielpädagogik, Band 1. Düsseldorf: Schwann-Bagel, 89-159.

Kooij, R. van der (1997): Untersuchungen zu problematischen Erziehungsstilen: eine Zwischenbilanz. Heilpädagogische Forschung 13, 132-139.

Kooij, R. van der (2000): Grundlagenprobleme der sonderpädagogischen Psychologie. In: *Borchert, J.* (Hrsg.): Handbuch der Sonderpädagogischen Psychologie. Göttingen: Hogrefe, 1-10.

Kooij, R. van der (2001): Pädagogik und Spiel. In: *Roth, L.* (Hrsg.): Pädagogik, Handbuch für Studium und Praxis. München: Oldenbourg, 293-311.

Kooij, R. van der & Been, P.H. (1995): Spiel und Imitation und ihre Bedeutung für die Sonderpädagogik. Sonderpädagogik 25, 146-157.

Kooij, R. van der & Been, P.H. (1996): Neue Modelle für die diagnostische Praxis. Bern: Haupt.

Kooij, R. van der & Been, P.H. (1998): Die Bedeutung der Antriebe für die Hilfe in der Heil- und Sonderpädagogik. Sonderpädagogik 28, 206-215.

Kooij, R. van der & Neukäter, H. (1993): Fragebogen zu Erziehungsstilen. Unveröff. experimentelle Version. Oldenburg: Universität.

Kooij, R. van der, Raijmakers, L.P.T., Baartman, H.E.M., Carlier, E.M.H.J., Franken, M.L.O., Hamers, H.J.A. & Veld-Koeman, G.A.G. In't (1994): Diagnostiek in de pedagogische hulpverlening. Utrecht: Ned. Vereniging van Pedagogen en Onderwijskundigen.

Korenman, S., Miller & J.E., Sjaastad, J.E. (1995): Long-term poverty and child development in the United States: Results from NLSY. Children and Youth Services 17, 127-155.

Kornmann, R., Meister, H. & Schlee, J. (1883): Förderungsdiagnostik. Heidelberg: Schindele.

Kotkin, R.A., Forness, S.R. & Kavale, K.A. (2001): Comorbid ADHD and Learning Disabilities: Diagnosis, Special Education, and Intervention. In: *Hallahan, D.P. & Koegh, B.K.* (Eds.): Research and Global Perspectives in Learning Disabilities. Essay in Honor of William Cruickshank. Malwah, NJ, London: Erlbaum, 43-64.

Kuhne, M., Russel, S. & Tannock, R. (1997): Impact of comorbid oppositional or conduct problems on attention deficit hyperactivity disorder. Journal of the American Academy of Child and Adolescent Psychiatry 36, 1715-1726.

Kultusministerium des Landes Mecklenburg-Vorpommern (1996): Schulgesetz für das Land Mecklenburg-Vorpommern (SchulG M-V) vom 15. Mai 1996. Schwerin.

Kultusministerkonferenz (1994): Empfehlungen zur sonderpädagogischen Förderung in den Schulen in der Bundesrepublik Deutschland. Sekretariat der Ständigen Konferenz der Kultusminister der Länder in der Bundesrepublik Deutschland. Bonn.

Kultusministerkonferenz (1999): Entwurf: Empfehlungen zum Förderschwerpunkt emotionale und soziale Entwicklung. Sekretariat der Ständigen Konferenz der Kultusminister der Länder in der Bundesrepublik Deutschland. Bonn.

Kurth, K. (1999): Die Schultheorie von Dr. William Glasser am Beispiel der Apollo High School USA (Kalifornien, Simi Valley) – Möglichkeiten und Grenzen ihrer Übertragung auf Schulen für sozial benachteiligte Kinder und Jugendliche in Deutschland. Unveröff. Staatsexamensarbeit. Universität Rostock.

Laschkowski, W. (1994): Erste Erfahrungen mit der Kaufman Assessment Battery for Children (K-ABC) an Schulen für Behinderte. Behindertenpädagogik in Bayern 37, 420-430.

Laschkowski, W. (1999): Schulische Entwicklung auffälliger Schulanfänger in sonderpädagogischen Diagnose- und Förderklassen. Bamberg: Dissertationsdruck.

Laschkowski, W. (2000): Lern-, Leistungs-, Teilleistungsstörungen. In: *Hörmann, G.* (Hrsg.): Handbuch der Erziehungsberatung. Band 2. Göttingen: Hogrefe, 9-42.

Laucht, M., Esser, G., Schmidt, M.H., Ihle, W., Marcus, A., Stöhr, R.-M. & Weindrich, D. (1996): Mannheimer Risikokinder im Vorschulalter. Zeitschrift für Kinder- und Jugendpsychiatrie 24, 67-81.

Lauth, G.W. (1990): Lernen: Klassifikation und Diagnostik. In: *Baumann, U. & Perrez, M.* (Hrsg.): Klinische Psychologie. Bern: Huber, 101-103.

Lauth, G.W. (2000): Lernbehinderung. In: *Borchert, J.* (Hrsg.): Handbuch der Sonderpädagogischen Psychologie. Göttingen: Hogrefe, 21-31.

Lauth, G.W. & Schlottke, P.F. (1999): Training mit aufmerksamkeitsgestörten Kindern. Weinheim: Psychologie VerlagsUnion.

Lehmkuhl, G. (1995): Kinder und Jugendliche mit psychiatrischen Auffälligkeiten. In: *Kolip, P., Hurrelmann, K. & Schnabel, P.E.* (Hrsg.): Jugend und Gesundheit. Weinheim: Juventa, 159-176.

Lempp, R. (1982): Sonderpädagogik und Psychiatrie. Zeitschrift für Heilpädagogik 33, 773-780.

Lewin, K. (1963): Feldtheorie in den Sozialwissenschaften. Bern: Huber.

Linder, M. & Grissemann, H. (1996): Züricher Lesetest (ZLT). Göttingen: Hogrefe.

Lindmeier, Ch. (1999): Kinder und Jugendliche mit sonderpädagogischem Förderbedarf im Bereich des Lernens und die Möglichkeit ihrer Vorbereitung auf Arbeit und Leben in der nachindustriellen Gesellschaft. Zeitschrift für Heilpädagogik 50, 234-239.

Luhmann, N. (1984): Soziale Systeme. Frankfurt: Suhrkamp.

Luhmann, N. (1987): Sozialisation und Erziehung. In: *Rotthaus, W.* (Hrsg.): Erziehung und Therapie in systemischer Sicht. Dortmund: Verlag modernes lernen, 77-86.

Lyons-Ruth, K., Bronfman, E. & Parson, E. (1999): Maternal frightened, frightening, or atypical behavior and disorganized infant attachment patterns. Monographs of the Society for Research of Child Development 64, 67–96.

Lyons-Ruth, K., Easterbrooks, M.A. & Cibelli, C.D. (1997): Infant attachment strategies, infant mental lag, and maternal depressive symptoms: Predictors of internalizing and externalizing problems at Age 7. Developmental Psychology 33, 681-692.

Lyons-Ruth, K. & Jacobvitz, D. (1999): Attachment disorganization. In: *Cassidy, J. & Shaver, P.R.* (Eds.): Handbook of Attachment. New York: Guilford Press, 520-554.

Main, M. & Solomon, J. (1986): Discovery of a new, insecure-disorganized/disoriented attachment pattern. In: *Brazelton, T.B. & Yogman, M.* (Eds.): Affective development in infancy. Norwood: Ablex, 95-124.

Main, M. (1991): Metacognitive knowledge, metacognitive monitoring, and singular (coherent) versus multiple (incoherent) models of attachment: Findings and directions for future research. In: *Parkes, C.M. , Stevenson-Hinde, J. & Marris, P.* (Eds.): Attachment across the life cycle. London: Routlege, 127-159.

Main, M. (1995): Desorganisation im Bindungsverhalten. In: *Spangler, G., Zimmermann, P.* (Hrsg.): Die Bindungstheorie. Stuttgart: Klett-Cotta, 120-139.

Mand, J. (1998): Förderdiagnostik als Lernprozessdiagnostik. In: *Eberwein, H. & Knauer, S.* (Hrsg.): Handbuch Lernprozesse verstehen. Weinheim: Beltz, 39-53.

Mannuzza, S., Klein, R.G., Bessler, A., Malloy, P. & Hynes, M.E. (1997): Educational and occupational outcome for hyperactive boys grown up. Journal of the American Academy of Child and Adolescent Psychiatry 36 (http://web3.searchbank.com/infotrac).

Markman, E.M. (1979): Realizing that you don´t understand: Elementar school children´s awareness of inconsistencies. Child Development 50, 643-655.

Markman, E.M. (1981): Comprehension monitoring. In: *Dickson, W.P.* (Ed.): Children´s oral communication skills. New York: Academic Press, 61-84.

Marland, S.P. Jr. (1972): Education of the gifted and talented (Vol.1). Washington, DC: Office of Education (DHEW).

Marx, H. (1997): Erwerb des Lesens und des Rechtschreibens. In: *Weinert, F. E. & Helmke, A.* (Hrsg.): Entwicklung im Grundschulalter. Weinheim: Psychologie Verlags Union, 83-112.

Marx, H., Jansen, H., Skowronek, H. (2000): Prognostische, differentielle und konkurrente Validität des Bielefelder Screenings zur Früherkennung von Lese- Rechtschreibschwierigkeiten. In: *Hasselhorn, M., Schneider, W. & Marx, H.* (Hrsg.): Diagnostik von Lese- und Rechtschreibschwierigkeiten. Göttingen: Hogefe, 9-34.

Matas, L., Arend, R.A. & Sroufe, L.A. (1978): Continuity in adaptation in the second year. The relationship between quality of attachment and later competence. Child Development 49, 547-556.

Mattejat, F. (1981): Schulphobie. Klinik und Therapie. Praxis der Kinderpsychologie und Kinderpsychiatrie 30, 293-298.

Maturana, H.R. (1982): Erkennen: Die Organisation und Verkörperung von Wirklichkeit. Braunschweig-Wiesbaden: Vieweg.

Maughan, B., Pickles, A., Hagell, A., Rutter, M. & Yule, W. (1996): Reading problems and antisocial behaviour: Developmental trends in comorbidity. Journal of Child Psychology and Psychiatry and Allied Disciplines 37, 405-419.

Mayes, S.D., Calhoun, S.L. & Crowell, E.W. (2000): Learning Disabilities and ADHD: Overlapping Spectrum Disorders. Journal of Learning Disabilities 3, 417-424.

Mayr, T. (1997): Problemkinder im Kindergarten – ein neues Aufgabenfeld für die Frühförderung. Frühförderung interdisziplinär 16, 145-159.

Mayr, T. (1998): Pädagogisch-Psychologischer Dienst im Kindergarten. Abschlussbericht. München: Staatsinstitut für Frühpädagogik.

Meichenbaum, D. & Goodman, J. (1971): Training impulsive children to talk to themselves: a means of developing self-control. Journal of Abnormal Psychology 77, 115-126.

Melzer, W. & Stenke, D. (1996): Schulentwicklung und Schulforschung in den ostdeutschen Bundesländern. In: *Rolff, H.G. u.a.* (Hrsg.): Jahrbuch der Schulentwicklung. Band 9. Weinheim: Juventa.

Mercer, C.D. (1987): Students with learning disabilities. 3. ed. Columbus: Merrill.

Metzger, W. (1986): Zur Geschichte der Gestalttheorie in Deutschland (1963). In: *Metzger, W.*: Gestalt-Psychologie. Frankfurt a.M.: W. Kramer, 99-108.

Meyen, E.L. (1990): Exceptional Children in today's Schools. 2. ed. Denver: Love Publishing Company.

Mietzel, G. & Rüssmann-Stöhr, C. (1993): Psychologie in Unterricht und Erziehung. Einführung in die Pädagogische Psychologie für Pädagogen und Psychologen. 4. Auflage. Göttingen: Hogrefe.

Milani-Comparetti, A. & Roser, L.O. (1987): Förderung der Normalität und der Gesundheit in der Rehabilitation. In: *Wunder, U. & Sierek, U.* (Hrsg.): Sie nennen es Fürsorge. Behinderte zwischen Vernichtung und Widerstand. 2. Auflage. Frankfurt am Main: Mabuse.

Mönks, F.J. (1990): Hochbegabtenförderung als Aufgabe der Pädagogischen Psychologie. Psychologie in Erziehung und Unterricht 37, 243-250.

Mönks, F.J. (1992): Ein interaktionelles Modell der Hochbegabung. In: *Hany, E.A. & Nickel, H.* (Hrsg.): Hochbegabung – Theoretische Konzepte, empirische Befunde, praktische Konsequenzen. Bern: Huber, 17-22.

Mönks, F.J. & Ypenberg, I.H. (1998): Unser Kind ist hochbegabt. 2. Auflage. München: Reinhardt.

Montague, M. & Bos, C. (1986): The effect of cognitive strategy training on verbal math problem solving performance of learning disabled adolescents. Journal of Learning Disabilities 19, 26-33.

Myschker, N. (1993): Verhaltensstörungen bei Kindern und Jugendlichen. Stuttgart: Kohlhammer.

Myschker, N. (1999): Verhaltensstörungen bei Kindern und Jugendlichen. Erscheinungsformen, Ursachen, hilfreiche Maßnahmen. 3. Auflage. Stuttgart: Kohlhammer.

Neukäter, H. (1976): Selbststeuerung bei Schülern mit Verhaltensstörungen im Unterricht. Universität Dortmund (unveröff. Diss.).

Neukäter, H. & Ricking, H. (2000): Schulabsentismus. In: *Borchert, J.* (Hrsg.): Handbuch der Sonderpädagogischen Psychologie. Göttingen: Hogrefe, 814-823.

Neukäter, H. & Schröder, U. (1991): Metakognition bei Kindern aus Schulen für Lernbehinderte und Verhaltensgestörte im Vergleich zu Grundschulkindern. Sonderpädagogik 21, 12-27.

Niedersachsen (1997): Verordnung zur Feststellung des sonderpädagogischen Förderbedarfs vom 1.11.1997 und Ergänzende Bestimmungen zur Verordnung zur Feststellung sonderpädagogischen Förderbedarfs, Erl. d. MK v. 6.11.1997.

Nietzsche, Fr. (o.J.): Morgenröte. Gedanken über die moralischen Vorurteile. München: Goldmann.

Nissen, G. (1977). Psychopathologie des Kindesalters. Darmstadt: Wissenschaftliche Buchgesellschaft.

Oerter, R., von Hagen, C., Röper, G. & Noam, G. (Hrsg.) (1999): Klinische Entwicklungspsychologie. Weinheim: Beltz.

Olweus, D. (1999): Gewalt in der Schule. Bern: Huber.

OPD-KJ (1999). Operationalisierte Psychodynamische Diagnostik bei Kindern und Jugendlichen. Themenheft der Zeitschrift Praxis der Kinderpsychologie und Kinderpsychiatrie 48, Heft 8.

Opp, G. (1995): Neue Modelle schulischer Förderung von Kindern und Jugendlichen mit Lern- und Verhaltensstörungen. Zeitschrift für Heilpädagogik 47, 520-530

Opp, G. (1998): Gefühls- und Verhaltensstörungen, Begriffliche Problemstellungen und Lösungsversuche. Zeitschrift für Heilpädagogik 49, 490-496.

Opp, G., Fingerle, M. & Freytag, A. (1999): Was Kinder stärkt. Erziehung zwischen Risiko und Resilienz. München: Reinhardt.

Orthmann, D. (2000): Nachschulische Lebensperspektiven lernbehinderter Mädchen. Anmerkungen zum aktuellen Forschungsstand. Zeitschrift für Heilpädagogik 49, 490-496.

Ortner, A. & Ortner, R. (1997): Handbuch Verhaltens- und Lernschwierigkeiten. 4. Auflage. Weinheim: Beltz.

Patterson, G.R. (1996): Some characteristics of a developmental theory for early-onset delinquency. In: *Lenzenweger, M.F. & Haugaard, J.J.* (Eds.): Frontiers of developmental psychopathology. New York, Oxford: Oxford University Press, 81–124.

Petermann, F. & Petermann, U. (1997): Training mit aggressiven Kindern. Weinheim: Psychologie Verlags Union.

Petermann, F., Kusch, M. & Niebank, K. (1998): Entwicklungspsychopathologie. Weinheim: Psychologie Verlags Union.

Peters, G. (2000): Schul-Schwänzen: Wer nicht hören will, muss zahlen. Rheinische Post, 1. Juli 2000, 5.

Piaget, J. (1973): Play, dreams, and imitation in childhood. London: Routledge & Kegan Paul.

Pintrich, P.R. & De Groot, E.V. (1990): Motivational and self-regulated learning components of classroom academic performance. Journal of Educational Psychology 82, 33-40.

Pintrich, P.R. & Schrauben, B. (1992): Students' motivational beliefs and their engagement in classroom academic tasks. In: *Schunk, D.H. & Meece, J.L.* (Eds.): Students perceptions in the classroom. Hillsdale, NJ: Erlbaum, 149-183.

Pollmann, T.A. (1993): Beruf oder Berufung. Zum Berufswahlverhalten von Pflichtschulabgängern. Frankfurt/M.: Lang.

Popper, K.R. (1982): Logik der Forschung. Tübingen: Mohr.

Prado, T.M. & Wieczerkowski, W. (1990): Mädchen und Jungen in einer Beratungsstelle für Hochbegabtenfragen. Ergebnisse, Beobachtungen und Erfahrungen. In: *Wieczerkowski, W. & Prado, T.M.* (Hrsg.): Hochbegabte Mädchen. Bad Honnef, 59-80.

Preuss, E. (1978): Schulschwänzen und Schulverweigerung. In: *Klauer, K.J. & Reinartz, A.* (Hrsg.): Handbuch der Sonderpädagogik, Band 9. Sonderpädagogik in allgemeinen Schulen. Berlin: Marhold, 164-172.

Rayk, W. (2000): Null Toleranz für Hebammen. Taz Nr. 6183, 4. Juli 2000, 20.

Redl, F. & Wineman, D. (1976): Steuerung des aggressiven Verhaltens beim Kind. München: Piper.

Reiser, H. (1990): Psychogene Leistungsstörungen im Bereich Mathematik. Behindertenpädagogik 29, 312-321.

Renzulli, J. (1979): What makes giftedness? Reexamining a definition. Phi Delta Kappa 261, 180 -184.

Renzulli, J. (1993): Ein praktisches System zur Identifizierung hochbegabter und talentierter Schüler. Psychologie in Erziehung und Unterricht 40, 217-244.

Renzulli, J. & Delcourt, M.A.B. (1986): The legacy and logic of research an identification of gifted persons. Gifted Child Quarterly 30, 20-23.

Resch, F. (1999): Entwicklungspsychopathologie des Kindes- und Jugendalters. 2. Auflage, Weinheim: Beltz.

Ricking, H. (1999): Schulische Handlungsstrategien bei Schulabsentismus. Möglichkeiten der Prävention von Schulschwänzen und -verweigerung. In: Schulleitung und Schulentwicklung. Berlin: Raabe Verlag, 24. Ergänzung, I-XV.

Ricking, H. & Neukäter, H. (1997): Schulabsentismus als Forschungsgegenstand. Heilpädagogische Forschung 23, 50-70.

Ricking, H. & Neukäter, H. (1998): Schulabsentismus im Rahmen einer ökologischen Erziehungswissenschaft – heuristisches Modell und Intervention. Die neue Sonderschule 43, 20-38.

Rolus-Borgward, S. (1997): Schulleistungen von Kindern und Jugendlichen mit Verhaltensstörungen - eine Literaturanalyse. Sonderpädagogik 27, 194-201.

Rolus-Borgward, S. (1999): Mathematische und metakognitive Leistungen von verhaltensgestörten Kindern im Grundschulalter. In: *Rolus-Borgward, S. & Tänzer, U.* (Hrsg.): Erziehungshilfe bei Verhaltensstörungen - Pädagogisch-Therapeutische Erklärungs- und Handlungsansätze. Oldenburg: DiZ, 247-258.

Rolus-Borgward, S. (i. Vorb.). Lernen des Lernens durch die Förderung der Reflexivität - das ZOR-Konzept. Eine kritische Auseinandersetzung mit der metakognitiven Instruktionsforschung am Beispiel des Förderns der Bearbeitung von Textaufgaben.

Rost, D.H. (Hrsg.) (1993): Lebensumweltanalyse hochbegabter Kinder. Das Marburger Hochbegabtenprojekt. Göttingen: Hogrefe.

Rost, D.H. (1993): Persönlichkeitsmerkmale hochbegabter Kinder. In: *Rost, D.H.* (Hrsg.): Lebensumweltanalyse hochbegabter Kinder. Das Marburger Hochbegabtenprojekt. Göttingen: Hogrefe, 34-74.

Rost, D.H. (2001): Der hochbegabte Schüler – die hochbegabte Schülerin. In: *Roth, L.* (Hrsg.): Pädagogik – Handbuch für Studium und Praxis. München: Oldenbourg, 833-858.

Rost, D.H. & Witt, M. (1993): Erziehungsziele von Eltern hochbegabter Kinder. In: *Rost, D.H.* (Hrsg.): Lebensumweltanalyse hochbegabter Kinder. Das Marburger Hochbegabtenprojekt. Göttingen: Hogrefe, 75-104.

Roth, E., Oswald, W.D. & Daumenlang, K. (1989): Intelligenz. Aspekte – Probleme – Perspektiven. 6. Auflage. Stuttgart u.a.: Kohlhammer.

Rourke, B.P. & Del Dotto, J.E. (1994): Learning disabilities. A neuropsychological perspective. London: Sage.

Rubin, R.A. & Balow, B. (1978): Prevalence of teacher identified behavior problems: A longitudinal study. Exceptional Children 44, 102-111.

Rumpf, H. (1983): Lernen mit Kopf und Hand – Skizzen eines Körper-Curriculums. In: *Fauser, P. et al.* (Hrsg.): Lernen mit Kopf und Hand. Weinheim: Beltz, 91-112.

Rutter, M. (1989): Isle of Wight revisited: Twenty-five years of child psychiatric epidemiology. Journal of the American Academy of Child and Adolescent Psychiatry 28, 633-655.

Rutter, M., Maughan, B., Mortimore, T. & Auston, J. (1980): 15000 Stunden Schulen und ihre Wirkung auf die Kinder. Weinheim: Beltz.

Rutter, M., Tizard, J. & Whitmore, K. (1970): Education, health and behaviour. London : Longmans.

Saß, H., Wittchen, H.-U. & Zaudig, M. (1998): Diagnostisches und Statistisches Manual Psychischer Störungen (DSM-IV). 2. Auflage. Göttingen: Hogrefe.

Schapiro, J. (1979): An historical overview of education and the learning-disabled child. In: *Gottlieb, M.I., Zinkus, P.W. & Bradford, L.J.* (Eds.): Current issues in developmental pediatrics: The learning disabled child. New York: Grune & Stratton, 47-75.

Schlee, J. (1984): Immunisierung in der Sonderpädagogik. Vierteljahresschrift für Heilpädagogik und ihre Nachbargebiete (VHN) 53, 125-138.

Schlee, J. & Wahl, D. (1987): Grundriß des Forschungsprogramms "Subjektive Theorien". In: *Schlee, J. & Wahl, D.* (Hrsg.): Veränderung subjektiver Theorien von Lehrern und Beratern. Oldenburg: ZpB, 5-18.

Schleiffer, R. (1994): Zur Selbstsozialisation erziehungsschwieriger Kinder. Vierteljahresschrift für Heilpädagogik und ihre Nachbargebiete (VHN) 63, 467-479.

Schmidt, M.H. (1993): Kinder- und Jugendpsychiatrie. Köln: Deutscher Ärzte-Verlag.

Schmidt, S.J. (1986): Selbstorganisation – Wirklichkeit – Verantwortung. Siegen: Lumis.

Schneider, W. & Hasselhorn, M. (1988): Metakognition bei der Lösung mathematischer Probleme. Gestaltungsperspektiven für den Mathematikunterricht. Heilpädagogische Forschung 14, 113-118.

Schopf, P. (1998): Lernschwäche, Lernbeeinträchtigung, Lernbehinderung. ibv 6/98.

Schröder, U. (2000): Lernbehindertenpädagogik – Grundlagen und Perspektiven sonderpädagogischer Lernhilfe. Stuttgart: Kohlhammer.

Schröder, U. & Neukäter, H. (1993): Metakognition in einer Problemlöseaufgabe bei Lernbehinderten und Verhaltensgestörten. Sonderpädagogik 23, 204-212 (Korrektur in Sonderpädagogik 24, 1994, 13).

Schröder, U. & Neukäter, H. (1994): Metakognition – ein Konzept zur Förderung von Lernbehinderten und Verhaltensgestörten. Vierteljahresschrift für Heilpädagogik und ihre Nachbargebiete (VHN) 63, 408-412.

Schulze, G. & Wittrock, M. (2000): Schulaversives Verhalten – Vorstellung und erste Ergebnisse eines Forschungsprojektes. In: *Warzecha, B.* (Hrsg.): Institutionelle und soziale Desintegrationsprozesse bei schulpflichtigen Heranwachsenden. Hamburg: LIT, 311-326.

Schulze, G. & Wittrock, M. (2001): Abschlussbericht zum Landesforschungsprojekt 'Schulaversives Verhalten'. Rostock: Universitätsverlag.

Schulze, G., Ricking, H. & Wittrock, M. (2000): Unterrichtsmeidende Verhaltensmuster von Kindern und Jugendlichen vor dem Hintergrund der Reaktionsmusterforschung. In: *K. Rink, W. Ott, J. Schlee & M. Wittrock* (Hrsg.): Youngsters Between Freedom and Social Limits, Vol. III, 127-141.

Schumacher, G. (1971): Verhaltensgestörte Schüler. Schriften zur Sonderpädagogik. Bonn-Bad Godesberg: Dürr.

Seitz, W. (1982): Verhaltensstörungen und Erziehungsschwierigkeiten im Schulalter. In: *Rost, D.H.* (Hrsg.): Erziehungspsychologie für die Grundschule. Bad Heilbrunn: Klinkhardt, 11-43.

Seitz, W. (1992a): Problemlage und Vorgehensweise der Diagnostik im Rahmen der Pädagogik bei Verhaltensstörungen. In: *Hansen, G.* (Hrsg.): Sonderpädagogische Diagnostik. Pfaffenweiler: Centaurus, 107-139.

Seitz, W. (1992b): Schulisches Leistungsversagen als Ergebnis mangelnder Selbst- und Handlungskontrolle des Schülers. In: *Haupt, U. & Krawitz,*

R. (Hrsg.): Anstöße zu neuem Denken in der Sonderpädagogik. Pfaffenweiler: Centaurus, 186-199.

Seitz, W. (1998a): Verhaltensstörungen. In: *Rost, D.H.* (Hrsg.): Handwörterbuch Pädagogische Psychologie. Weinheim: Beltz, 547-551.

Seitz, W. (1998b): Delinquenz von Kindern und Jugendlichen als Folge mangelnder Selbst- und Handlungskontrolle. In: *Knab, E. & Macsenaere, M.* (Hrsg.): Heimerziehung als Lebenshilfe. Festschrift zum 70. Geburtstag von Dr. Peter Flosdorf. Mainz: Eigenverlag des Institutes für Kinder- und Jugendhilfe, 121-150.

Seitz, W. & Rausche, A. (1992): Persönlichkeitsfragebogen für Kinder zwischen 9 und 14 Jahren (PFK 9-14). Göttingen: Hogrefe.

Seitz, W. & Walkenhorst, P. (1995): Soziale Trainingskurse für straffällig gewordene Jugendliche. Ein theoriegeleitetes Konzept delinquenzpädagogischen Handelns in der Praxis. In: *Häußling, J.M. & Reindl, R.* (Hrsg.): Sozialpädagogik und Strafrechtspflege. Pfaffenweiler: Centaurus, 380-417.

Semmer, N. & Frese, M. (1979): Handlungstheoretische Implikationen für kognitive Therapie. In: *Hoffmann, N.* (Hrsg.): Grundlagen kognitiver Therapie. Theoretische Modelle und praktische Anwendung. Bern: Huber, 115-153.

Shepherd, M., Oppenheim, B. & Mitchell, S. (1973): Auffälliges Verhalten bei Kindern. Verbreitung und Verlauf. Göttingen: Verlag für medizinische Psychologie (Vandenhoeck & Ruprecht).

Siegel, E. & Gold, R.F. (1982): Educating the learning disabled. New York: MacMillan.

Sleeter, C. (1987): Literacy, definitions of learning disabilities, and social control. In: *Franklin, B.M.* (Hrsg.): Learning disability – Dissenting essays. London: Falmer Press, 67-87.

Snijders, J.Th., Tellegen, P.J. & Laros, J.A. (1997): Snijders-Oomen Nonverbaler Intelligenztest. Göttingen: Hogrefe.

Spahn, Chr. (1997): Wenn die Schule versagt. Asendorf: MUT Verlag.

Spangler, G., Grossmann, K., Grossmann, K.E. & Fremmer-Bombik, E. (2000): Individuelle und soziale Grundlagen von Bindungssicherheit und Bindungsdesorganisation. Psychologie in Erziehung und Unterricht 47, 203-220.

Speck, O. (1979): Verhaltensstörungen, Psychopathologie und Erziehung. Berlin: Marhold.

Spiess, W. (Hrsg.) (1998): Die Logik des Gelingens. Entwicklungs- und lösungsorientierte Beratung im Kontext von Pädagogik. Dortmund: Borgmann.

Spiess, W. (2000a): Fachwissenschaftliche Stellungnahme zu den "Empfehlungen zum Förderbereich emotionale und soziale Entwicklung". In:

Drawe, W., Rumpler, F. & Wachtel, P. (Hrsg.): Reader zur sonderpädagogischen Förderung. Würzburg: Bentheim.

Spiess, W. (2000b): "Suche zuerst nach den Ursachen!" oder "Suche gleich die Lösungen!" - Welche Strategie professionellen Handelns ist die bessere? Sonderpädagogik 30, 30-41.

Spitzer, R.L., Davies, M. & Barkley, R.A. (1990): The DSM-III-R field trial of disruptive behavior disorders. Journal of the American Academy of Child and Adolescent Psychiatry 30, 690-697.

Stein, R. & Faas, A. (1999): Unterricht bei Verhaltensstörungen. Neuwied: Luchterhand.

Stein, R. (1999): Pädagogik bei Lernbeeinträchtigungen unter besonderer Berücksichtigung des Berufsbezugs: Perspektiven für Forschung und Lehre. Zeitschrift für Heilpädagogik 50, 502-510.

Steinhausen, H.-Ch. (Hrsg.) (1992): Hirnfunktionsstörungen und Teilleistungsschwächen. Berlin: Springer.

Stephens, K.R. & Karnes, F.A. (2000): State definitions for the gifted and talented revisited. Exceptional Children 66, 219-238.

Stern, W. (1918): Grundlagen der personalistischen Philosophie. In: *Liebert, A.* (Hrsg.): Philosophische Vorträge. Berlin: Reuther und Reichard.

Stern, W. (1923): Person und Sache: System des kritischen Personalismus. Band 2. Leipzig: Johann Ambrosius Barth.

Sternberg, R. (1985): Beyond IQ. A triarchic theory of human intelligence. Cambridge, MA: Cambridge University Press.

Stiftung zur Förderung körperbehinderter Hochbegabter (Hrsg.) (1989): Schwerstbehinderte. Erkennung und Förderung hoher Begabung. Vaduz.

Streeck-Fischer, A. (1999): Editorial. OPD-KJ, Operationalisierte Psychodynamische Diagnostik bei Kindern und Jugendlichen. Praxis der Kinderpsychologie und Kinderpsychiatrie 48, 543-547.

Strien, P.J. van (1986): Practijk als wetenschap. Assen: Van Gorcum.

Suess, G., Grossmann, K.E. & Sroufe, L.A. (1992): Effects of infant attachment to mother and father on quality of adaptation in preschool: from dyadic to individual organization of self. International Journal of Behavioral Development 15, 43-65.

Taylor, R.L., Sternberg, L. & Richards, S.B. (1995): Exceptional children – Integrating research and teaching. 2. ed. San Diego, London: Singular Publishing Group.

Terman, L.M. (1925): Mental and physical traits of a thousand gifted children. Genetic Studies of Genius 1, Stanford: University Press.

Tettenborn, A.: Familien mit hochbegabten Kindern. Münster & New York: Waxmann.

226

Thimm, K. (2000): Schulverweigerung. Zur Begründung eines neuen Verhältnisses von Sozialpädagogik und Schule. Münster: Votum.

Thimm, W. & Funke, E. (1977): Soziologische Aspekte der Lernbehinderung. In: *Kanter, G.O. & Speck, O.* (Hrsg.): Pädagogik der Lernbehinderten. Handbuch der Sonderpädagogik, Bd. 4, Berlin: Marhold, 581-611.

Thorndike, E.L. (1926): The measurement of intelligence. New York.

Tillmann, K.-J. et al. (1999): Schülergewalt als Schulproblem. Weinheim, München: Juventa.

Torgesen, J.K. (1991): Learning disabilities: Historical and conceptual issues. In: *Wong, B.Y.L.* (Ed.): Learning about learning disabilities. San Diego: Academic Press, 3-37.

Torgesen, J.K. (1998): Learning disabilities: An historical and conceptual overview. In: *Wong, B.Y.L.* (Ed.): Learning about learning disabilities. 2. ed. San Diego: Academic Press, 3-34.

Tuma, J. (1989): Mental health services for children. American Psychologist 44, 188-199.

U.S. Department of Education (1994): National excellence: A case for developing America's youth. Washington, DC: U.S. Government Printing Office.

Urban, K. (Hrsg.) (1982): Hochbegabte Kinder – Psychologische, pädagogische, psychiatrische und soziologische Aspekte. Heidelberg: Schindele.

Urban, K. (1990): Besonders begabte Kinder im Vorschulalter. Heidelberg: Uni-Verlag Winter.

Verhulst, F.C., van der Ende, J. & Koot, H.M. (1996): Handleiding voor de CBCL/4-18. Rotterdam : Erasmus Universiteit Rotterdam, Sophia Kinderziekenhuis, Afdeling Kinder- en Jeugdpsychiatrie.

Vernooij, M.A. (1991): Intelligenz und Menschlichkeit – haben sie etwas miteinander zu tun? In: *Ehringer, M. & Mattmüller, F.* (Hrsg.): Tatort Schule! Wider den pädagogischen Ernst! Bern und Stuttgart: Haupt, 59-74.

Vernooij, M.A. (2000): Verhaltensstörungen. In: *Borchert, J.* (Hrsg.): Handbuch der sonderpädagogischen Psychologie. Göttingen: Hogrefe, 32-44.

Waldmann, M. & Weinert, F. (1990): Intelligenz und Denken. Perspektiven der Hochbegabungsforschung. Göttingen: Hogrefe.

Wang, M.C., Haertel, G.D. & Walberg, H.J. (1993): Toward a knowledge base of school learning. Review of Educational Research 63, 249-294.

Warzecha, B. (1997): Schulische und außerschulische Ausgrenzungsprozesse bei Kindern und Jugendlichen. Zeitschrift für Heilpädagogik 48, 486-492.

Watzlawick, P. (Hrsg.) (1981): Die erfundene Wirklichkeit. Wie wissen wir, was wir zu wissen glauben? München: Piper.

Webb, J.T., Meckstroth, E.A. & Tolan, S.S. (1998): Hochbegabte Kinder – ihre Eltern, ihre Lehrer. 2. Auflage. Göttingen: Hogrefe.

Weiblen, E. & Risch, A. (1998): Eine „sonderpädagogische Collage" – oder „Oberndorfer Geschichten". In: *Angerhoefer, U. & Dittmann, W.* (Hrsg.): Lernbehindertenpädagogik: Eine institutionalisierte Pädagogik im Wandel. Neuwied und Berlin: Luchterhand, 116-145.

Weiß, R.H. (1997): Grundintelligenztest Skala 2 (CFT 29) mit Wortschatztest (WT) und Zahlenfolgetest (ZF). Göttingen: Hogrefe.

Werbik, H. (1983): Perspektiven handlungstheoretischer Erklärungen von Straftaten. In: *Lösel, F.* (Hrsg.): Kriminal-Psychologie. Grundlagen und Anwendungsbereiche. Weinheim: Beltz, 85-95.

Werner, E. (1997): Gefährdete Kindheit in der Moderne: Protektive Faktoren. In: *Peterander, F. & Opp, G.* (Hrsg.): Gesellschaft im Umbruch – Die Heilpädagogik vor neuen Herausforderungen. Vierteljahresschrift für Heilpädagogik und ihre Nachbargebiete (VHN) 66, 192-203.

Werner, E.E. & Smith R. (1982): Vulnerable but invincible: A longitudinal study of resilient children and youth. New York: McGraw-Hill.

Werner, E.E. & Smith, R.S. (1992): Overcoming the odds: High risk children from birth to adulthood. Ithaca: Cornell University Press.

Werner, H. (1970): Einführung in die Entwicklungspsychologie. Nachdruck der 4. Auflage. München: Johann Ambrosius Barth.

Werning, R. & Lies, F. (2000): Beobachten und Fördern. Lernchancen 3, Heft 16, 2-9.

Westmeyer, H. (1976): Grundlagenprobleme psychologischer Diagnostik. In: *Pawlik, K.* (Hrsg.): Diagnose der Diagnostik. Stuttgart: Klett-Cotta, 71-99.

Wheeler, J. & Carlson, C.L. (1994): The social functioning of children with ADD with hyperactivity and ADD without hyperactivity: A comparison of their peer relations and social deficits. Journal of Emotional and Behavioral Disorders 2, 2-12.

WHO (1993), Weltgesundheitsorganisation: ICD-10, Internationale Klassifikation psychischer Störungen. 2. Auflage. Bern: Huber.

WHO (1999). ICIDH-2, International Classification of Functioning and Disability. Beta 2-Draft. Genf.

Wieczerkowski, W. & Wagner, H. (Hrsg.) (1981): Das hochbegabte Kind. Düsseldorf: Schwann.

Willand, H. (2000): Vorstellungen und Wünsche von Grundschullehrern bezüglich integrativer Förderung lernbehinderter und erziehungsschwieriger Schüler. Zeitschrift für Heilpädagogik 51, 266-272.

Willke, G. (1998): Die Zukunft unserer Arbeit. Bundeszentrale für politische Bildung. Bonn.

Willke, H. (1994): Systemtheorie II: Interventionstheorie. Stuttgart: UTB.

Winner, E. (1998): Hochbegabt. Mythen und Realitäten von außergewöhnlichen Kindern. Stuttgart: Klett Cotta.

Wittrock, M. (1998): Die Profession "Sonderpädagoge/in": Tätigkeitsmerkmale und Qualifikationsanforderungen im Übergang zum 21. Jahrhundert. In: *Angerhoefer, U. & Dittmann, W.* (Hrsg.): Lernbehindertenpädagogik: eine institutionalisierte Pädagogik im Wandel. Neuwied, Berlin: Luchterhand, 82 - 96.

Wittrock, M. & Schulze, G. (2000): Handlungskonzepte im Umgang mit schulaversiven/schulabsenten Schülern – Konsequenzen und Anregungen für schulische und außerschulische Einrichtungen. Vierteljahresschrift für Heilpädagogik und ihre Nebengebiete (VHN) 69, 390-396.

Wong, B.Y.L. (1996): The ABCs of learning disabilities. San Diego: Academic Press.

Zelfel, R.C. (1999). Steuerzahler oder Sozialhilfe. Berufliche Rehabilitation 3, 193-214.

Ziegenhain, U., Rottmann, U. & Rauh, H. (1988): Testbarkeit von 1½ jährigen Kindern innerhalb des vertrauten häuslichen Settings in Abhängigkeit von Bindungssicherheit zur Mutter. Vortrag, gehalten anlässlich der 35. Jahrestagung der Deutschen Gesellschaft für Psychologie, Berlin.

Ziehe, T. (1987): Wenn Schüler auffallen - oder: Was können wir aus Unterrichtsstörungen lernen? Thomas Ziehe im Gespräch mit Rainer Winkel. In: Unterrichtsstörungen – Dokumentation, Entzifferung, produktives Gestalten. Velber: Friedrich Verlag, Jahresheft 5, 6-13.

Zielinski, W. (1980): Lernschwierigkeiten. Verursachungsbedingungen, Diagnose und Behandlungsansätze. Stuttgart: Kohlhammer.

Zimbardo, Ph.G. & Hoppe-Graff, S. (1995): Psychologie. 6., neubearbeitete und erweiterte Auflage. Berlin u.a.: Springer.

Zukunftskommission Gesellschaft 2000 der Landesregierung Baden-Württemberg (Hrsg.) (1999): Solidarität und Selbstverantwortung. Von der Risikogesellschaft zur Chancengleichheit. Stuttgart.

Namensliste der beitragenden Autoren

Angerhoefer, Ute, Prof. Dr., Universität Rostock
Ghesquière, Paul, Prof. Dr., Universität Leuven (Belgien)
Grietens, Hans, Dr., Universität Leuven
Heilmann, Bernd, Dr., Universität Rostock
Kooij, Rimmert van der, Prof. Dr., Universität Gießen
Laschkowski, Werner, Dr., Sonderpädagogisches Förderzentrum Erlangen
Opp, Günther, Prof. Dr., Universität Halle/Saale
Reiser, Helmut, Prof. Dr., Universität Hannover
Ricking, Heinrich, Albert-Schweizer-Schule, Cloppenburg
Rolus-Borgward, Sandra, Universität Oldenburg
Schleiffer, Roland, Prof. Dr. med., Universität zu Köln
Schröder, Ulrich, Prof. Dr., Universität Oldenburg
Schulze, Gisela, Dr., Universität Rostock
Spiess, Walter, Prof. Dr., Universität Kiel
Stein, Roland, Dr., Universität Koblenz-Landau
Tänzer, Uwe, Universität Oldenburg
Vernooij, Monika A., Prof. Dr., Universität Würzburg
Wenzel, Ellen, Universität Halle/Saale
Werning, Rolf, Prof. Dr., Universität Hannover
Wittrock, Manfred, Prof. Dr., Universität Rostock

Personenregister

Sachregister